Les Fans

Dans la collection *Les enfants du numérique* :

Grandir connectés, les adolescents et la recherche d'information, Anne Cordier, sept. 2015 – ISBN 978-2-915825-49-7

C'est compliqué, les vies numériques des adolescents, danah boyd, mai 2016 – ISBN 978-2-915825-58-9

Culture participative, une conversation sur la jeunesse, l'éducation et l'action dans un monde connecté, Henry Jenkins, Mizuko Ito, danah boyd, septembre 2017 – ISBN 978-2-915825-73-2

À l'école du partage, les communs dans l'enseignement, Marion Carbillet et Hélène Mulot avril 2019 – ISBN 978-2-915825-93-0

(cyber)harcèlement, sortir de la violence, à l'école et sur les écrans, Bérangère Stassin juillet 2019 – ISBN 978-2-915825-94-7

Catalogue complet :
https://cfeditions.com

ISBN 978-2-37662-029-7
ISSN 2491-391X
C&F éditions, septembre 2021
35 C rue des Rosiers – 14000 Caen

Les Fans

Publics actifs et engagés

Mélanie Bourdaa

Collection
Les enfants du numérique

C&F éditions
2021

TABLE DES MATIÈRES

Introduction

Il suffit de faire une recherche sur Google pour s'apercevoir que les fans intéressent énormément les médias. Cependant, les termes qui sont associés au mot « fan » sont souvent liés à l'hystérie, la folie, l'obsession[1]. Cette couverture médiatique, même si elle est parfois négative, témoigne de l'importance du phénomène des fans dans la société contemporaine et d'une certaine hypervisibilité de ces publics, dans la presse écrite, les médias radiophoniques et audiovisuels. Dans ces reportages, les fans sont souvent décrits comme des publics extraordinaires.

Même si le phénomène n'est pas nouveau, des évolutions techniques, narratives et participatives ont permis de l'amplifier.

1. Un exemple emblématique : Adrien Delage, « Shame : les fans hystériques de *Game of Thrones* saccagent Dubrovnik », *Konbini*, 28 sept. 2018. Un article dans lequel on insiste à la fois sur l'aspect honteux et péjoratif des pratiques fans tout en relevant leur violence. https://biiinge.konbini.com/series/fans-game-of-thrones-tourisme-dubrovnik/.

Le paysage médiatique est en évolution constante, impacté par l'arrivée des technologies numériques et leur appropriation par les usagers et les téléspectateurs.

Tout d'abord, les technologies, et plus particulièrement Internet, ainsi que l'interactivité, ont été intégrées dans les stratégies de production des séries télévisées. À la suite de NBC, qui a créé en 2006 la plateforme interactive NBC 360, les chaînes de télévision américaines se sont très tôt dotées de sites internet compagnons et complémentaires aux programmes qu'elles diffusent. Jennifer Gillan appelle ce procédé *must-click TV*, la télévision à cliquer. Pour elle, cette forme d'interactivité «*part du principe que le contenu disponible à travers les différents médias doit être interconnecté pour faire partie d'une expérience globale (par exemple* Heroes Evolution*), une expérience construite pour encourager les téléspectateurs à s'engager émotionnellement et qui conduirait idéalement à des investissements économiques.*»[2] La plateforme dédiée à *Heroes*, par exemple, proposait des contenus complémentaires sur les personnages sous forme de sites internet satellites, un *webcomix* se concentrant sur les personnages secondaires de la série et un jeu interactif dans lequel le joueur se créait un personnage avec des capacités particulières et interagissait dans l'univers de la série. Cette expérience engageante, puisque facilitant la réception active des fans, et augmentée, puisque proposant des contenus narratifs complémentaires, permettait ainsi aux téléspectateurs de la série de découvrir des informations complémentaires sur les personnages et leur univers. Pour Gillan, outre le fort aspect marketing et économique du dispositif pour les chaînes de télévision, cela mettait également en avant le lien étroit entre télévision et Internet, tout en créant un aller-retour continu entre média en ligne

2. Jennifer Gillan, *Television and New Media. Must-click TV*, Routledge, 2011.

et média hors-ligne. Cette première mutation technologique lancée par NBC et systématiquement déployée aujourd'hui dans le sens où chaque *network*, chaque chaîne a désormais sa plateforme interactive, marque bien la mise en relation entre un média traditionnel, la télévision, et un média participatif, Internet, pour en tirer toutes les potentialités possibles en matière d'extension de la narration.

Ensuite, les productions télévisuelles connaissent des changements à la fois structurels, économiques et culturels auxquels elles doivent s'adapter. Une concurrence de plus en plus importante, par exemple autour des séries télévisées, a poussé à la création de formes de narration plus engageantes, intellectuellement et émotionnellement. Ainsi, Jason Mittell constate l'émergence d'une forme de « narration complexe »[3], une forme de production des épisodes qui implique une forte sérialité. La sérialité n'est bien entendu pas nouvelle puisque nous pouvons la retrouver dans les écrits de Dickens et de Dumas ou dans les feuilletons radiophoniques des années 1940 et 1950. Mais c'est aujourd'hui autour de la production de séries télévisées qu'elle se manifeste pleinement. Avant le début des années 1980 et l'arrivée de la saison 2 de *Dallas* et de la série policière *Hill Street Blues*, les séries, dans leur grande majorité, avaient une forme épisodique, chaque épisode étant une entité autonome (comme pour la série *Colombo* par exemple). Pour les téléspectateurs, il n'y avait nul besoin de suivre tous les épisodes semaine après semaine pour comprendre la trame narrative générale et les arcs narratifs de la série. À la fin des années 1990, les chaînes du câble et notamment HBO ont commencé à produire et à diffuser des séries télévisées. Fidèle à

---

3. Jason Mittell, « Narrative Complexity in Contemporary American Television », *The Velvet Trap*, nº 58, 2006, p. 29-40.

son slogan « *This is not TV, this is HBO* », la chaîne du câble visait à proposer des programmes plus complexes pour s'inscrire dans un tournant qualitatif[4]. Cette notion de « télévision qualitative » est cependant à nuancer, tant les débats autour de la définition sont vifs entre les chercheurs. En effet, aux premiers abords, nous avons l'impression d'être face à un jugement de valeur qui placerait les séries de telles chaînes sur un niveau supérieur à celles d'une autre chaîne. En général, ce sont les arguments que font valoir les chaînes du câble pour expliquer une prétendue supériorité par rapport aux autres chaînes, et notamment aux *networks*. C'est oublier qu'il existe des systèmes de production, des systèmes de diffusion, des contraintes narratives et des enjeux économiques différents pour les chaînes du câble et les *networks*. Cependant, Kristin Thompson donne une définition permettant de s'appuyer sur des critères tangibles : « *la quality TV doit avoir un pédigrée de qualité, suivre de nombreux personnages tout au long de la série, marquer la création d'un genre nouveau à travers le mélange de genres existant, avoir une tendance prononcée pour les controverses et le réalisme* ». Les débuts de cette télévision sont concomitants avec les critiques amateurs et les sites internet de fans qui analysent les séries et les épisodes.

Pour Jason Mittell, la structure narrative se transforme en forme multidimensionnelle, elle devient modulaire. La structure de la série introduit des couches de narrations de l'intrigue principale A, et l'intrigue B quant à elle reste spécifique à l'épisode. Cela permet de progressivement développer la psychologie et les relations entre les personnages ainsi que l'intensité et la complexité du récit. Par exemple, une série comme

4. Pour une analyse de la stratégie de HBO, voir Mélanie Bourdaa, « This is not Marketing, This is HBO: Branding HBO with Transmedia Storytelling », *Networking Knowledge*, vol. 7, 1, 2014. https://ojs.meccsa.org.uk/index.php/netknow/article/view/328.

The Good Wife propose des intrigues juridiques ou politiques hebdomadaires (des *cases of the week*) tout en prolongeant la trame narrative plus globale de la série. Cette nouvelle forme narrative implique des stratégies de la part des producteurs et scénaristes pour capter leur envie d'engagement : la mise en place de *cliffhangers*[5] à la fin des épisodes ou des saisons permet de maintenir le suspense, les *previously on*, ces séquences narratives placées en début d'épisode, stimulent quant à elles la mémoire des téléspectateurs.

Enfin, la troisième évolution découle des deux premières. En effet, les nouvelles pratiques des récepteurs et plus particulièrement des fans forment un terreau fertile pour le développement de stratégies narratives. Les fans de médias sont des «*consommateurs qui produisent, des lecteurs qui écrivent et des spectateurs qui participent*»[6], prêts à s'engager dans un univers narratif. Les fans se réunissent en communautés de pratiques, les *fandoms*, provoquant un fort sentiment d'appartenance[7] comme nous le verrons, dans lesquelles ils discutent, échangent, partagent et performent des activités.

---

5. Le *cliffhanger* est une séquence narrative ouverte en fin d'épisode ou de saison qui permet de maintenir le suspense et qui favorisera l'attente des téléspectateurs. C'est l'écrivain Thomas Hardy qui propose le premier *cliffhanger* dans son roman *A pair of Blue Eyes* paru en 1873. Il laisse en effet son héros, Henry Knight, littéralement suspendu à une falaise à la fin d'un chapitre. En séries télévisées, un des plus célèbres *cliffhangers*, est le fameux «*qui a tiré sur JR Ewing ?*» dans le dernier épisode de la saison 3 de *Dallas*. Cette stratégie narrative fait partie des ingrédients de la continuité narrative, puisqu'elle entretient un suspense qui ne sera élucidé que plus tard, dans les épisodes voire saisons suivants.

6. Henry Jenkins, « La filk et la construction sociale de la consommation des fans de science-fiction », in Hervé Glevarec, Éric Macé & Éric Maigret, *Cultural Studies. Anthologie*, Armand Colin, 2008, p. 212-222.

7. Mélanie Bourdaa, « Taking a break from all your worries: *Battlestar Galactica* et les nouvelles pratiques télévisuelles des fans », *Questions de*

Ces activités sont nombreuses, variées et témoignent d'une grande organisation et d'un grand engagement de la part des fans dans les univers narratifs. Nous pouvons les classer en cinq catégories. La première consiste en une re-création du lien social à travers les discussions sur les forums et les live-tweets qui participent à une forme de visionnage en communauté et en direct. Ce lien social se manifeste également lors des conventions, qui rassemblent des fans *cosplayers* se déguisant comme leur personnage préféré et interagissant dans l'univers favori. Le *fansubbing*, cette pratique des fans qui sous-titrent des séries étrangères, quant à lui, participe à l'activité de médiation culturelle, les fans proposant des séries au-delà des frontières de langues, créant un phénomène de sériephilie. Les fans peuvent ensuite, grâce à l'intelligence collective, mettre en place des tactiques de réception liées aux stratégies transmédia et collecter et partager les informations complètes afin de re-cartographier l'univers créé. Ils jouent alors différents rôles : celui d'archéologues allant chercher les informations sur les différentes plateformes médiatiques, et celui d'architectes de la reconstruction de l'univers. La création est une activité inhérente à la qualification du fan si l'on s'en tient à la définition de Jenkins donnée précédemment. Cette créativité peut s'exprimer de plusieurs manières à travers l'écriture de fanfictions, le montage de fan vidéos, la tenue de Tumblr par exemple. La dernière activité se rapproche d'un engagement activiste qui va du simple fait de s'organiser en lobbies pour sauver sa série à un phénomène d'« acuponcture culturelle »[8]

communication, nº 22, 2012, p. 235-250.

8. Henry Jenkins, « "Cultural acupuncture": Fan activism and the Harry Potter Alliance », *Transformative Works and Cultures*, Special issue « Transformative Works and Fan Activism » edited by Henry Jenkins & Sangita Shresthova, vol. 10, 2012. https://journal.transformativeworks.org/index.php/twc/article/view/305/259.

qui consiste à rediriger les valeurs de la fiction vers des causes sociales, politiques et culturelles réelles.

Ces trois évolutions témoignent du façonnage d'un nouvel écosystème médiatique modelé par la diffusion des technologies numériques et plus particulièrement d'Internet, et d'une montée en visibilité des publics fans. Il est nécessaire de préciser d'emblée que ces publics, leurs pratiques, activités et engagements ne sont pas un phénomène nouveau. Mais force est de constater qu'Internet a permis aux fans de se rassembler plus rapidement et plus facilement, de se créer des espaces de rencontre et de tisser des liens, et de multiplier leurs activités.

Les séries télévisées apparaissent aujourd'hui comme une forme culturelle qui domine le paysage économique, médiatique, culturel et social. Elles ont acquis une légitimité certaine grâce à l'émergence d'une forme de sériephilie[9] auprès des publics, des critiques mais également dans les recherches universitaires. Aux États-Unis, elles colonisent les cases des grilles de programmation des *networks* et des chaînes du câble. Il y a, depuis plusieurs années aux États-Unis, un phénomène qui se nomme *Peak TV*. Il est marqué par la production et la diffusion de 532 séries télévisées en 2019[10] sur les chaînes américaines, *networks* et chaînes du câble confondus, offrant ainsi un catalogue quasi inépuisable aux publics. En France, les séries télévisées ont détrôné il y a quelques années les films pour gagner la tranche horaire du dimanche soir. Mais, au-delà de ces aspects industriels et économiques, les éléments narratifs et la construction même des séries télévisées contemporaines permettent à la fois de comprendre l'intérêt pour cette forme culturelle

9. Hervé Glevarec, *La sériephilie. Sociologie d'un attachement culturel*, Ellipses, 2012.

10. En 2020, du fait de la pandémie due à la Covid-19, la production et la diffusion des séries télévisées ont chuté.

mais également de positionner la série dans la continuité d'une longue tradition liée à la sérialisation dans les médias.

Le rythme, particulier, régulier, est ce qui caractérise une série, dans sa forme mais également dans sa narration. Et ce rythme, ce séquençage, s'avère un facteur d'engagement fort, puisque la temporalité d'une série peut renforcer l'impatience des publics. Les narrations des séries télévisées se déploient sur trois échelles temporelles spécifiques : les saisons, les épisodes et la série dans son ensemble. Cela permet d'entrelacer, de croiser de multiples arcs narratifs et de constituer un canevas narratif, duquel des fils peuvent être tirés et tissés. Ce rythme se retrouve dans la production même de la série télévisée américaine qui met en place un processus en flux tendu qui mêle écriture, tournage, production et diffusion dans un temps resserré. Sarah Sepulchre met en avant ce phénomène : «*chaque épisode reproduit le même schéma : écriture, préparation du tournage, table read, tournage, postproduction, livraison. Pour tenir ce rythme, plusieurs épisodes sont produits simultanément, chacun à un stade différent. Comme les décisions d'annulation sont prises en fin de saison, vers le mois de mai, le tournage d'une saison s'arrête sans que l'on connaisse son avenir, d'où certaines fins abruptes de séries*»[11]. Ce processus est caractéristique des séries de *networks* qui peuvent, plus facilement que les séries du câble dont le processus de création diffère, coller à la temporalité quotidienne des téléspectateurs et à l'actualité. La série se construit donc comme une «matrice à récits»[12].

L'écriture collective est un élément spécifique à la série télévisée américaine, qui va là aussi influer sur la réception

11. Sarah Sepulchre, *Décoder les séries télévisées*, De Boeck Supérieur, 2011, p. 57-58.

12. Alain Boillat, *Cinéma, machine à mondes*, Georg, 2014, p. 170.

des publics et s'inscrire dans cette recherche de croisement des temporalités. Ces séries télévisées sont supervisées par des *showrunners*, garants de la cohérence narrative[13]. Ils sont épaulés par un *pool* de scénaristes qui écrivent les épisodes ; la série n'appartient donc pas dans cette configuration à un seul auteur mais devient une œuvre collective. Cependant, il est essentiel de rappeler que les séries de *networks* et les séries du câble, et encore plus les séries produites par les plateformes de streaming, ne sont pas soumises aux mêmes contraintes d'écriture et de production. De fait, comme le rappelle Raphaël Baroni, il ne faut pas envisager les séries du câble comme des productions improvisées car «*elles sont écrites dans l'assurance que l'intégralité de la saison sera diffusée, ce qui permet une planification relative de la saison et la création d'effets rétrospectifs à cette échelle*»[14]. Les séries de *networks* sont quant à elles plus souples dans leur écriture, car elles sont soumises aux aléas de l'audimat, aux contraintes de production et à cette écriture particulière. Cette écriture collective s'apparente à un ensemble de jazz, entre partition prédéterminée et improvisation d'un collectif qui connaît parfaitement l'univers à déployer.

Enfin, le temps long de la série, qui la différencie du cinéma par exemple, permet un engagement des publics dans l'univers et un attachement aux personnages qui évoluent au fil du développement narratif. Le personnage est la figure narrative avec laquelle le téléspectateur a rendez-vous semaine après

---

13. Parmi les plus célèbres, nous pouvons citer Aaron Spelling (*Beverly Hills*, *Santa Barbara*, *Dynasty*, *Melrose Place*), Shonda Rhimes (*Grey's Anatomy*, *Scandal*, *How to Get Away with Murder*), J.J. Abrams (*Alias*, *Lost*, *Fringe*) ou bien Greg Berlanti (*Arrow*, *The Flash*, *Supergirl*, *Legends of Tomorrow*, *Black Lightning*, *Riverdale*, *The Chilling Adventures of Sabrina*).

14. Raphaël Baroni, «Intrigues et personnages des séries évolutives : quand l'improvisation devient une vertu», *Télévision*, vol. 1, nº 7, 2016, p. 31-48.

semaine, il est le point d'ancrage dans l'univers. «*Les héros de ces histoires qui se constituent sur des semaines, des mois, voire des années, vivent, vieillissent, aiment ou souffrent dans la même temporalité que nous*»[15]. En effet, le temps long de la série télévisée permet de créer et de faire évoluer des personnages complexes, porteurs de représentations et d'identification pour les publics. Le personnage demeure donc un pilier de ces œuvres médiatiques évolutives.

La série télévisée est par conséquent un objet fascinant à exploiter tant du point de vue de l'écriture collective et polyphonique, que des différentes temporalités qui favorisent un engagement des publics dans les univers et le suivi et l'identification aux personnages. Les séries télévisées sont un exemple de pouvoir des récits fictionnels[16] et surtout elles créent des horizons d'attente mais aussi des interstices et béances narratives que les publics, impatients de connaître la suite du récit, vont combler de leurs propres productions. Elles sont également porteuses de représentations. Comme le souligne Olivier Caïra[17], la fiction, et *a fortiori* la fiction télévisuelle, peut être envisagée comme un reflet du social, dans lequel se manifestent des stéréotypes, mais également des contre-stéréotypes et des anti-stéréotypes[18]. De plus, les séries télévisuelles peuvent

---

15. Pascale Goetschel, François Jost & Myriam Tsikounas, «La promesse d'une fin», *Sociétés et Représentations*, nº 39, p. 9-12.

16. Voir par exemple Jean-Pierre Esquenazi, «Le pouvoir des séries télévisées», *Communication*, vol. 32, nº 1, 2013 et Raphaël Baroni & François Jost, «Repenser le récit avec les séries télévisées», dirigé par Raphaël Baroni & François Jost, *Télévision*, vol. 1, nº 7, 2016, p. 9-12.

17. Olivier Caïra, *Définir la fiction. Du roman au jeu d'échecs*, Éditions de l'EHESS, 2011.

18. Éric Macé, «Des "minorités visibles" aux néostéréotypes. Les enjeux des régimes de monstration télévisuelle des différences ethnoraciales», *Journal des anthropologues*, Hors-Séries, 2007, p. 69-87.

fonctionner comme une performance, un révélateur de sens des contenus proposés à des publics, « *un système porteur de sens, en tant qu'identificateur de problèmes et de solutions destinés à entrer en congruence avec un public large* »[19]. Dès lors, les interprétations des publics peuvent être envisagées comme des interprétations actives, des lectures et des décodages spécifiques.

Qui sont réellement les fans ? À quoi ressemblent leurs communautés de pratiques ? Comment leurs activités peuvent-elles toucher la vie culturelle, sociale, voire politique ?

Les trois premiers chapitres de cet ouvrage vont proposer une définition de la notion de fans ainsi qu'un éventail des méthodologies possibles pour les chercheurs afin d'analyser ces publics. Grâce à une revue de la littérature, à la jonction des *Cultural Studies* et des sciences de l'information et de la communication, il est possible de croiser les approches et les théories anglo-saxonnes et françaises pour saisir qui sont les fans et comment se composent leurs communautés. Ce premier chapitre sera l'occasion de mettre en tension les notions de participation culturelle et de convergence culturelle et de voir comment les fans, en tant qu'individus, se fondent dans un collectif, appelé le *fandom*. L'affiliation numérique, le lien social, l'identité individuelle et sociale seront autant de notions convoquées pour souligner les spécificités des fans et leur construction identitaire. Les fans constituent le socle d'une culture de la participation que nous allons appréhender, une culture qui s'appuie sur un partage collectif des univers narratifs, des économies partagées et la création d'une identité collective et collaborative.

---

19. Sabine Chalvon-Demersay, « Une société élective : scénarios pour un monde de relations choisies », *Terrain*, nº 27, 1996, p. 81-100.

Activités	Exemples	Rôles et actions
Lien social	Appartenance à la communauté, participation à des conventions, live-tweet	– Individus vs collectif – Communauté comme famille – Pseudo-activités en commun
Médiation culturelle	*Fansubbing*	– Médiateurs – Construction d'une sériephilie – Curateurs
Intelligence collective	Création de wiki	– Fans comme archéologues et géographes – Reconstruction d'une cartographie des univers sériels – Travail de mémoire collective
Créations	Écriture de fanfiction, vidding, fan art, cosplay, création de Tumblr et sites web	– Pratiques numériques – Analyse des traces numériques – Participation active dans la réception – Créativité
Engagement civique	Levée de fonds, défense de causes sociales et politiques	– Organisation dans le *fandom* – Narration et personnage comme leviers de l'engagement – Questions identitaires (minorités sexuelles, ethniques)

Le deuxième chapitre traitera de l'engagement civique et de l'activisme fan. Dans le contexte social et politique actuel, il est intéressant de regarder comment les fans se positionnent et réinvestissent les narrations fictionnelles et les imaginaires de la culture populaire pour mener des actions civiques de façon collective. Il existe alors un lien très fort entre la culture de la participation, les communautés de fans et la/le politique : «*ce que nous appelons les politiques participatives se réfère aux manières dont les mécanismes de la culture de la participation sont utilisés à des fins politiques*»[20]. Dans ce contexte, les personnages

20. Henry Jenkins, Mizuko Ito & danah boyd, *Culture participative. Une*

de fiction et les univers narratifs sont des leviers puissants qui favorisent les imaginaires civiques et encouragent les fans à défendre des causes caritatives. Nous prendrons plusieurs exemples de la culture populaire pour mieux comprendre les tactiques que mettent en place les communautés de fans. Cette partie mettra en avant les enjeux identitaires qui se déploient et se jouent en filigrane autour de cet activisme.

La créativité des fans sera au cœur de la deuxième partie. Lorsque l'on parle des fans, les activités telles que l'écriture de fanfiction, la création de gifs ou de fan arts, le montage vidéo sont des exemples des multiples créations et productions que peuvent partager les fans dans leur communauté. Cette créativité exacerbée par les univers sériels multiplateformes témoigne de l'activité des fans, de leur capacité à produire ou à reproduire du sens, à transformer l'œuvre culturelle originale, et à mettre en pratique ou acquérir des compétences techniques et intellectuelles. Nous prendrons deux exemples spécifiques. Tout d'abord, le travail d'archivage et de mémoire des fans à travers la création de musées virtuels et de wiki. Cette activité participe à la construction d'une histoire du *fandom* et à la conservation d'un patrimoine culturel important. Puis, nous analyserons la pratique du cosplay, un nom qui relie les termes *costume* et *play*. Le cosplay nous permettra de voir comment le corps peut devenir un média et un vecteur de créativité et comment la création de costumes façonne les identités des fans et favorise un mentorat et un apprentissage à l'intérieur de la communauté, à travers la création de tutoriels vidéo et de guides. Nous avons délibérément choisi de ne pas traiter de la fanfiction ou du *vidding*, qui sont des pratiques de fans

conversation sur la jeunesse, l'éducation et l'action dans un monde connecté, C&F éditions, 2017, p. 156.

largement étudiées, au contraire de l'archivage et du cosplay, «*des formes de production de fans qui restent sous-représentées dans les approches théoriques*»[21] relatives aux études de fans.

Le dernier chapitre proposera une étude de cas sous forme de résumé des notions que nous aurons abordées durant tout ce travail. La série *Wynonna Earp* et sa communauté de fans représentent un terreau fertile pour mettre en exergue, dans un premier temps, les liens sociaux et la création d'une identité collective dans une communauté de pratiques. Ensuite, les personnages et l'univers déployé sont autant d'éléments qui favorisent la créativité des fans de la série. Enfin, la communauté s'appuie sur les représentations positives des minorités, et notamment des minorités sexuelles, et sur les valeurs véhiculées par les personnages pour organiser des actions civiques. Cette étude de cas symbolise un exemple parfait de tout ce qui façonne et construit une communauté de fans aujourd'hui, et souligne l'importance de ces publics dans la société contemporaine.

---

21. Melissa A. Click, Jonathan Gray, Jason Mittell & Suzanne Scott, «Futures of fan studies. A Conversation», in Melissa A. Click & Suzanne Scott, *The Routledge Companion to Media Fandom*, Routledge, 2018, p. 437-450.

PARTIE I

Politique(s) du et des fans : activisme et engagement social

CHAPITRE I

Les Fan studies en question : définitions et méthodologies

« Tout le monde sait ce qu'est un fan. C'est quelqu'un qui est obsédé par une star en particulier, une célébrité, un film, un programme télévisé, un groupe ; quelqu'un qui peut fournir des informations sur l'objet de sa passion, peut citer ses dialogues ou ses paroles de chanson favorites, les vers ou chapitres qu'il préfère. Les fans sont très éloquents. Ils interprètent les textes médiatiques de diverses manières intéressantes et parfois inattendues. Et ils participent à des activités communes, ils ne sont pas des spectateurs/lecteurs isolés ni "socialement atomisés". Donc, comment les communautés de fans et les cultes médiatiques ont-ils été définis par les chercheurs universitaires ? Encore aujourd'hui, il est difficile de définir les communautés de fans à cause de (ou peut-être grâce à) la banalité du terme. »[22]

(Hills, 2002 : ix)

22. Matt Hills, *Fan Cultures*, Routledge, 2002.

Le terme « fan » n'est évidemment pas nouveau, et dès les premières apparitions du mot à la fin du XVIIe siècle en Angleterre, il revêt une connotation négative et est d'emblée étroitement lié au culte religieux. Il est en effet le diminutif de « fanatique », terme qui met en avant l'excès, la dévotion et l'obsession, des termes encore souvent associés aux fans d'œuvres médiatiques ou populaires pour décrire leur côté marginal et extraordinaire. Le terme a ensuite été utilisé aux États-Unis, dès le siècle suivant, pour qualifier la passion des spectateurs de base-ball, pour ensuite passer dans le langage commun en rapport avec les œuvres médiatiques.

Être fan, appartenir à une communauté, à un collectif n'est bien entendu pas un phénomène nouveau. Shakespeare par exemple a suscité les passions après sa mort et son village de naissance, Stratford-upon-Avon, a ouvert sa maison aux visites dès la première moitié du XVIIIe siècle. Les premières sociétés autour de l'œuvre d'Arthur Conan Doyle, *Sherlock Holmes*, ont été créées au début des années 1930, notamment aux États-Unis en 1934 avec la naissance de *The Baker Street Irregulars*, et à Londres la même année avec *The Sherlock Holmes Society*. Ces premiers rassemblements physiques de fans du détective soulignaient déjà l'importance d'une communauté pour cristalliser et affirmer sa passion et son intérêt dans une œuvre fictionnelle. Outre les discussions autour de l'intrigue ou des personnages qui animaient ces rencontres, ces fans créaient des œuvres satellites, qui venaient enrichir l'univers imaginé par Conan Doyle : journaux, fanzines, fanfictions, pièces de théâtre. Naturellement, les exemples sont nombreux, qui précèdent l'avènement des nouvelles technologies et d'Internet : des premières fanfictions liées aux œuvres de Jane Austen, aux fans complétant les écrits de Charles Dickens en attendant la publication des chapitres suivants par l'auteur dans des journaux populaires.

L'évolution du rôle des fans et de leur rapport avec les industries médiatiques est concomitante aux évolutions technologiques : le passage au cinéma parlant a renforcé les présences de communautés de fans autour d'œuvres cinématographiques et la création du *star system* par les studios hollywoodiens dans les années 1930 et 1940 a permis d'établir un lien entre les fans et leurs idoles. Les studios recevaient à l'époque des milliers de lettres adressées aux acteurs et actrices qu'ils avaient sous contrat, ce qui leur permettait d'entretenir un lien avec les publics grâce à cette correspondance.

Aujourd'hui, il est intéressant de noter que cette position de récepteur expert des médias et textes médiatiques au sens large acquiert de plus en plus de visibilité et de place dans l'espace public. Les technologies en réseau ont principalement révélé et mis en avant des pratiques qui existaient depuis longtemps, témoignant d'une grande organisation chez les fans et d'une volonté de rassemblement en communauté. Comme le note Jenkins, «*si le travail des consommateurs de média était silencieux et invisible, désormais les nouveaux consommateurs sont actifs et présents dans la sphère publique*»[23]. Roberta Pearson[24] met l'accent sur l'importance des technologies numériques et de l'acculturation des publics. Par ailleurs, cette nouvelle donne brouille les frontières entre réception et production, dans le sens où les publics contribuent à la production de contenus et deviennent ainsi coproducteurs médiatiques. Ce dialogue, et parfois cette rupture de dialogue, entre industrie et fans expliquent les tensions qui peuvent apparaître notamment

---

23. Henry Jenkins, *Convergence Culture. Where Old and New Media Collide*, NYU Press, 2006 (trad. en français : *La culture de la convergence. Des médias au transmédia*, Armand Colin/INA ed., 2013), p. 65.

24. Roberta Pearson, «Fandom in the Digital Era», *Popular Communication*, vol. 8, nº 1, 2010, p. 84-95.

lorsque les fans s'approprient des personnages pour leur propre création, mais montrent également comment les industries peuvent tirer profit d'une relation avec les publics.

La question qui est au cœur de cet ouvrage est la suivante : quels sont les enjeux des activités et pratiques de fans en lien avec le monde social, politique et culturel ? Comme le souligne Philippe Le Guern en conclusion d'un article :

> « *Si le fan est si motivant comme objet d'études, c'est parce qu'il pose des questions éminemment politiques : sur la construction des identités individuelles et collectives tout d'abord, dans un contexte où l'authenticité – ou plutôt les différents registres de l'authentique – est devenue un des thèmes majeurs de la modernité. Sur l'inclusion ou l'exclusion des individus au sein des groupes sociaux ensuite, sur ce que signifie être outsider ou insider dans nos sociétés. Sur l'adhésion implicite ou explicite aux normes – esthétiques et morales – et sur la construction des différences. Car en réalité, tous ces enjeux sont présents, et pas seulement par analogie, dans les univers de fans* »[25].

Étudier les fans, cela équivaut alors à se poser des questions sur la structuration de l'espace politique et sur la société en général. Cela permet de mieux comprendre des pratiques médiatiques contemporaines mais également des positionnements éthiques, identitaires et politiques au sens général du terme. C'est chercher à comprendre comment les fans fonctionnent comme organisation, comment ils réinvestissent l'espace public, comment ils s'approprient les représentations.

---

25. Philippe Le Guern, « "No matter what they do, they can never let you down..." Entre esthétique et politique : sociologie des fans, un bilan critique », *Réseaux « Passionnés, fans, amateurs »* (Olivier Donnat, dir.), vol. 27-153, 2009, p. 19-54.

Pour cela il est nécessaire de comprendre d'abord ce que sont les cultures de la convergence et de la participation puis de s'arrêter sur un historique des études de fans afin de souligner l'intérêt d'une étude de ces publics.

Culture de la convergence et culture de la participation

La convergence culturelle découle d'une convergence technologique. Comme évoqué plus haut, le nouvel écosystème médiatique favorise la rencontre entre anciens médias (et notamment la télévision) et nouveaux médias (et particulièrement Internet) qui s'entrechoquent pour proposer de nouveaux modes de diffusion, programmation et visionnage mais également de nouvelles économies de production avec le phénomène des franchises, ainsi qu'une mondialisation des contenus de plus en plus grande. Netflix est le fruit de cette convergence technologique, puisque la plateforme en ligne propose des contenus originaux (*Orange is the New Black*, *13 Reasons Why*, *House of Cards* ou bien *Stranger Things* puis plus récemment de nombreuses séries, souvent produites dans divers pays pour accentuer le caractère mondial de l'entreprise) et la rediffusion de contenus des autres chaînes par des systèmes de partenariats ou de rachats. L'originalité de Netflix est de mettre en ligne l'intégralité des épisodes en une seule fois pour s'adapter aux modes de visionnage des usagers, et particulièrement au phénomène du *binge watching*, le fait de regarder les épisodes les uns à la suite des autres sans pause. L'interface favorise d'ailleurs cette pratique en enchaînant les épisodes dans un visionnage et un flot continu.

Jennifer Gillan propose la notion de *monogamie sérielle* pour expliquer que les publics usagers, plutôt que de regarder plusieurs séries en même temps, vont consommer une seule série d'un coup puis passer à une autre. Cet enchaînement dans le visionnage soulève des interrogations sur la définition même de la série (qui se pose déjà avec l'utilisation d'un support en ligne) et sur la pertinence de la sérialité. Les séries télévisées, lorsqu'elles sont diffusées sur le média télévisuel, laissent des temps de respiration aux publics, des moments de réflexion entre deux épisodes. Or, Netflix, tout comme les autres plateformes de streaming, enchaîne les épisodes et brise l'essence même de la série. De plus, les affordances de la plateforme sont telles qu'elles favorisent cela pour les usagers : l'enchaînement des épisodes via le *post play*, la possibilité de passer le générique et les récapitulatifs des épisodes lorsqu'il y en a. Les algorithmes fournissent également aux usagers des conseils et des possibilités de séries, suivant les choix faits au préalable, proposant un catalogue personnel mais orienté à chaque usager. La convergence technologique et médiatique est donc un processus en constante évolution qui suit les changements industriels, médiatiques, relatifs aux contenus narratifs et aux consommations et réceptions des publics.

Couldry et Hay nous rappellent les attributs de cette convergence médiatique : «*Il existe au moins quatre façons de déployer l'expression "convergence" conduisant à une solidification de sa signification : une description d'une nouvelle synergie (un réalignement horizontal) dans les compagnies et les industries médiatiques, la multiplication de plateformes pour les informations, une hybridité technologique qui a privilégié les usages des médias séparés sur une seule plateforme (par exemple regarder la télévision sur son téléphone portable), et une nouvelle esthétique médiatique incluant le mélange de formes documentaires avec des formes non-documentaires*»[26]. Ils rajoutent la dimension de genre à la définition de Henry Jenkins, proposant un re-modèlement et une interpénétration des genres par la convergence médiatique. Cette convergence médiatique conduit à une convergence culturelle qui est elle aussi un processus et non un acte final. Jenkins nous explique que ce processus est avant tout un dialogue entre production et réception, entre d'un côté un désir d'expansion des empires médiatiques et de l'autre une plus grande autonomie des publics. Graham Murdock démultiplie les exemples, dans la musique, les informations, les programmes télévisés de divertissement, les marques pour montrer comment cette convergence culturelle permet de déployer une production *bottom-up*, qui part des récepteurs, et qui institue des allers et retours incessants avec la production de contenus médiatiques, pour créer des «connectivités»[27].

Sébastien François[28] résume ces enjeux de création et de production entre d'un côté les conglomérats médiatiques qui ont l'habitude de proposer des contenus de façon descendante, et les récepteurs qui prennent de plus en plus d'assurance en devenant actifs, en se constituant en communautés et en produisant des contenus originaux. Une production *bottom-up*, des publics vers les producteurs, vient bousculer le schéma classique de la production *top-down*, des producteurs vers les

---

26. James Hay, Nick Couldry, «Rethinking Convergence/Culture. An introduction», *Cultural Studies*, issues 4-5, vol. 25, 2011, p. 473-486.

27. Graham Murdock, «Networking the commons: convergence culture and the public interest», in Jostein Gripsrud, *Relocating Television. Television in the Digital Context*, Routledge, 2010, p. 224-238.

28. Sébastien François, «La participation médiatique selon Henry Jenkins», *Terrains et travaux*, vol. 1, nº 15, 2009, p. 213-224. https://www.cairn.info/revue-terrains-et-travaux-2009-1-page-213.htm.

récepteurs. Les industries culturelles ont aidé à façonner ces formes de dialogues et de tensions entre production et réception. La convergence technologique quant à elle propose des déploiements et des synergies entre les supports médiatiques, et provoque des déplacements des publics d'un média à un autre.

Un phénomène de cause à effet s'installe : les médias et les narrations se déploient sur plusieurs plateformes médiatiques pour créer des « narrations augmentées »[29]. Dans cette configuration, les publics sont en demande d'interaction et d'action. Jenkins parle de culture de la participation pour analyser les interactions entre les usagers des médias, entre les usagers des médias et les textes médiatiques, entre les usagers et les producteurs. Il ajoute :

> « *La nouvelle culture participative se dessine à l'intersection de trois tendances :*
>
> *– Les nouveaux outils technologiques permettent aux usagers d'archiver, d'annoter, de s'approprier et de rediffuser les contenus médiatiques.*
>
> *– Un grand nombre de sous-cultures font l'apologie de la production de médias "Do-It-Yourself" (DIY), qui permet de montrer comment les usagers utilisent les technologies.*
>
> *– Les tendances économiques favorisant les conglomérats médiatiques horizontaux encouragent le flot d'images, d'idées et de récits à travers de multiples chaînes et demandent plus d'activité de la part des récepteurs.* »[30]

---

29. Mélanie Bourdaa, « Le transmédia : entre narration augmentée et logiques immersives », *InaGlobal*, 2012. https://larevuedesmedias.ina.fr/le-transmedia-entre-narration-augmentee-et-logiques-immersives.

30. Henry Jenkins, « Interactive audiences? The 'Collective Intelligence' of Media Fans ». http://web.mit.edu/~21fms/People/henry3/collective%20intelligence.html.

Pour Joshua Green et Jean Burgess, la culture participative est «*un terme souvent utilisé pour parler du lien apparent entre des technologies numériques plus accessibles, des contenus produits par les publics et usagers, et un certain changement dans les relations de pouvoirs entre les industries médiatiques et les consommateurs*»[31]. Le terme «narration numérique» est également évoqué pour décrire «*des techniques de productions numériques médiatiques collaboratives qui ont été utilisées pour faciliter la participation sociale*»[32].

Il est intéressant de noter, au travers de ces définitions, que plusieurs traits saillants apparaissent. Tout d'abord, une reconfiguration du lien entre production et réception prend forme, même si la production garde l'hégémonie en terme économique et de propriété intellectuelle. Cependant, les publics acculturés aux technologies numériques cherchent à être plus actifs et à participer à l'élaboration des contenus et des industries culturelles. Ensuite, une large part est accordée aux pratiques collaboratives, notamment dans les communautés de pratiques. Enfin, les technologies numériques prennent de plus en plus de place dans les usages et les stratégies de production. Ce qui est également fondamental, c'est le partage et la distribution du savoir entre les membres d'une même communauté, un phénomène que Pierre Lévy a qualifié d'«intelligence collective»[33].

---

31. Jean Burgess & Joshua Green, *YouTube: Online Video and Participatory Culture*, Polity Press, 2009, p. 10.

32. Christina Spurgeon, Jean Burgess, Helen Klaebe, Jo Tacchi, Kelly McWilliam & Mimi Tsai, «Co-creative media: Theorising digital storytelling as a platform for researching and developing participatory culture», *Australian and New Zealand Communication Association Conference*, 8-10 July 2009, Queensland University of Technology, Brisbane, Queensland.

33. Pierre Lévy, *L'intelligence collective. Pour une anthropologie du cyberespace*, La Découverte, 1994.

De son côté, James Paul Gee[34] parle de «savoir distribué» pour signifier que le savoir circule entre plusieurs usagers, est partagé, et surtout réside dans la connexion. Du côté des récepteurs, ce qui est donc à l'œuvre c'est un partage de connaissances, de compétences, dans un environnement connecté, facilité par l'appropriation et l'acculturation aux technologies numériques.

Le fonctionnement des communautés de fans se rapproche de cette intelligence collective et de cette culture de la participation. Cependant, d'autres secteurs, comme l'éducation, sont également touchés et se nourrissent de ce savoir. Lors de ses recherches sur les pratiques d'apprentissage des jeunes publics, le projet américain New Media Literacies a souligné les bénéfices de la culture participative sur le partage de savoirs et de compétences. L'équipe de recherche a mis en avant le fait que les jeunes gens «*doivent apprendre à penser leurs créations médiatiques de manière à encourager les compétences importantes d'apprentissage en équipe, le management d'équipe, la résolution de problèmes, la collaboration, la communication et la créativité*»[35]. Pour abonder dans ce sens, Paul Duncum[36] confirme que la communauté des pairs et l'apprentissage dans une communauté favorisée par les technologies numériques jouent un rôle fondamental auprès des jeunes apprenants et publics, par des biais d'entraides, de mentorats et de soutiens[37]. Une

---

34. James Paul Gee, *What Video Games Have to Teach Us About Learning and Literacy*, Palgrave Macmillan, 2003.

35. Erin Reilly, «What is Learning in a Participatory Culture? Educators are learning how to engage today's digital kids to share and distribute knowledge within learning communities», *Threshold*, 2009, p. 8.

36. Paul Duncum, «Youth on YouTube: Prosumers in a Peer-to-Peer Participatory Culture», *The International Journal of Arts Education*, vol. 9, nº 2, 2011, p. 24-39.

37. Nous avions fait une analyse du dispositif de jeu en réalité alternée éducatif Robots Heart Stories, qui justement met en avant la collaboration de

littératie médiatique, c'est-à-dire l'acquisition de compétences médiatiques critiques et créatives, paraît alors nécessaire pour souligner les nombreux enjeux liés à la convergence technologique mais également à la culture de la participation.

Cependant ces définitions entraînent des injonctions à la participation sous peine d'invisibilité dans la sphère publique. Tout fonctionne comme si la participation appelait la participation ; comme si une partie des publics, moins active, moins présente, était menacée de devenir invisible. De plus, ces définitions paraissent techno-déterministes en ce sens que les technologies semblent être à chaque fois à l'origine d'une « nouvelle » convergence ou participation. Il faut bien comprendre que cette participation a parfois des revers et peut entraîner des tensions entre production et réception, mais également entre usagers. Comme le souligne Sasha Costanza-Chock, « *les cultures participatives récompensent la participation* »[38].

Dans leur analyse de la plateforme YouTube, Burgess et Green rappellent dès l'introduction que « *YouTube nous donne l'occasion de nous confronter à certains des problèmes les plus urgents de la culture participative : l'inégalité de la participation ; les tensions apparentes entre les intérêts commerciaux et les besoins des publics ; et la contestation des normes éthiques et sociales qui apparaissent lorsque les systèmes de croyances, les différences culturelles et les intérêts entrent en collision* »[39].

deux classes dans les villes de Los Angeles et Montréal pour résoudre des problèmes grâce à l'intelligence collective et au savoir partagé et distribué (Cardoso & Bourdaa, « Design et Transmédia : le croisement des disciplines de SHS », *Revue Française des Sciences de l'Information et de la Communication*, 2017).

38. Sasha Costanza-Chock, « Participatory Culture, Politics and Learning », https://civic.mit.edu/2012/11/07/henry-jenkins-participatory-culture-politics-and-learning/.

39. Jean Burgess & Joshua Green, *op. cit.*

YouTube est une plateforme de partage de vidéos, donnant la possibilité aux usagers de montrer leur créativité mais également de commenter les vidéos postées, un reflet symptomatique de cette culture de la convergence et de cette culture participative. Toutefois, YouTube est également une plateforme sur laquelle vont s'exprimer des enjeux éthiques, sociaux, culturels et politiques à travers les commentaires et l'invisibilité, ou même l'invisibilisation, de certains publics et usagers. Par exemple, début 2017, YouTube a changé sa politique éditoriale concernant les vidéos postées par ou montrant des personnes LGBT en incitant à activer le mode restrictif de visionnage. Les parents, écoles, ou usagers ont alors pu activer le drapeau de restriction, classant ainsi le contenu de nombreuses vidéos comme potentiellement inapproprié. Cette forme de censure appliquée par la communauté des usagers de YouTube et favorisée par l'affordance même de la plateforme (son ergonomie, ses codes, sa politique éditoriale, son interactivité) souligne une des potentielles dérives de la culture participative. En effet, certains publics profitent du pouvoir qui leur est accordé pour rendre d'autres publics invisibles et les empêcher de participer. Les usagers LGBT de la plateforme ont alors pris d'assaut Twitter et, à travers un hashtag #ProudToBeRestricted, ont fait savoir leur mécontentement et leur désir de visibilité sur la plateforme de partage vidéo.

Adrienne Massanari, quant à elle, en appelle à une «*compréhension plus nuancée des plateformes de culture participative qui sont des lieux aux multiples facettes qui incarnent des idéaux démocratiques tout en marginalisant certaines voix*»[40]. Cette nuance est nécessaire et fondamentale pour comprendre les mécanismes

---

40. Adrienne L. Massanari, *Participatory Culture, Community and Play. Learning from Reddit*, Peter Lang, 2015, p. 13.

de la culture participative, qui fonctionne comme une caisse de résonance pour certains publics tout en muselant et censurant d'autres publics. Il est parfois reproché à Henry Jenkins, de ne mettre en avant que les apports positifs de la participation, présentant un écosystème médiatique qui confine à l'utopie[41]. Il ne faut pas oublier les disparités d'accès à la culture, les fractures numériques (géographiques ou économiques), et les choix des publics de participer, de ne pas participer, ou de résister.

Un autre point qu'il faut souligner dans la culture participative concerne le *digital labor*, ce travail gratuit des usagers du web, dont font partie aujourd'hui les fans. Paul Booth propose de son côté la notion de *digi-gratis economy*, en reprenant la notion d'« économie hybride » énoncée par Lawrence Lessig. La notion de *digi-gratis economy* implique une économie de la récompense et du cadeau pour et par les fans. Cette nouvelle économie favorise les relations sociales dans un monde numérique et revient à mettre en relation la production et la consommation de contenus médiatiques à un niveau égalitaire.

Cela étant, une culture de la participation se développe, provoquant des reconfigurations dans les relations entre production et réception, entraînant des nouvelles formes de « travail » des publics, et des économies médiatiques dans lesquelles les technologies numériques jouent un rôle de premier plan. Toutefois, il est fondamental de ne pas oublier que cette participation favorise certains publics par rapport à d'autres et s'efforce de cacher les fractures numériques et culturelles et les minorités (sexuelles, ethniques, handicapées). Ces publics rendus invisibles vont alors tenter, dans un phénomène de contre-pouvoir, de se réapproprier les technologies numériques,

---

41. Maxime Cervulle & Nelly Quéméner, *Cultural Studies. Théories et méthodes*, Armand Colin, 2015 (2e édition, 2018).

de les détourner, afin de se créer des tribunes et des plateformes de contestation. La culture de la participation fonctionne comme un aller-retour entre visibilité, contre-pouvoir et participation.

Études de fans et fan studies

La culture participative et l'intelligence collective sont des notions qui s'appliquent particulièrement aux communautés de fans, qui, dans un environnement connecté, vont produire du sens et des contenus, partager, discuter et se rassembler. Mais comment peut-on réellement définir les fans et les communautés de fans dans ce contexte de convergence culturelle ?

«*Les fans sont en réalité les publics les plus visibles et identifiables. Comment cela se fait-il, alors, qu'ils aient été laissés de côté ou qu'ils n'aient pas été pris sérieusement comme sujets de recherche par les critiques et les chercheurs ? Et pourquoi sont-ils marginalisés et dramatisés par la presse populaire, incompris du grand public ?*»[42]. Linda Lewis faisait ce constat et se posait ces questions en 1992, se demandant pourquoi les fans ne faisaient pas l'objet de plus de recherches dans le monde universitaire alors que ce public spécifique était particulièrement actif dans sa réception et en recherche constante de dialogue avec les industries culturelles, et cela bien avant l'apparition d'Internet.

Même si les communautés de fans existent depuis longtemps et que les fans se sont structurés et organisés sans Internet, les études universitaires sur les fans ont commencé à émerger seulement au début des années 1990 avec les livres fondateurs

---

42. Linda Lewis, *The Adoring Audience. Fan Culture and Popular Media*, Routledge, 1992.

Textual Poachers (Jenkins, 1992) et *Entreprising Women* (Bacon-Smith, 1992), de façon concomitante à l'arrivée d'Internet. Ces études se sont ensuite développées et structurées notamment autour de la discipline des *cultural studies* anglo-saxonnes qui considèrent « *le phénomène des fans comme l'ultime exemple d'un public actif et producteur, qui met en place des formes de résistance aux industries culturelles* »[43]. Les *cultural studies* sont une discipline indéniablement importante dans la construction des études de fans puisqu'elles mettent en avant des agentivités et des tactiques relatives à des résistances, ici à des résistances des publics, face aux hégémonies médiatiques. Selon cette définition de Bernard Darras, les *cultural studies* naissent d'un métissage idéologique.

> « *Grâce aux cultural studies, la lutte des classes pour l'appropriation des moyens de production s'est doublée de la lutte des classes, des sexes, des genres, des "races", des âges et des minorités pour l'appropriation et la reconnaissance des modes de représentation, d'interprétation et d'appropriation : c'est la lutte des signes contre les signes, des sémioses contre les sémioses, des discours contre les discours, des décodages contre les encodages, des systèmes horizontaux contre les systèmes verticaux.* »[44]

Les approches envisagées par Jenkins et Bacon-Smith étaient radicalement différentes et ont fait émerger des questionnements, pour la plupart encore non complètement résolus, sur les méthodologies propres aux études de fans. En effet, comme le rappelle Paul Booth, « *Jenkins travaillait avec les fans pour*

---

43. Jostein Gripsrud, « Fans, viewers and television theory », *op. cit.*, p. 114.

44. Bernard Darras, « Les études culturelles, une mutation démocratique des sciences humaines », *Études culturelles et cultural studies* (sous la direction de Darras), MEI nº 24-25, l'Harmattan, 2007, p. 1-7.

trouver leurs propres voix et Bacon-Smith regardait les fans pour l'analyse académique. Les études de fans aujourd'hui devraient tirer les leçons des études du passé en intégrant les voix des fans en tant que partie entière de la recherche, et produire des recherches additionnelles à destination des publics fans. »[45] La question de la distance critique du chercheur mais également de sa connaissance profonde de par sa propre pratique est une question qui subsiste encore au sein des études de fans : quelle posture, quelle démarche, quelles méthodologies adopter lorsque l'on étudie les communautés de fans ?

Les études de fans ont emprunté le même développement que les études féministes, desquelles elles sont finalement très proches, pour progresser en trois vagues, entraînant à chaque fois des questions sur le statut des fans mais également sur le statut et le rôle du chercheur. Henry Jenkins met en avant ce lien étroit entre les études féministes et les études de fans qui, pour lui, sont intrinsèquement connectées tant dans les pratiques, que dans les enjeux. Il interroge l'apport du genre science-fiction dans les études de fans et interroge la fanfiction comme une pratique d'écriture féminine et féministe. Cependant il est tout de même fondamental de souligner que les fans, contrairement aux études sur les fans qui ont peiné à émerger, ont toujours eu un discours et une analyse méta sur leurs pratiques et leurs communautés. La position, la posture et la démarche du chercheur sont donc des éléments essentiels pour appréhender les enjeux propres à ces communautés en termes de pratiques, d'activités, d'identités. Comme évoqué plus haut, les recherches pionnières de Jenkins, Bacon-Smith mais aussi Linda Lewis (*The Adoring Audience*, 1992) ont permis

---

45. Paul Booth, « Augmenting fan/academic dialogue: New directions in fan studies », *Journal of Fandom Studies*, vol. 1 nº 2, 2013, p. 119-137.

de mettre en avant les différentes approches des chercheurs, tantôt s'intégrant complètement à la communauté des fans qu'ils étudient, tantôt adoptant une posture de surplomb et d'analyse distanciée des pratiques.

La façon dont se sont construites les études de fans est assez emblématique et mérite que l'on s'y attarde quelques instants. Comme souligné plus haut, les études de fans ont opéré par vagues, offrant à chaque fois une perspective nouvelle sur des définitions, des pratiques, et permettant de mieux comprendre les liens entre collectif et individualité.

La première vague abordait les fans comme une entité collective dans une économie médiatique politique. Ce premier moment des études de fans a montré la force collective du *fandom*, la recherche de tactiques et de créativités productrices à l'intérieur d'une communauté interprétative. Le fan se retrouve dans une identité collective commune, il appartient à une communauté, il en partage les codes, les normes, les passions, les pratiques.

La seconde vague n'envisageait plus les fans comme « extraordinaires » mais plutôt comme un espace de consommation, miroir de plus larges problèmes à travers le culturel. À ce moment-là, les chercheurs ont essayé de catégoriser les fans en fonction de leur engagement et de leurs pratiques. Par exemple, Abercrombie et Longhurst ont classé les fans en consommateurs, fans, cultistes, enthousiastes et producteurs en fonction de leur relation avec le texte médiatique, supposant qu'il y a des degrés d'implication des fans à la fois dans la communauté mais également dans leurs pratiques et activités. Gabriel Segré[46] avait lui aussi proposé de catégoriser les fans, entre l'expert érudit, le

---

46. Gabriel Segré, *Fans de… Sociologie des nouveaux cultes contemporains*, Armand Colin, 2014.

collectionneur archiviste, l'imitateur, le passionné investi et le touriste. Le fan est alors envisagé comme un individu appartenant à une communauté, mais avec ses propres caractéristiques.

Aujourd'hui, les fans sont perçus comme intégrés à la société et moins marginalisés que lors de la première vague. Leurs activités et leurs pratiques glissent vers des pratiques plus communes et sont réutilisées par différents acteurs et dans l'espace public. Les pratiques de fans se métamorphosent alors en pratiques *mainstream* qui sont réutilisées dans des sphères diverses. David Peyron rappelle d'ailleurs que pour Jenkins «*la culture fan est un laboratoire de pratiques qui vont ensuite être intégrées par public un plus large*»[47], signifiant le caractère de nouveaux usagers (*early adopters* comme on dit en technologie) porté par les fans.

Selon Gray, Sandvoss et Harrington, étudier les fans équivaut à analyser la création de liens émotionnels au sein de l'écosystème médiatique[48]. Mark Duffett abonde dans ce sens et souligne l'importance de l'étude des fans et des communautés de fans dans une société en pleine mutation, impactée par le numérique et créant un écosystème médiatique en évolution.

L'étude des fans et des communautés de fans présente alors un intérêt important pour mieux saisir le nouvel écosystème médiatique, le fonctionnement de communautés en ligne et hors ligne et les dynamiques sociales numériques.

---

47. David Peyron, *Culture Geek*, FYP Éditions, 2013, p. 68.

48. Jonathan Gray, Cornel Sandvoss & C. Lee Harrington, *Fandom: Identities and Communities in a Mediated World*, NYU Press, 2007.

Définitions des fans et de la communauté de fans

Il est extrêmement complexe de définir les fans tant le terme recouvre un grand nombre de définitions, de mises en tension dans le milieu académique autant que dans l'imagerie populaire. Aujourd'hui, il existe un écueil puisque tout le monde se définit comme un « fan » de quelque chose, sans pour autant prendre en compte les enjeux que revêt le terme en ce qui concerne les questions d'identité, de créativité, de collectif et de partage. Le terme fan est passé dans le langage commun pour désigner toute personne qui aime quelque chose. La définition du Larousse confirme d'ailleurs cela : « *admirateur enthousiaste, passionné de quelque chose, ou de quelqu'un* ».

En France, le terme fan conserve pour beaucoup sa tonalité péjorative, et son lien avec le culte religieux. De fait les fans ont longtemps été perçus comme des publics aliénés, dépendant des industries culturelles et créatives. En 1979, Bourdieu dans *La Distinction*[49] décrit le fan comme dominé et n'ayant aucune distance par rapport à sa passion. Gabriel Segré, dans son analyse des fans de célébrités et vedettes, émaille son ouvrage de termes rappelant la marginalisation des fans et leur dévotion quasi religieuse : « *ils [les fans] font parfois de cette célébration posthume une quasi-religion, avec ses fidèles, ses rites, ses cérémonies, ses croyances, ses lieux et ses objets sacrés, ses églises* »[50]. Les exemples qu'il donne sont liés à des célébrités et stars comme Michael Jackson, Marilyn Monroe ou Elvis Presley, des icônes

---

49. Pierre Bourdieu, *La Distinction. Critique sociale du jugement*, Les Éditions de Minuit, 1979.

50. Gabriel Segré, *op. cit.*, p. 114.

médiatiques. Cependant, Segré met également en avant, sans vraiment se rendre compte du caractère spécifique de ces actions, le tourisme des fans qui se déplacent sur des lieux physiques, la création de communautés de pratiques et la créativité de ces publics. Ce type d'activité est déjà en soi une activité transformante, caractéristique des fans qui cherchent alors à s'immerger dans des lieux iconiques, créer des liens avec d'autres fans ou bien en apprendre plus sur les mondes fictionnels[51].

Lorsque les personnes se définissent comme des fans, c'est pour signaler qu'elles regardent régulièrement une série télévisée ou un film par exemple. Lors d'une recherche sur les fans de *Game of Thrones* menée avec Javier Lozano Delmar, nous avions demandé aux publics français et espagnol pourquoi ils se considéraient comme des fans de la série. La plupart avaient mis en avant un aspect quantitatif et technique : le visionnage et le re-visionnage systématique des épisodes. Un fan nous avait par exemple répondu : «*parce que je ne me lasse pas de regarder les épisodes*» et un autre «*parce que je suis la série avec assiduité*»[52].

Le fait de regarder les épisodes, souvent plus d'une fois, garantit à ces téléspectateurs français et espagnols un statut de fan, qu'ils n'arrivent pas eux-mêmes à bien définir. Par conséquent,

---

51. Une littérature abondante commence à émerger sur le phénomène du *fan tourism*, notamment depuis les déplacements massifs des fans de *Game of Thrones* sur les lieux de tournage de la série, ou sur les parcs à thème envisagés comme des lieux d'immersion dans les univers fictionnels. L'ouverture du très onéreux circuit touristique basé sur la saga *Harry Potter* à Londres en est un autre exemple.

52. Mélanie Bourdaa & Javier Lozano Delmar, «Case study of French and Spanish reception of Game of Thrones», *Transformative Works and Cultures*, Special issue «Transnationalism, Localization and Translation in European Fandom», edited by Anne Kustritz, vol. 19, 2015. http://journal.transformativeworks.org/index.php/twc/article/view/608.

en France et en Espagne[53], les fans eux-mêmes ont du mal à s'identifier comme tels et lorsqu'ils le font, ils se considèrent fans seulement s'ils regardent une série assidûment et parfois plus d'une fois. C'est presque plus l'intensité du visionnage qui est valorisée au détriment des pratiques et activités que décrivait Jenkins dans son analyse des Trekkies (les fans de *Star Trek*).

Ce décalage dans les perceptions est entre autres un problème culturel, voire socioculturel. En effet, aux États-Unis, les publics fans ont moins de réticence à s'autoproclamer comme tels et à intégrer dans cette définition de soi des activités de création, de partage, d'engagement civique. Il y a eu bien entendu une évolution assez flagrante. Par exemple, Paul Booth explique ce changement en soulignant qu'aujourd'hui les étudiants qui s'inscrivent à son cours connaissent les pratiques de fans et participent souvent aux activités d'une ou plusieurs communautés. Lorsque nous posons cette question dans nos cours, nous ressentons toujours une gêne de la part des étudiants, et très peu avouent ouvertement être fans.

Dans cet imaginaire et dans ces perceptions, bien entendu, les préjugés et les stéréotypes jouent un rôle déterminant puisqu'ils persistent encore notamment dans les représentations véhiculées par les médias sur les fans. Paul Booth et Lucy Bennett[54], dans un ouvrage collectif qu'ils ont dirigé, cherchent d'ailleurs à comprendre «*jusqu'où les stéréotypes perpétuent les mythes autour des communautés de fans et de la relation affective avec les textes médiatiques*», tous supports confondus (documentaires, presse, séries TV, films). Pour cela, ils se réfèrent à des études qui pointent et listent les stéréotypes dont sont affublés

53. Voir Mélanie Bourdaa & Javier Lozano Delmar, *ibid.*

54. Paul Booth & Lucy Bennett, *Seeing Fans: Representations of Fandom in Media and Popular Culture*, Bloomsbury, 2016, p. 6.

les fans dans les médias. Par exemple, Joli Jensen en 1992 notait que les fans étaient souvent qualifiés de « *consommateurs sans cerveau* », de « *désaxés asociaux* », qui accordent trop d'importance au texte culturel et qui sont incapables de séparer la réalité de la fiction. Jenkins notait lui-même, dans son ouvrage fondateur, que les qualificatifs le plus souvent utilisés pour définir les fans étaient : marginaux et hors de contrôle.

Plusieurs chapitres de l'ouvrage de Booth et Bennet prennent comme exemple le sketch de William Shatner intitulé *Get a life* diffusé lors de l'émission de talk-show américaine *Saturday Night Live*. Il y fustige les fans de *Star Trek* (il joue le personnage de Captain Kirk, capitaine du vaisseau Enterprise) et les dépeint comme des gens obsessifs et obsessionnels, n'ayant pas de vie sociale en dehors de leur passion pour la série. Ce sketch représente « la quintessence des stéréotypes » sur les fans qui persistent encore aujourd'hui dans les représentations médiatiques.

Souvent les fans hommes sont représentés comme obsessionnels et asociaux (dans le style des *otakus* japonais) cherchant les moindres détails de l'univers narratif qu'ils suivent et collectionnant les moindres objets liés à cet univers. Ils sont souvent représentés dans les documentaires et reportages dans leur chambre, le seul lieu dans lequel ils peuvent évoluer ; dans ce lieu intime, trônent des objets qui envahissent l'espace vital. Les jeunes filles fans sont, quant à elle, présentées comme des personnes hystériques hors de contrôle, en particulier lorsqu'apparaissent leurs idoles et célébrités favorites. Tout le monde peut se souvenir de reportages télévisés sur les fans des Beatles, mais également plus tard sur les fans de groupes de musique tels que Tokio Hotel, One Direction ou Justin Bieber, des fans qui éclatent en sanglots ou s'évanouissent lors des concerts ou interviews. Ces stéréotypes continuent de perdurer et sont renforcés par les reportages, documentaires et même séries télévisées. Les fans y sont marginalisés en tant qu'individus et comme collectif, mais leurs pratiques sont également moquées, notamment lorsqu'il est question du cosplay ou de l'écriture de fanfictions. Seule la face négative est montrée, pour le sensationnalisme et la dramatisation, au détriment des activités et pratiques que les fans mettent en place dans leur communauté ou d'une réflexivité sur leur passion qui se transforme en action et en création.

Pour aller au-delà de ces stéréotypes et bien comprendre ce que sont les fans aujourd'hui, il est important ici de clarifier notre compréhension et notre définition du fan. Pour être totalement claire sur le sujet et éviter toute ambiguïté par la suite, la définition que nous allons maintenant proposer sera celle à laquelle nous nous référerons tout au long de ce livre.

Pour nous, le fan n'est pas seulement un « suiveur », un collectionneur ou un enthousiaste pour reprendre les catégories de Longhurst et Abercrombie, il ne placarde pas seulement ses murs de posters comme l'avait souligné Fiske. Il est surtout un producteur de contenus et de sens. Malgré cette définition d'un fan actif, producteur participant et engagé, il ne faut pas sous-estimer l'importance d'un public non producteur qui est toutefois engagé dans une réception systématique et répétée. Francesca Coppa[55] rappelle ce positionnement de Jenkins, que nous pourrions facilement oublier tant l'auteur a surtout travaillé et mis en avant les fans producteurs et acteurs de leur réception. Ce qui est important est de faire la distinction entre les publics classiques et les publics fans. Et cette distinction passe en général par l'analyse des productions, des créations et des activités dans une communauté.

---

55. Francesca Coppa, « Fuck yeah, Fandom is Beautiful », *Journal of Fandom Studies,* vol. 2, nº 1, 2014, p. 73-82.

Pour Sarah Corse et Jaime Hartless, « *les fans, et particulièrement dans la communauté de la science-fiction, peuvent consacrer beaucoup de temps, d'argent et d'énergie à leurs engagements et identités culturelles, en se rendant à la Comic-Con de San Diego, en fabriquant des costumes, en écrivant des fanfictions ou de la musique, et en participant à des communautés en ligne pour partager leurs intérêts avec d'autres membres qui sont engagés de la même façon* »[56]. Les deux auteurs notent d'emblée les notions d'engagement à la fois émotionnel et matériel, en termes d'argent et de temps, qui vont caractériser le lien entre fans eux-mêmes à l'intérieur de la communauté et entre les fans et l'œuvre ou les œuvres culturelles et médiatiques qui les passionnent. Les éléments d'investissement temporel et personnel et l'engagement émotionnel sont des caractéristiques communes aux publics fans.

Ces définitions pourraient facilement limiter le fan à un consommateur, prisonnier du système capitaliste que lui imposent les médias et les systèmes médiatiques contemporains. Mark Duffett nous rappelle d'ailleurs que « *les consommateurs sont des récepteurs aliénés qui se complaisent dans la chaîne de circulation économique en dépensant de l'argent en échange de services et de biens* »[57]. Il est nécessaire de ne pas considérer les fans comme de simples consommateurs passifs de produits culturels, puisque leurs propres productions vont entraîner des questionnements sur l'identité sexuelle, le racisme, le genre, le colonialisme par exemple. De plus, les communautés agissent comme des agents d'*autonomisation*. Le fan et les communautés

---

56. Sarah M. Corse & Jaime Hartless, « Sci-fi and Skimpy Outfits. Making Boundaries and Staking Claims to *Star Trek: Into Darkness* », in Adrienne Trier-Bieniek, *Fan Girls and the Media. Creating Characters, Consuming Culture*, Rowman & Littlefield, 2015, p. 1-20.

57. Mark Duffett, *Understanding Fandom: An Introduction to the Study of Media Fan Culture*, Bloomsbury, 2013, p. 21.

ne sont donc pas des entités passives, loin de là : les fans produisent, écrivent, montent des vidéos, créent, s'engagent dans le politique, débattent.

Patrice Flichy met également ces points en avant lorsqu'il écrit que «*les fans prolongent leur réception par une activité créatrice et hétérodoxe qui se manifeste soit par des ajouts à la fiction, soit par un collage de différents éléments*»[58]. Cette pratique pourrait être qualifiée à la suite de Lawrence Lessig et Laurence Allard de «culture du remix», qui se révèle être un art ou une esthétique à part entière. Les fans expérimentent en réalité une réception sans fin, puisque le moment de leur réception d'une œuvre va au-delà de la simple lecture, du simple visionnage ; elle s'étend, s'étire lors de discussions, d'activités, de partages, d'engagement civique, en ligne mais également hors-ligne.

Paul Booth fait également une distinction importante entre les fans en tant qu'individus qui acquièrent des compétences à travers des pratiques et du mentorat et le *fandom*, cette communauté, ce collectif composé d'individualités. Il nous explique dans un premier temps que «*les fans utilisent généralement leurs compétences technologiques et leur intelligence collective, leur savoir individuel de base, et leur habileté dans les interactions sociales pour enquêter et explorer les médias*»[59]. La communauté quant à elle «*renvoie à un ensemble social d'individus ayant des intérêts communs, rassemblés grâce à des mécanismes d'adhésion ; une organisation autoproclamée de fans qui à la fois aiment un objet médiatique et créent également des contenus additionnels sur cet objet médiatique*»[60]. La communauté de fans rassemble donc

58. Patrice Flichy, *Le sacre de l'amateur. Sociologie des passions ordinaires à l'ère du numérique*, Seuil et La République des Idées, 2010, p. 32.

59. Paul Booth, *op. cit.*, p. 20.

60. *Ibid*, p. 22.

des individus ayant des intérêts communs, dans un même lieu en ligne ou hors ligne qui favorise les échanges et le partage.

Pour Serge Proulx, la communauté virtuelle (de fans ou autre) «*désigne le lien d'appartenance qui se constitue parmi les membres d'un collectif d'usagers d'un chat, d'un forum, d'une liste de discussion, etc., ces participants partageant des goûts, des valeurs, et des intérêts et des objectifs communs*»[61]. Cette définition de la communauté virtuelle s'adapte pleinement aux communautés de fans sur Internet puisque, ce qui les rassemble avant tout, c'est leur intérêt commun pour un programme télévisé (ou dans d'autres cas pour une star, un style de musique, un groupe musical, un artiste, etc.). Éric Maigret ajoute : «*Les communautés en ligne formées d'anonymes sont rarement dépourvues de filtres chargés de rendre possible une interaction harmonieuse et de sélectionner des personnes au profil social acceptable : le "cadre" de l'échange et la "présentation de soi", au sens de Goffman, influent sur le choix d'échanger.*»[62] Pour Segré, la communauté est «*le lieu des appropriations et réappropriations, des constructions de sens, des diverses productivités collectives ; le lieu des discussions autour des préférences et des goûts*»[63].

Dans les communautés de fans, les individus qui les composent établissent des règles, des normes à respecter et parfois des sanctions qui assurent le fonctionnement du groupe social, à l'intérieur de la communauté mais également à l'extérieur.

---

61. Serge Proulx, «Les communautés virtuelles construisent-elles le lien social ?», Colloque International *L'organisation média. Dispositifs médiatiques, sémiotiques et de médiations de l'organisation*, Université Jean Moulin, Lyon, 19-20 novembre 2004.

62. Éric Maigret, *Sociologie de la communication et des médias*, Armand Colin, 2015 (3e édition), p. 264.

63. Gabriel Segré, *op. cit.*, 2014, p. 190.

Par exemple, sur le site populaire fanforum.com qui rassemble diverses conversations autour de plusieurs *fandoms*, nous pouvons trouver une page entièrement consacrée aux règles et lignes directrices que les fans doivent suivre pour s'inscrire et échanger en ligne. Cette page est mise à jour en fonction des besoins de la communauté.

Parmi les règles proposées par les administrateurs, se trouvent l'interdiction de poster des liens vers des téléchargements illégaux, l'obligation de poster des contenus appropriés pour tous les publics, les règles quant aux *spoilers* pour éviter de gâcher le plaisir de certains membres du forum et surtout le souhait de maintenir le respect entre les usagers des forums. Si des conflits venaient à éclater, les usagers doivent en référer aux administrateurs qui deviennent alors arbitres et juges afin de régler le problème. Mais ce qui est particulièrement intéressant, ce sont les sanctions prévues en cas d'infraction et de non-respect des règles établies.

> « *Si vous échouez à respecter les règles ci-dessus, vous vous exposez à la perte de vos privilèges d'usagers. L'infraction aux règles peut entraîner des alertes ou des points assignés aux membres des comptes visés à la discrétion du manager, des modérateurs et de l'administrateur du site. Les membres qui accumulent trop de points seront automatiquement bannis suivant ces paliers :*
> *3 points = 3 jours de mise au ban*
> *4 points = 7 jours de mise au ban*
> *5 points = 2 semaines de mise au ban*
> *6 points = le membre est banni à vie* ».[64]

64. http://www.fanforum.com/f20/announcement-official-fan-forum-rules-guidelines-updated-4-14-17.html.

Ces précisions fournies en début de forum témoignent d'une grande organisation dans la communauté, d'une mise en place de codes pour assurer un fonctionnement sain, et des punitions pour quiconque ne respecterait pas les règles ou les autres membres. Les fans, lorsqu'ils s'inscrivent sur ce forum ou sur n'importe quel autre forum, signent un contrat moral, permettant à la communauté de fonctionner. En participant à la communauté, le fan s'engage à respecter ses codes, à se présenter dès son arrivée (et en particulier lorsque la plateforme principale de la communauté est un forum en ligne) et à échanger avec les autres membres de façon amicale ou du moins cordiale. Cependant, les *fandoms* possèdent les mêmes biais que les relations de face-à-face et des dérives apparaissent parfois dans certaines communautés, notamment autour des *ship wars*[65], ou du phénomène du *toxic fandom*.

Les administrateurs des forums se présentent ensuite et surtout présentent leur rôle et leurs tâches aux autres membres pour clarifier les positions de chacun et fournir aux usagers les interlocuteurs adéquats. Nous pouvons remarquer que les rôles, présentés sur la page fan forum, ont évolué puisque lors de la dernière mise à jour deux fonctions ont été rajoutées : le responsable des avatars et le responsable de l'équipe graphique. Ces rôles attestent là encore une grande organisation logistique et managériale de la part des fans, ainsi que d'une mise en place hiérarchique implicite à l'intérieur de

65. Les *ship wars* sont les guerres que se livrent les fans de deux couples fictionnels. La défense de son couple favori entraine parfois des violences verbales, des incivilités numériques et des cyberharcèlements. Par exemple, lorsque nous avons analysé le *fandom* #Clexa, autour du couple Clarke et Lexa de la série *The 100*, nous avons remarqué que la page du wiki consacrée au couple était entièrement bloquée pour éviter que les fans du couple Clarke et Bellamy, les #Bellarke, ne viennent troller la page.

la communauté. Certains membres ont des postes de responsabilité leur conférant une certaine autorité, notamment lorsqu'il s'agit de juger et résoudre les conflits et d'appliquer les sanctions nécessaires.

En résumé, nous pouvons désormais poser notre propre définition du fan, nous pourrions le nommer hyperfan, en soulignant les principales caractéristiques suivantes :

– Appartenir à une communauté de pairs, à un groupe social dans lequel le fan va inscrire sa passion et, donc, devenir membre. Cette communauté présente une grande organisation, possède ses codes mais également ses hiérarchies, et ses sanctions et tensions.

– Allonger, étirer et déployer le moment de la réception pour que celle-ci ne se termine jamais et fonctionne comme une boucle sans fin.

– Être un public expert : le fan connaît l'œuvre suffisamment pour s'adonner à un « braconnage culturel » (De Certeau, 1980), source de sa créativité.

– Être un producteur de sens et de contenus. Le fan réinterprète les œuvres, les analyse, propose des remix et des collages, des mélanges de genres et d'œuvres. Il crée des productions qui vont de l'écriture de fanfictions au montage vidéo, au dessin de fan art par exemple.

– S'engager socialement, culturellement et politiquement pour déployer son identité personnelle et collective dans la sphère publique.

Son degré d'engagement dans la communauté varie en fonction de ses intérêts et de ses autres communautés (*fandoms*). En effet, comme le rappelle Nancy Baym[66], les publics migrent

66. Nancy K. Baym, *Tune in, Log on: Soaps, Fandom, and Online Community*, Sage Publications, 1999.

désormais d'un *fandom* à un autre, et disséminent leurs goûts et leurs passions au gré de leur migration.

Christian Le Bart et Jean-Charles Ambroise, lors de leur étude sur les fans des Beatles, avaient proposé de classer les fans en six catégories suivant leur engagement : le créateur, l'érudit, la groupie, l'esthète, le collectionneur, l'imitateur[67].

La taxonomie de cet ouvrage se base sur les activités de fans, entendu qu'ici les fans sont un public actif et producteur de sens et de contenus. Ainsi cinq activités ressortent : activité de création du lien social, activité de médiation culturelle, activité d'intelligence collective, activité de création et activité d'engagement civique[68].

Méthodologies et méthodes des études de fans

Les méthodologies appliquées aux études de fans ont toujours été questionnées et souvent remises en question. Dans un article de 2014, Adrienne Evans et Mafalda Stasi[69] s'interrogent sur le manque d'articles traitant des questions méthodologiques liées aux études de fans, outre la position de l'*aca-fan* (*academic-fan*) chère à Jenkins. Elles s'étonnent également du grand nombre

---

67. Christian Le Bart & Jean-Charles Ambroise, *Les fans des Beatles. Sociologie d'une passion*, Presses universitaires de Rennes, 2000.

68. Mélanie Bourdaa, « Keep Calm and Join the Fandom : une proposition de typologie des activités de fans », in Jamil Dakhlia, Delphine Le Nozach & Céline Ségur, *À la recherche des publics populaires. Être peuple*, Questions de Communication, Séries Actes, 2016, p. 181-198.

69. Adrienne Evans & Mafalda Stasi, « Desperately seeking methodology: New directions in fan studies research », *Participations. Journal of Audience and Reception Studies*, vol. 11, nº 2, 2014, p 4-23.

de recherches sur les fans qui n'exposent pas explicitement une méthodologie approfondie et fouillée. Il est important de noter que les *fan studies* se sont construites au croisement de plusieurs disciplines, ce qui peut expliquer ce manque de méthode claire : anthropologie, sociologie, littérature anglo-saxonne, études cinématographiques, études féministes et queer, études médiatiques, *cultural studies*. Chacune de ces disciplines draine ses méthodologies, quantitatives et qualitatives, qu'il faut ensuite réinvestir et souvent remodeler pour analyser les communautés de fans. En France, les études de fans sont présentes en sociologie des publics et elles constituent un champ de recherche émergent en sciences de l'information et de la communication[70]. Mais se pose tout de même la question de la méthodologie à employer.

Dès les études pionnières de la première vague dans les années 1990, deux types de méthodes se confrontaient : une analyse de l'intérieur de la communauté (Jenkins) et une analyse en surplomb de la communauté (Bacon-Smith). Les fans qui étaient l'objet des études voyaient dans la position du chercheur à l'intérieur de la communauté une situation bienveillante vis-à-vis de leur pratique, ce qui conférait au chercheur une certaine légitimité. De l'autre côté, les fans restaient méfiants sur les chercheurs situés à l'extérieur de la communauté. Ici, s'opposaient une posture « à l'intérieur de » et une posture « à l'extérieur de », ou de chercheur participant versus chercheur non-participant.

La position adoptée par Jenkins a été qualifiée d'*aca-fan*, un chercheur qui travaille sur la communauté dont il est fan

---

70. Mélanie Bourdaa (dir.), « Les *fan studies* : enjeux et perspectives de la recherche sur les fans en France », *Revue Française des Sciences de l'Information et de la Communication*, dossier « Émergences », nº 7, 2015. https://rfsic.revues.org/1462.

et qu'il a de fait, par son statut de fan, déjà intégrée avant le début de sa recherche. Matt Hills propose la position du *fan-scholar* qui, à l'inverse, est un fan qui décide d'entreprendre une recherche sur sa communauté. L'avantage de ces deux positionnements est la connaissance quasi encyclopédique de la communauté étudiée.

Bien entendu, les chercheurs ont dû s'adapter aux pratiques de fans et se déplacer sur Internet aujourd'hui. Désormais, les fans se rassemblent dans des communautés en ligne, ce qui a pour conséquence de briser des frontières spatiales, géographiques et temporelles pour créer des communautés mondiales de façon quasi instantanée, ce qui impose au chercheur un repositionnement de ses méthodes et de sa démarche. En effet, depuis les textes fondateurs, peu de chercheurs analysent des pratiques hors ligne (Hills, 2005 ; Lamerichs, 2013). En réalité, l'accès à Internet et l'acculturation des publics aux technologies ont offert des opportunités de recherche, notamment dans la constitution de corpus. De plus, les fans eux-mêmes se sont massivement rendus sur Internet et les chercheurs ont suivi (Jenkins, 2006 ; Stein, 2006 ; Baym, 2009 ; Ross, 2009 ; Booth, 2009).

Les chercheurs doivent donc s'adapter aux pratiques des communautés de fans, qui sont considérés comme des *early adopters* des nouvelles technologies et développent rapidement des compétences techniques et technologiques. Comme le souligne Sam Ford, « *les activités de fans qui produisent leurs propres textes explicites ont connu une attention extrême de la part des chercheurs dans le monde du web 2.0 parce qu'ils produisent une grande quantité de contenus en ligne qui peuvent être étudiés assez facilement, alors qu'un engagement moins intense est plus diffus et moins visible pour les chercheurs.* »[71] Les fans sur Internet

71. Sam Ford, « Fan Studies: Grappling with an "Undisciplined" discipline »,

laissent des traces numériques multiples, mouvantes, créatives, ainsi que des textes, images, vidéos, discussions. Cela constitue autant d'archives de leur passion et de leurs pratiques, que le chercheur peut alors convoquer, aspirer, archiver, saisir et analyser. Il peut se constituer une base de données immense sans cesse en augmentation, et avoir ainsi accès à un corpus quasi illimité de ressources faniques.

La méthodologie la plus utilisée pour les études de fans est celle de l'ethnographie en ligne, l'analyse d'une communauté et de ses pratiques, codes, rites qui permettent d'insister à la fois sur la voix des fans mais également sur la voix des chercheurs. L'ethnographie était déjà la méthodologie utilisée dans les études des publics en *cultural studies*. En se basant sur les propositions de décodage de Stuart Hall, les chercheurs ont mis en lumière et documenté, entre autres, les publics familiaux (Morley, 1980), les publics transculturels (Ang, 1980) ou bien les publics féminins (Radway, 1984). Cependant, cette pratique des méthodologies empruntées à l'ethnographie a été fortement critiquée sous prétexte qu'autour des études médiatiques et culturelles, l'ethnographie n'était pas de la « vraie » ethnographie. Comme le précise Nightingale, l'utilisation et l'analyse des lettres de fans et des entretiens auprès des fans, du point de vue de l'anthropologie, ne constituent pas une approche ethnographique des publics. Il est important de noter que malgré cette critique, les chercheurs en études de fans prônent l'usage de cette méthodologie allant même jusqu'à « *s'engager dans une auto-ethnographie pour aider le chercheur à développer à la fois son identité de fan et de chercheur (une identité elle-même problématique selon Larsen)* »[72].

Journal of Fandom Studies, vol. 2, nº 1, 2014, p. 53-71.

72. Paul Booth, 2013, *op. cit.*, p. 125.

Depuis l'avènement des nouvelles technologies et l'acculturation des publics à ces technologies, les fans se déplacent sur le web, et les chercheurs avec eux, passant d'une ethnographie à une cyberethnographie, ou une netographie. Pour pratiquer une méthode de cyberethnographie, il faut employer une posture d'ethnographe, ce qui signifie qu'il faut intégrer la communauté que l'on va analyser. Katie Ward[73] rappelle que la cyberethnographie est un outil utile qui permet une description pointue d'une communauté en ligne. Cela se justifie par le fait que le chercheur, avec la cyberethnographie, «*devient un participant de la société et fait des observations en tant que membre extérieur*»[74]. Ulun Akturan exclut cependant l'appartenance à la communauté que le chercheur va étudier et envisage plutôt une posture extérieure et de surplomb semblable à celle de Bacon-Smith, n'incluant donc pas dans sa posture méthodologique la position de l'*aca-fan*.

L'analyse des communautés et des pratiques de fans requiert une posture de chercheur entre l'*aca-fan*, tel que défini par Henry Jenkins, c'est-à-dire un chercheur fan lui-même de l'objet qu'il étudie ce qui lui confère une légitimité au sein de la communauté, et l'observation des traces numériques laissées par les fans, lui octroyant une distance critique par rapport à son objet. De fait, si l'on cherche à mieux saisir les pratiques de réception des amateurs de séries télévisées lorsque l'on est chercheur, il devient nécessaire d'utiliser Internet comme outil d'analyse. Les pratiques de réception des téléspectateurs et des fans ont évolué pour se déplacer sur Internet, afin de créer des

---

73. Katie J. Ward, «Cyber-Ethnography and the Emergence of the Virtually New Community», *Journal of Information Technology*, vol. 14, 2009, p. 95-105.

74. Ulun Akturan, «A Review of Cyber Ethnographic Research: A Research Technique to Analyze Virtual Consumer Communities», *Bogaziçi Journal*, vol. 23 nº 1-2, 2009, p. 1-18.

espaces d'échange, de partage, de création, et de rassemblement communautaire. Comme le rappelle fort justement Clément Combes, « *la forte appétence pour les séries – que nous désignons par "sériephilie" – se donne notamment à voir de façon remarquable au travers des collectifs qui opèrent sur de multiples sites, blogs et forums en ligne* »[75]. Au vu de ces « nouvelles pratiques de réception », le chercheur est amené à analyser des pratiques en ligne au sein de communautés, ou tout du moins au sein d'échanges ayant lieu sur la toile.

Malgré ces recommandations méthodologiques liées aux nouvelles pratiques de fans et à leur migration massive sur Internet, il ne faut pas tomber dans un techno-déterminisme qui mettrait en valeur certaines communautés plus que d'autres ou qui marquerait des différences générationnelles prononcées. Il est nécessaire également de ne pas refaçonner des hiérarchies culturelles à l'intérieur des *fandoms* ou d'un *fandom* à l'autre en mettant en avant certaines pratiques par rapport à d'autres, ou certaines formes d'engagement par rapport à d'autres. Les contenus médiatiques doivent être désormais appréhendés sous un angle nouveau : au vu des mutations des pratiques de réception, les chercheurs doivent désormais étudier la relation entre le texte, le médium et la technologie. Cela induit le changement de paradigme que Paul Booth décrit, entraînant de nouvelles études sur les médias. Nous retrouvons dans ses analyses tout ce qui fait la force de la communauté : un rassemblement, des compétences techniques, et un engagement intellectuel et émotionnel dans une réception active.

Il existe donc une dualité entre le chercheur et le fan, qui complique la définition de l'*aca-fan*. En effet, Matt Hills note,

---

75. Clément Combes, « La consommation des séries à l'épreuve d'Internet. Entre pratique individuelle et activité collective », *Réseaux*, vol. 1, nº 165, 2011, p. 137-163.

à juste titre, que de plus en plus de fans s'adonnent à des analyses de style académique lorsqu'ils créent des blogs, qu'ils participent à des forums de discussions, qu'ils s'adonnent à des analyses rhétoriques pour comprendre les motivations de personnages, qu'ils convoquent les théories de narratologie pour comprendre les intrigues. Pour résumer, la question de la distance critique du chercheur fan n'est pas nouvelle. L'immersion participative, ou l'observation participante du chercheur dans la communauté de fans, lui confère un regard pertinent sur les pratiques des fans. Comme le rappelle Aurore Gallarino, «*l'aca-fan produit donc une analyse co-construite avec ses sujets*»[76]. Le terme de *fan-scholar*, quant à lui, désigne «*un fan utilisant des concepts et références universitaires pour produire un discours destiné à d'autres fans, dans une publication destinée aux fans, blog ou autre*»[77].

Aux termes évoqués plus haut d'*aca-fan*, de *fan-scholar* ou à l'inverse de *scholar-fan*, nous leur préférons le terme d'«ethno-fan»[78] qui renvoie au travail de l'ethnographe, immergé dans une communauté qu'il observe, étudie, tout en conservant l'aspect spécialiste, voire expert, du fan et de la connaissance de ses pratiques sociales, technologiques et médiatiques. Lorsque nous commençons une analyse de stratégies et dispositifs transmédiatiques autour de séries télévisées ou une étude des

---

76. Aurore Gallarino, «Jenkins Reloaded : évolution de la pensée d'Henry Jenkins de Textual Poachers à (l'avant) Spreadable Media», *Terminal*, nº 112, 2015, p. 115-120.

77. Cécile Cristofari & Matthieu J. Guitton, «L'*aca-fan* : aspects méthodologiques, éthiques et pratiques», *Revue Française des Sciences de l'Information et de la Communication*, nº 7, 2015. https://rfsic.revues.org/1651#tocto1n2.

78. Voir Mélanie Bourdaa, «La démarche "ethno-fan" : De l'importance de l'immersion du chercheur dans les communautés de fans dans l'étude du Transmedia Storytelling», in Sarah Lécossais & Nelly Quéméner, *En quête d'archives : bricolages méthodologiques en terrain médiatique*, INA, 2017.

activités en ligne des fans, nous nous intégrons d'abord à la communauté en nous positionnant nous-même comme fan du programme, en participant aux débats et discussions, en live-twittant les épisodes en utilisant les codes sémantiques des fans (hashtags propres, noms de communautés, noms de *ships*), en produisant des gifs et des contenus sur Tumblr[79]. Ce travail, chronophage, prépare le terrain à l'analyse de la production mais également de la réception rendue possible par une bonne connaissance des pratiques des fans. De plus, cela nous donne une légitimité[80] ainsi qu'une expertise, essentielle pour ensuite interroger les fans par le biais de questionnaires distribués en ligne sur les réseaux sociaux ou directement sur les forums.

L'ethno-fan investit, propose et développe une nouvelle démarche de recherche qui entraîne des méthodologies adaptées au contexte et à l'objet : immersion dans la communauté, recueil et aspiration des traces numériques et des travaux d'archivage des fans, navigation hypertexte. Alors seulement, le chercheur possède une vision suffisamment complète du terrain et des pratiques pour pouvoir analyser un écosystème médiatique (production et réception) en pleine mutation et des narrations sérialisées multiplateformes.

La définition du fan proposée dans cet ouvrage est un public expert, acculturé aux nouvelles technologies, producteur de sens et de contenus, participant à une communauté de pratiques. Les études de fans, qui ont émergé dans les années 1990 avec les textes fondateurs de la discipline de Jenkins et Bacon-Smith, paraissent aujourd'hui fondamentales pour mettre en lumière des pratiques collaboratives, à la croisée entre une

79. Voir Mélanie Bourdaa, « Taking a break from all your worries : *Battlestar Galactica* et les nouvelles pratiques télévisuelles des fans », *Questions de Communication*, nº 22, p. 235-250.

80. Mélanie Bourdaa, *op. cit.*, 2012.

convergence culturelle et technologique, dans un environnement social, culturel et politique en évolution. Les fans sont des publics actifs, enclins à partager, participer, s'approprier les technologies, créer des formes de résistance aux industries culturelles. Les fans font partie d'un collectif, d'une communauté qui aujourd'hui se réunit et s'organise plus facilement en ligne, constituant des groupes sociaux avec leurs codes, rites, sanctions, langages, fonctionnements propres.

Cependant, la participation peut entraîner des fractures culturelles et numériques et atténuer la visibilité de certains publics dans l'espace public. Il est alors important de prendre en compte ces aspects pour envisager les publics fans et comprendre certaines tensions dans les communautés de fans, certaines parties de *fandoms* plus actives que d'autres, qui cherchent notamment à se recréer des plateformes pour exprimer leurs points de vue.

Il est intéressant de noter que de plus en plus de chercheurs, à l'instar de Louisa Stein, envisagent d'inclure leur propre identité de chercheur et de fan dans leurs travaux. Ce choix méthodologique leur permet ainsi de mettre en avant leurs émotions et sentiments. En effet, la culture fan est avant tout une culture de l'émotion et des sentiments (*feels culture*) et pour bien la comprendre et la saisir, selon ces chercheurs, il faudrait se servir de son expérience propre et de son ressenti. Dans ses travaux sur l'activisme et le politique chez les fans, Louisa Stein précise qu'elle intègre, sur le plan méthodologique, son identité dans tout ce qu'elle a de multiple et parfois contradictoire dans sa recherche : «*J'apporte mon histoire de fan, mon présent de fan, mon identité académique, le fait que je sois une mère, mes frustrations politiques, ma judéité, mon genre et mon identité sexuelle, mes lieux géographiques et culturels – tout ceci nourrit ma recherche, mon enseignement, ma culture fan et mon activisme.*

Je ne les explicite pas tout le temps, tout ceci apparaît de différentes façons à différents moments. »[81]

Ce contexte et ces définitions posées, nous proposons dans la suite de ce travail d'analyser les pratiques de fans et leurs activités et créations. L'entrecroisement du politique avec les pratiques de fans, et les questions d'identité sont au cœur des réflexions qui vont suivre.

En effet, les communautés de fans, pour beaucoup, ont toujours été marquées politiquement. Un lien se forge, évident, entre politique et communautés de fans qu'il est nécessaire aujourd'hui d'appréhender pour mieux saisir ces publics, la sphère publique et l'écosystème médiatique. Il nous semble qu'il faut insister sans cesse sur la présence du politique dans les communautés de fans parce que les narrations péjoratives sur la simplicité et l'unidimensionnalité des communautés de fans sont extrêmement problématiques. Ces narrations sont récurrentes, comme nous l'avons vu et notamment dans les médias, et elles tendent à effacer les multiplicités des fans, jeunes, femmes, queer, des identités « non-normatives » et des expériences culturelles.

---

81. Louisa Stein, « Interview with Louisa Ellen Stein: Whole Self and Felt Scholarship in Fan Studies », menée par Julia E. Largent, Milena Popova & Elise Vist, in « Fan Studies Methodologies », édité par Julia E. Largent, Milena Popova & Elise Vist, *Transformative Works and Cultures*, nº 32, 2020.

CHAPITRE 2

Activisme culturel et social des fans

Les activités de fans peuvent parfois se situer à l'intersection de la participation culturelle et de la participation politique et impliquer un niveau accru d'engagement civique, en particulier parmi les jeunes fans qui utilisent les plateformes médiatiques et surtout les médias sociaux comme tribune pour exprimer leurs opinions.

Dans sa préface à la traduction de l'ouvrage sur la culture participative, Hervé Le Crosnier reprend les mots de Jenkins afin de souligner l'importance du lien entre la culture fan, les pratiques de fans et le politique. Ainsi, Jenkins propose de s'interroger sur les implications politiques. Il se demande «*comment raccorder les idéaux de participation politique et d'engagement civique à d'autres types de participation culturelle et à l'accès aux réseaux sociaux ?*»[82]

Ce chapitre se propose d'analyser en trois temps la corrélation entre les activités de fans et l'engagement civique, afin de mieux comprendre comment les fans puisent dans leur identité individuelle et collective pour se mobiliser et recruter,

---

82. Hervé Le Crosnier, Préface, in Henry Jenkins, Mizuko Ito & danah boyd, *Culture participative. Une conversation sur la jeunesse, l'éducation et l'action dans un monde connecté*, C&F éditions, 2017, p. 6-21.

et comment les causes qu'ils défendent peuvent se nourrir à la fois de leurs compétences et de la culture populaire.

Nous analyserons d'abord ce que nous qualifions de premier degré d'engagement politique : le lobbying des fans pour sauver leur série de l'annulation. Nous verrons ensuite comment les figures et personnages emblématiques de la culture populaire (Wonder Woman, Superman et Princesse Leia) sont réinvestis par les fans comme figures d'engagement de leurs actions. Enfin, nous nous attarderons sur les problématiques de représentation des minorités, et en particulier des minorités sexuelles à l'écran et les réactions activistes des fans. Même si nous avons déjà écrit sur le sujet[83], il nous semble intéressant de creuser cette question et de chercher à saisir les enjeux en termes d'identités individuelles et collectives des fans et ce que les questions de genre font aux fans et aux *fan studies*.

Quand les fans défendent leur série favorite

La première manifestation de cet engagement civique, le premier degré, se traduit par un lobbying accru des fans pour sauver leurs séries télévisées préférées. Mais il s'avère que les campagnes *Save our show* montrent avant tout une évolution des négociations entre les audiences et les chaînes ou les

83. Voir par exemple, Mélanie Bourdaa, « "May we meet again": Social bonds, Activities and Identities in the #Clexa fandom », in Paul Booth, *A Companion to Media Fandom and Fan Studies*, Wiley Blackwell, 2018, p. 385-400 ou Mélanie Bourdaa & Arnaud Alessandrin, *Fan Studies / Gender Studies. La rencontre*, Téraèdre, 2017.

financeurs et sponsors des séries. Les *showrunners*[84] ont d'ailleurs bien compris cette importance du rôle du fan et le soutien qu'ils peuvent obtenir des communautés pour faire pression sur les chaînes de diffusion.

Deux exemples permettent d'illustrer ce point[85]. Les *showrunners* de la série de voyages dans le temps et dans l'Histoire, *Timeless*, diffusée entre 2016 et 2018 sur le *network* NBC, ont fait appel à leur base de fans pour sauver la série de l'annulation. En effet, malgré une communauté solide et loyale de fans, les audiences n'étaient pas suffisantes pour éviter un retrait de la série de la grille de diffusion après sa première saison. Eric Kripke, le scénariste en chef, a alors posté une lettre pour demander le soutien des fans avant la diffusion des derniers épisodes, sachant pertinemment que les fans allaient se mobiliser. Comme le note Sharon Marie Ross : «*Le fait que les professionnels de l'industrie télévisuelle semblent rechercher une télé-participation et l'extension de leur narration suggère que les téléspectateurs qui participent sont devenus un prototype – et réelle ou imaginée, la perception de l'audience sociale est souvent aussi importante que la réalité de l'audience sociale en ce qui concerne l'offre de l'industrie télévisuelle.*»[86]

La relation entre les fans et les *showrunners* dans ce contexte est une relation d'entraide, la série ne pouvant continuer à exister sans le soutien d'un public particulièrement actif et

---

84. Le *showrunner* est le créateur d'une série, qui doit ensuite superviser chaque étape de production et d'écriture des épisodes. Il est en charge de la cohérence et de la rédaction de la «bible» de la série.

85. Il en existe bien entendu d'autres. Nous pensons à la campagne pour sauver la série *Lucifer*, qui a finalement été reconduite sur Netflix après avoir été annulée par Fox.

86. Sharon Marie Ross, *Beyond the Box. Television and the Internet*, Blackwell Publishing, 2008, p. 15.

engagé. Les *showrunners* et le destin de la série sont entre les mains d'un public spécifique, renversant ainsi les relations de pouvoir unilatérales et descendantes qui existaient jusqu'alors entre production et réception. Dans la lettre qu'il a écrite à l'attention des fans de la série, Eric Kripke appelle à la mobilisation : «*Nous avons besoin de montrer à NBC que les gens regardent et qu'ils regardent en direct. […] Donc que pouvez-vous faire ? Faites passer le message. Regardez en direct. Si vos amis ne regardent pas, encouragez-les à le faire. Prêchez la bonne parole sur Facebook, sur Instagram. Grindr ? Je ne sais pas. Les réseaux sociaux, c'est pas trop mon truc. Mais vous comprenez l'idée*»[87].

Cette lettre postée sur Twitter le 19 janvier 2017 a reçu 12096 retweets et 16305 likes. Les fans se sont alors organisés dans leur communauté pour faire entendre leur voix dans une première phase avant l'annonce de l'annulation. Ils ont d'abord live-tweeté les épisodes restants de la saison en utilisant les hashtags #Timeless et #RenewTimeless en prenant soin d'alerter @NBC et @SONY pour rendre visible leur action de soutien. Cela dans le but de montrer à la chaîne qu'une audience était bien présente et active en direct au moment de la diffusion des épisodes. Cette phase de mise en visibilité était fondamentale dans un contexte de diffusion sur un *network*[88]. Les fans ont ensuite envoyé des mails à NBC pour déclarer leur amour pour la série. Puis ils ont commenté, critiqué et noté les épisodes sur la page IMDB de la série et sur les plateformes légales de streaming (Hulu, Amazon et iTunes). Les fans ont ensuite ouvert

87. La lettre est visible ici : http://www.cancelledscifi.com/2018/05/06/cancellation-watch-eric-kripke-sends-out-a-plea-to-fans-to-help-timeless/.

88. En effet, les systèmes de diffusion sur les *networks* américains sont dépendants des annonceurs et donc de l'audimat, la mesure de l'audience en direct. Plus il y a de publics pour une série, plus les espaces publicitaires seront vendus chers aux annonceurs, permettant ainsi de financer les séries et futurs épisodes.

une pétition afin d'obtenir une seconde saison de vingt-deux épisodes qui a regroupé 1 945 signataires sur le site change.org.

Malgré ce premier effort collectif, NBC décide dans un premier temps de ne pas renouveler la série pour une seconde saison. Les fans ont alors poursuivi leur soutien en créant cette fois-ci le hashtag #SaveTimeless. Tiffany, l'organisatrice du mouvement, a alors posté sur son blog des idées pour mobiliser la communauté et diriger les efforts vers les bons interlocuteurs. Elle liste toutes les personnes-ressources des chaînes susceptibles de pouvoir sauver la série (en particulier les plateformes de streaming Hulu et Netflix). Elle précise en fin de message : « *C'est un effort de groupe. S'il vous plaît dites-moi si vous avez d'autres idées ou si vous avez de nouvelles informations. Gardons espoir !* ».

Devant l'engagement des fans, leur persévérance et leurs actions sur les médias sociaux, le *network* a décidé de donner une seconde chance à la série en commandant une seconde saison plus courte, de treize épisodes. Les responsables de la chaîne ont déclaré dans un article paru dans le journal en ligne *The Wrap* : « *nous voulons voir la passion de la base de fans quand nous devons décider de renouveler ou non une série. Et les médias sociaux sont devenus la clé pour mesurer cette passion* »[89]. Les médias sociaux représentent une plateforme privilégiée dont s'emparent les fans pour mener leurs actions et leur donner une visibilité et un écho certain dans la sphère publique. L'organisation se met en place à l'intérieur même de la communauté des fans, les règles du jeu sont édictées par les fans eux-mêmes dans le *fandom*, mais la perméabilité et la porosité

89. https://www.thewrap.com/timeless-outlander-yes-your-tweets-can-save-your-favorite-show/. Il est utile de préciser que la série s'est terminée sur un épisode spécial de deux heures diffusé le 20 décembre 2018, pour offrir une conclusion aux fans après l'annulation en fin de saison 2.

des médias sociaux leur permet de positionner leur action au centre de la sphère publique.

Le deuxième exemple, *Sense8*, touche cette fois une série diffusée sur la plateforme de streaming Netflix et qui n'a donc pas les mêmes contraintes en termes d'audience et d'audimat qu'une série de *network*. Cette série des sœurs Lana et Lilly Wachowski, a connu deux saisons avant d'être annulée par la plateforme de diffusion, provoquant le désarroi de nombreux fans. Cette série est reconnue pour la diversité culturelle qu'elle promeut dans ses arcs narratifs et à travers ses personnages. Là encore, à l'annonce de l'annulation de la série, les fans se sont mobilisés à travers le hashtag #RenewSense8 et sur change.org en lançant la pétition *Bring Back Sense8*, signée par 9980 fans. Face à cette mobilisation, la production a pris le temps d'écrire un message sur la page Facebook officielle de la série en prenant soin d'utiliser les hashtags des fans pour montrer leur connaissance et leur respect pour la communauté des fans : «*À notre famille Sense8, nous avons vu les pétitions, nous avons lu les messages, nous savons que vous voulez* #RenewSense8, *et nous aimerions* #BringBackSense8 *pour vous. La raison pour laquelle nous avons mis tant de temps à vous répondre est parce que nous avons réfléchi longtemps chez Netflix pour essayer de le faire mais malheureusement cela n'est pas possible. Merci d'avoir regardé et nous espérons que vous resterez proche de nous.* #SensatesForever»[90].

Netflix dévoile les chiffres de ses audiences avec parcimonie et il est compliqué de connaître les raisons réelles de l'annulation de la série, et c'est probablement ce qui a le plus frustré les fans. Cependant, Lana Wachowski avait signalé dans un message aux fans que la décision de Netflix était en grande partie économique, les audiences n'étant pas à la hauteur de

90. https://www.facebook.com/Sense8TV/posts/660097050849918.

ce que pouvait espérer la plateforme de diffusion. Dans les commentaires qui suivent ce message officiel, plusieurs fans suggèrent au minimum la production et la diffusion d'un film permettant de clôturer les arcs narratifs de la série, sur le même principe que la campagne #SixSeasonsAndAMovie pour sauver la série *Community* (finalement diffusée pour une saison de plus sur la plateforme YouTube). Netflix accepte alors de produire et diffuser un film de deux heures : «*après avoir vu que l'annulation avait provoqué un tel rassemblement de fans, nous avons décidé de donner aux fans de* Sense8 *la fin qu'ils méritent*». C'est l'engagement des fans dans l'univers de la série qui est ainsi récompensé.

Dans cet exemple, encore une fois, les médias sociaux ont joué comme une caisse de résonance portant les voix de fans. Collectivement, ils s'organisent et utilisent les médias sociaux comme une tribune de lobbying, s'adressant directement à la chaîne et aux sponsors, apportant leur soutien aux *showrunners* et faisant connaître leur action dans la sphère publique.

Même si les réseaux sociaux amplifient la voix des fans, les campagnes *Save Our Show* existaient bien avant Internet et présentaient les mêmes caractéristiques qu'aujourd'hui : une organisation collective et collaborative à l'intérieur du *fandom*, une envie commune de défendre sa série et de s'en faire l'avocat. Il est alors intéressant de revenir sur un petit historique des campagnes les plus marquantes menées par les fans dans le but de sauver leur série de l'annulation.

La première campagne d'ampleur a eu lieu en 1968 autour de la série originale *Star Trek*, à une époque où les communautés de fans se rassemblaient dans les conventions dédiées à la science-fiction et où ils partageaient leurs créations dans des magazines papiers appelés *fanzines*. Après la chute des audiences en deuxième saison et les menaces d'annulation par la chaîne, les fans se sont mobilisés à travers les *fanzines*, en publiant les directives à suivre collectivement. Ils ont envoyé 115 000 lettres de soutien à la chaîne de diffusion, le *network* NBC ce qui a permis aux fans d'obtenir la diffusion d'une troisième saison.

La deuxième campagne intéressante s'est forgée autour de *Veronica Mars* (UPN-WB, 2004-2008). Après l'annonce de l'annulation de la série à la fin de la saison 3, les fans se sont organisés sur les forums de discussion dédiés à la série, notamment sur le site *Television Without Pity*, pour essayer de la sauver. Ils ont alors décidé ensemble d'envoyer un million de Mars, la barre chocolatée, à la chaîne WB pour montrer qu'il existait une audience active prête à défendre la série. Cet objectif était surdimensionné. Cependant, Rob Thomas, le *showrunner*, et Kristen Bell, l'actrice principale, ont lancé une campagne kickstarter en 2013 et ont fait appel aux dons de fans pour financer un film *Veronica Mars*. Cette levée de fonds a permis de réunir plus de deux millions de dollars en moins de douze heures, dépassant les espérances de l'actrice et du producteur qui se sont appuyés sur l'investissement émotionnel, intellectuel et économique des fans pour faire revivre la série, et ont joué sur l'envie des fans d'avoir une « vraie » fin, pour récolter un financement suffisant pour produire un film. Dans ce contexte, le fan devient coproducteur, au sens économique et littéral du terme. Nous sommes au-delà de la *gift-economy*, qui prône les échanges non-commerciaux entre fans. Ici, les fans, en échange d'un co-financement, reçoivent des biens sous forme d'un film en version numérique, ou de t-shirts, posters, stickers, des objets concrets leur permettant d'afficher leur statut de fans et leur contribution au financement. Dans un article traitant de cette campagne spécifique, Bethan Jones[91] note que les fans

---

91. Bertha Chin, Bethan Jones, Myles McNutt & Luke Pebler, « *Veronica Mars*

savent pertinemment qu'ils donnent à un gros studio, mais dans un même temps, ils participent à la construction d'un projet collectif. En effet, plus que de financer un film de studio (ici Warner Bros), en participant à cette campagne les fans considèrent qu'ils financent la créativité du *showrunner*. Matt Hills parle alors d'économie affective[92] et Suzanne Scott de *fan-ancing*[93] (le financement par les fans) en mettant l'accent sur la nouvelle économie de production générée par la relation entre production et réception, ainsi que par une économie morale qui bouleverse les canaux traditionnels de production et diffusion des œuvres audiovisuelles[94].

Autre exemple, les fans ont endossé ce rôle d'avocats pour défendre la série comique d'espionnage *Chuck* (NBC, 2007-2012). L'histoire de la production de la série était particulière et a fragilisé assez rapidement sa diffusion. Le *network* NBC avait commandé treize premiers épisodes, puis, dans un second temps, les neuf suivants qui sont venus compléter la diffusion d'une première saison. Mais une grève massive des scénaristes a éclaté à Hollywood en 2007, paralysant la production de toutes les séries télévisées pendant de longs mois. La deuxième saison de *Chuck*, après sept mois sans diffusion, a connu une forte baisse d'audience qui a conduit à une annonce d'annulation

Kickstarter and Crowd Funding» [dialogue], in Mel Stanfill & Megan Condis, «Fandom and/as Labor,» special issue, *Transformative Works and Cultures*, nº 15, 2014. http://dx.doi.org/10.3983/twc.2014.0519.

92. Matt Hills, «*Veronica Mars*, fandom and the "Affective Economics" of crowdfunding poachers», *New Media and Society*, vol. 17, nº 2, 2015, p. 183-197.

93. Suzanne Scott, «The moral economy of crowdfunding and the transformative capacity of fan-ancing», *New Media and Society*, vol. 17, nº 2, 2015, p. 167-182.

94. Il est intéressant de noter que, suite à la grande vague de *reboots* et *revivals* des séries télévisées, *Veronica Mars* est relancée en 2019 pour une saison 4 par le site de streaming Hulu.

par la chaîne. NBC avait également un problème de programmation dans sa grille avec cette série : elle était diffusée pendant la saison de football américain, qui draine d'énormes audiences en direct, et positionnée face à *Dancing with the Stars*, autre gros succès en termes d'audience à ce moment-là, alors diffusée le lundi sur le *network* concurrent ABC.

Contrairement aux autres exemples cités, la première phase de la campagne de sauvetage est venue cette fois-ci des critiques qui ont appelé les téléspectateurs à regarder *Chuck* en direct, et non des *showrunners* ou des fans eux-mêmes. Ceux-ci ont pris le relais en créant un site internet wegiveachuck.com[95] et en discutant sur les forums du site *Television without pity*[96]. L'idée était alors de ne pas seulement attirer l'attention de la chaîne de diffusion, comme les autres campagnes avaient pu le faire, mais plutôt de montrer aux sponsors de la série l'importance et le pouvoir de la communauté sociale des fans. Dans un épisode de la saison 2 de la série intitulé « Chuck vs. The First Kill », un sandwich Subway (sponsor de la série) est au centre de l'intrigue. Comprenant l'importance de Subway dans le financement de la série, les fans ont alors lancé une action en ligne qu'ils ont nommée *Finale and a footlong* (nom du sandwich à cinq dollars de la franchise). Le but était d'inviter les fans à se rendre dans les restaurants de la franchise Subway pour y acheter le sandwich et laisser un mot dans le livre d'or pour signaler leur présence. Naturellement, la campagne était

95. Aujourd'hui, le site n'est plus en ligne. Seul reste un Tumblr, qui est présenté comme affilié au site Internet, mais qui ne contient que deux posts. Le site d'origine a été archivé à : http://web.archive.org/web/20120601000000*/wegiveachuck.com.

96. Ce site n'existe plus non plus. Il recensait de nombreux forums de discussions de séries TV et était un site ressource pour les fans. Accès à l'archive : http://web.archive.org/web/20120601000000*/Television%20without%20pity.

relayée sur les médias sociaux, pour faire connaître les actions au-delà de la communauté de pratiques, en utilisant des hashtags appropriés et en faisant circuler l'information publiquement. C'est bien cet aspect communautaire et de visibilité qui est mis en avant dans ces actions. En effet, les fans ont utilisé les médias sociaux pour organiser des rencontres, documenter leurs expériences et les télécharger sur les sites de réseaux sociaux et sur YouTube[97]. Cette campagne est remarquable par la mobilisation des *showrunners* et des acteurs, qui ont travaillé aux côtés des fans pour sauver la série. Par exemple, Zachary Levy, l'acteur principal de *Chuck*, a amené une centaine de fans dans un Subway de Birmingham en Angleterre, et a aidé à préparer les sandwiches. Tout cela a bien entendu été filmé et commenté sur les réseaux pour garder une trace de l'événement, le documenter, l'archiver et le partager. En s'impliquant physiquement dans la campagne, l'acteur a brisé les frontières entre les récepteurs et les producteurs/diffuseurs, postulant que chacun pouvait avoir un pouvoir équivalent. Grâce à cette mobilisation des fans, la série a obtenu cinquante-six épisodes de plus après le lancement de cette campagne et s'est terminée au bout de cinq saisons.

La décision de NBC de continuer la série marque un tournant dans le rapport de force entre production et réception : en donnant gain de cause aux fans, NBC reconnaît que ceux-ci ont un pouvoir, même s'il est marginal, d'influencer les décisions économiques. Dans ce cas précis, il est intéressant de noter que les fans utilisent le système à leur compte. En s'adressant directement au financeur Subway, les fans montrent leur

97. Kristin M. Barton, «*Chuck* vs. the advertiser: how fan activism and footlong Subway sandwiches save a television series», in Kristin M. Barton & Jonathan Malcolm Lampley, *Fan Culture: Essays on Participatory Fandom in the 21st century*, McFarland & Company, 2014, p. 158-172.

compréhension des systèmes de production des séries actuelles sur les *networks* et, même s'ils ont contribué au maintien d'un système capitaliste en donnant de l'argent, ils ne l'ont pas donné directement à la chaîne mais au sponsor qui en échange a soutenu la série et garanti son maintien à l'antenne. Plutôt que de voir cela comme une résistance totale de la part des fans, ou une hégémonie totale de la part des chaînes de diffusion, il est plus pertinent de l'envisager sous l'angle de la négociation, les fans utilisant le système économique des *networks* pour se l'approprier et l'utiliser comme levier de sauvetage de la série.

Dans ces campagnes de sauvetage des séries, les fans agissent donc comme des lobbyistes ou des avocats de la défense. Leur organisation collective témoigne d'une bonne compréhension de leur « force de frappe » auprès des producteurs et annonceurs des séries. Mais surtout, aujourd'hui, ils se servent des médias sociaux comme d'une plateforme de rassemblement, de recrutement, et d'action qu'ils rendent visibles dans la sphère publique pour défendre leurs séries et tenter de les sauver. Enfin, les fans sont conscients des mécanismes de production des séries et des enjeux économiques qui sont liés et n'hésitent pas à se les approprier et à les détourner pour arriver à leurs fins. Ainsi, plutôt que d'envisager les fans comme de purs consommateurs et des publics passifs, ces campagnes témoignent de leur activité, de leur organisation en collectif et de leur compréhension de l'écosystème médiatique actuel.

Le personnage, étendard de l'activisme fan

Le deuxième degré d'engagement civique chez les fans, au-delà d'un activisme économique qui leur fait utiliser le système et l'écosystème médiatique à leurs propres fins, est celui d'un engagement qui part des personnages d'une fiction, qui vont alors devenir égéries d'actions sociales et politiques.

L'utilisation des personnages comme étendard d'une action sociale ou politique implique forcément une réinterprétation et une réappropriation par les fans. Les différentes lectures et compréhensions du personnage vont leur permettre de le mobiliser dans des actions civiques. Les personnages de fiction, et d'autant plus dans les séries télévisées, constituent une des pierres angulaires de l'investissement des fans dans l'univers narratif. Dans une étude que nous avions menée sur les fans de *The Flash* (The CW, 2014-présent) et *Arrow* (The CW, 2012-2020) sous le prisme du genre[98], nous avions pu constater que les fans, surtout féminines, se focalisent sur les personnages, et en particulier les relations amoureuses existantes ou fantasmées entre ceux-ci, pour développer leurs propres créations et activités. Le personnage est vu comme un levier d'engagement émotionnel et intellectuel de la part des fans dans la narration et plus largement dans la création de contenus.

Un personnage devient une figure familière au téléspectateur, avec lequel le fan va créer une relation émotionnelle et suivre son évolution.

---

98. Mélanie Bourdaa, «"Ici je suis moi-même" : appartenance, littératie et genre dans la communauté des fans de *The Flash* et *Arrow*», *Revue de recherche en LMM*, vol. 4, 2016. http://litmedmod.ca/ici-je-suis-moi-meme-appartenance-litteratie-et-genre-dans-les-communautes-de-fans-de-flash-et-arrow.

Dans la construction traditionnelle de la série télévisée, basée sur une diffusion hebdomadaire, le personnage récurrent, que l'on retrouve donc chaque semaine à heure régulière, devient un élément fondamental du rendez-vous avec la série, essentiel dans l'identification par les publics. Les personnages entretiennent avec les téléspectateurs, et peut-être encore plus avec les fans, une relation de longue durée qui renforce «*leur consistance ontologique et les liens affectifs qui les unissent au public*»[99]. Florent Favard, en citant l'étude fondatrice de Pearson[100] sur les personnages de télévision, note de son côté que le «*personnage sériel contemporain fonctionne comme un puzzle auquel des pièces sont sans cesse ajoutées, un système qui existe "dans l'esprit des producteurs et des publics" et qui échappe en partie à une analyse exclusivement textuelle*». L'interprétation des publics devient alors elle-même une des pièces du puzzle constituant le personnage. La compréhension du personnage est ainsi une construction collective entre d'un côté l'écriture scénaristique, l'interprétation par l'acteur/l'actrice, et la lecture qu'en font les récepteurs.

Nous pouvons renforcer cette affirmation en constatant que les stratégies de *transmédia storytelling* s'appuient souvent sur les personnages que les publics vont pouvoir suivre et voir évoluer de média en média. Par exemple, pour Paolo Bertetti, le «*personnage transmédia est un héros fictionnel dont les aventures sont racontées sur plusieurs plateformes médiatiques, chacune fournissant des détails sur la vie de ce personnage.*»[101] Il est intéressant

---

99. Raphaël Baroni, «Intrigues et personnages des séries évolutives : quand l'improvisation devient une vertu», *Télévision*, nº 7, 2016, p. 31-48.

100. Roberta Pearson, «Anatomizing Gilbert Grissom: The Structure and Function of the Televisual Character», in Michael Allen, *Reading CSI: Crime TV Under the Microscope*, Londres, I. B. Tauris, 2007.

101. Paolo Bertetti, «Toward a Typology of Transmedia Characters»,

de noter que, même si Jenkins base sa définition du *transmédia storytelling* sur la création d'univers narratifs conduisant au développement de franchises, sa première proposition était centrée sur les personnages. En effet, son article paru dans *MIT Technology Review* s'intitulait « Transmedia Storytelling: moving characters from books to films to video games can make them stronger and more compelling »[102]. Cette première tentative de Jenkins était dans la droite lignée de la définition de Martha Kinder qui, en développant l'idée de « superstructures transmédia », analysait la façon dont les personnages de fiction se déplaçaient d'un média à un autre, incitant les publics à les suivre dans leur parcours fictionnel. Le personnage est donc l'élément récurrent que les téléspectateurs retrouvent, connaissent, voient évoluer, découvrent sur d'autres médias, et auxquels ils s'attachent et s'identifient.

Dans ce contexte, les fans peuvent se réapproprier les personnages de leurs fictions favorites pour mener des actions civiques souvent en se posant la question de ce que ferait leur personnage préféré dans une situation donnée. Par exemple, « What would Wonder Woman do? » (Que ferait Wonder Woman ?) ou « What would Harry Potter do? » (Que ferait Harry Potter ?). C'est seulement en connaissant le personnage dans ses caractéristiques les plus spécifiques que le fan pourra l'utiliser comme porte-parole de son activisme. Cela met en exergue l'expertise approfondie du fan, qui est une des caractéristiques de sa condition et de son identité.

Pour illustrer l'importance du personnage dans l'engagement du et des fans, trois exemples emblématiques : Wonder Woman et la cause féministe, Superman et l'immigration et

International Journal of Communication, vol. 8, 2014, p. 2344-2361.

102. https://www.technologyreview.com/s/401760/transmedia-storytelling/.

enfin Princesse Leia et la Marche des femmes. La mythologie des super-héros fonctionne comme une ressource partagée et inépuisable qui peut être mobilisée pour atteindre des objectifs politiques. Outre les exemples développés ci-après, nous pouvons également citer l'utilisation de Batman et Gotham City en lien avec le mouvement Occupy, celle du personnage Hawkeye et l'initiative Hawkeye qui vise à sensibiliser sur une meilleure représentation des personnages féminins dans les comic books, ou encore Captain America pour lutter contre certains partis politiques d'extrême droite (Tea Party entre autres)[103]. Cela est d'autant plus pertinent que Captain America est né dans un contexte politique marqué, en 1940, pour combattre l'oppression nazie. Sur la couverture du comic book où il apparaît pour la première fois, Captain America envoie un coup de poing à Hitler et le laisse K.-O. debout, montrant la supériorité de la démocratie américaine sur la dictature nazie.

Wonder Woman, héroïne féministe

Wonder Woman est un personnage créé par William Moulton Marston (en partenariat avec sa femme), qui apparaît pour la première fois le 21 octobre 1941, le lendemain du bombardement de Pearl Harbor par les Japonais, dans le numéro 8 de *All Stars Comics*. Elle obtient sa propre série à partir de 1942. Elle fait partie de la Trinité DC (*Detective Comics*) avec Superman et Batman, deux autres super-héros masculins, avec qui elle participera à la *Justice Society of America* qui deviendra ensuite la *Justice League of America*. Wonder Woman est un personnage

---

103. Pour une analyse plus détaillée de ces projets, voir Jenkins *et al.*, « Superpowers to the People! How Young Activists are Tapping the Civic Imagination », in Eric Gordon & Paul Mihailidis, *Civic Media: Technology, Design, Practice*, MIT Press, 2016, p. 295-320.

charismatique, empathique, aimant. Lorsqu'elle évolue au milieu des humains, elle endosse l'identité de Diana Prince.

Wonder Woman est depuis ses premières apparitions une icône féministe. Le personnage est créé pour, à la fois, s'opposer au personnage ultra-masculinisé et stéréotypé de Superman et pour amener une vision utopique d'une société paritaire américaine, fantasmée par l'auteur. Il souhaitait offrir à la jeunesse de l'époque un modèle de féminité forte, libre et courageuse pour inciter les jeunes filles à s'émanciper. Il s'est d'ailleurs fortement inspiré dans sa création du mouvement des suffragettes, considérées comme les premières féministes historiques. Il n'est d'ailleurs pas innocent que l'auteur fasse « naître »[104] son héroïne sur une île habitée seulement par des femmes guerrières, les Amazones. De plus, la relation que le personnage entretient avec Steve Trevor est une inversion des stéréotypes et des rapports de genres, puisque le personnage masculin est souvent décrit comme la « demoiselle en détresse » que Wonder Woman doit sauver.

Dans son analyse de la couverture du numéro 7, paru en hiver 1943, qui montre le personnage haranguant la foule devant une affiche *Wonder Woman for President*, Matt Yockey confirme le désir de Marston d'inscrire son héroïne dans une société paritaire : « *de manière importante, l'image de couverture de Wonder Woman comme candidate à la présidence montre à la fois des hommes et des femmes dans la foule l'acclamant, confirmant l'envie de Marston d'affirmer que sa vision d'une société matriarcale s'adresse à la fois destinée aux lectrices mais aussi aux lecteurs* »[105].

---

104. Elle est façonnée dans la glaise par sa mère, la reine Hippolyte. Les dieux lui donnent ensuite chacun un de leurs pouvoirs.

105. Matt Yockey, « Wonder Woman for a Day: Affect, Agency, and Amazons » in « Transformative Works and Fan Activism », edited by Henry Jenkins & Sangita Shresthova, special issue, *Transformative Works and Cultures*, nº 10, 2012.

Il est intéressant de noter qu'en octobre 2016, Diana Prince – Wonder Woman – est choisie par les Nations Unies pour devenir ambassadrice de l'égalité des sexes et de l'émancipation de toutes les femmes et petites filles. C'est un symbole fort, qui ancre le personnage dans ses racines féministes. Il a cependant été l'objet d'une forte critique, notamment d'une pétition pour couper court au mandat de la super-héroïne sous prétexte de l'hyper-sexualisation récente du personnage dans les comic books (notamment le dessin de sa morphologie et ses vêtements). Malgré l'engagement de Gal Gadot et Linda Carter qui incarnent le personnage à l'écran (respectivement dans le film et la série télévisée) et lui donnent donc vie et corps, Wonder Woman est limogée en décembre 2016 de ses fonctions d'ambassadrice.

Naturellement, ce sont les valeurs prônées par Wonder Woman ainsi que la représentation de la société égalitaire à travers le personnage, ou du moins une représentation non formelle et non binaire des genres, qui vont être mis en avant par les fans dans leur activisme. Par exemple, un fan a créé le *Wonder Woman Day*, entre 2006 et 2010 à Portland en Oregon, qui vise à lever des fonds pour lutter contre les violences domestiques. Le créateur explique ses objectifs : «*J'aime Wonder Woman et je m'identifie au personnage depuis mon enfance, à la fois dans les comic books et dans la série télévisée. Et j'ai eu une figure maternelle forte qui m'a permis de réaliser le pouvoir d'être une femme. Je suis né en 1966, pendant le mouvement pour l'égalité des droits. Cela aussi me renvoie à mon identité gay. Wonder Woman représente l'amour et l'égalité pour tous*»[106]. Cette initiative qui utilise le personnage comme égérie d'une action sociale et politique

https://doi.org/10.3983/twc.2012.0318.

106. *Ibid.*

est portée par un homme homosexuel. Ceci renforce ici le fait que Wonder Woman parle à la fois aux hommes et aux femmes et se déjoue des genres et des identités sexuelles. En 1972, *Ms. Magazine* met en couverture une Wonder Woman géante et publie un article dans le même numéro mettant en avant le personnage comme symbole inspirant du pouvoir féministe. Wonder Woman devient la tête d'affiche et l'inspiration du mouvement de libération des femmes aux États-Unis. La sortie du film en 2017 par Patty Jenkins met une nouvelle fois en lumière le personnage dans ses dimensions féministes, notamment dans sa réception. Les petites filles ont vu dans le personnage un symbole d'engagement féminin et une représentation nouvelle du super-héros. Un mouvement #RepresentationMatters est né lors de la sortie du film, montrant plusieurs filles vêtues du costume iconique de la super-héroïne ravie de voir à l'écran un personnage auquel elles pouvaient s'identifier.

Superman, DreamAct et immigration

Le mouvement américain DREAMer s'est emparé de la figure du super-héros Superman pour faire valoir sa cause et légitimer son action. Les DREAMers sont des jeunes gens sans papiers qui ont été élevés aux États-Unis et cherchent à avoir une meilleure éducation et des droits civiques. Superman, personnage créé par deux immigrés juifs à la fin des années 1930, est le symbole même de l'immigration : il vient de la planète Krypton, est un étranger qui atterrit sur Terre et est recueilli par une famille américaine qui doit cacher sa véritable identité.

Ici, le super-héros représente une ressource à exploiter, du fait de son histoire et de son origine, pour lancer des conversations autour de questions civiques et politiques et mettre en place des actions de visibilité. Superman, tout comme Wonder Woman, est un personnage qui existe depuis plus de cinquante ans et dont les histoires résonnent dans la mémoire collective. Ces histoires renvoient souvent à l'enfance : «*Alors que les excès visuels et narratifs propres au genre parlent directement à la capacité affective du jeu d'enfant, le super-héros symbolise également la capacité transcendante à imaginer un soi social nouveau*»[107].

Dans leur analyse, Jenkins et ses collègues expliquent que les jeunes immigrés sans papiers se servent de Superman car ils peuvent ainsi partager leurs expériences grâce à des codes populaires communs mais également faire connaître leurs expériences d'une façon claire. En collaboration avec le mouvement Imagine Better, lancé par la Harry Potter Alliance, et Define American, qui défend les droits des immigrés aux États-Unis, un Tumblr wearetheamericanway.tumblr.com lancé pour la sortie du film *Man of Steel*, en 2013, est la plateforme médiatique centrale de l'action civique. Ce Tumblr affiche *Superman is an immigrant* (Superman est un immigré) signifiant bien, dès l'arrivée sur le site de microblogging, la réappropriation du personnage pour valoriser la cause. Ce Tumblr présente des jeunes activistes sans papiers se photographiant en selfie avec une pancarte comportant le logo de Superman et expliquant leur situation d'immigrés. Tous les messages postés se concluent par : *I am the American Way* («Je suis le rêve américain»).

La page d'accueil du site donne les instructions pour poster les photos en prenant soin d'utiliser le langage du personnage : *Truth, Justice and the American Way*, la phrase d'accroche de Superman qui prône la tolérance, l'équité des droits et le rêve américain pour tous. Cette phrase n'est cependant pas apparue dans les comic books en premier, mais dans le feuilleton radiophonique de 1942 réalisé pour remotiver le peuple américain

---

107. Matt Yockey, 2012, *op. cit.*

et les troupes en guerre, puis dans la série animée diffusée entre 1952 et 1958, en pleine guerre froide. Cela confirme le fait que Superman est un personnage intrinsèquement transmédiatique et que ses valeurs circulent d'un média à l'autre, pour s'ancrer dans l'imaginaire collectif. Il est cependant intéressant de noter que les engagements des publics et des fans sont aussi des engagements interprétatifs qui endossent une certaine réception des œuvres et des personnages à un moment précis.

Le texte d'accueil du site stipule :

> « *Superman est un immigré. La légende de Superman est une histoire d'immigration : il est venu dans ce pays avec un statut d'étranger, et il est devenu un symbole de vérité, de justice et du rêve américain. "Superman est un immigré" vous encourage à partager vos histoires personnelles et inspire à faire des parallèles avec l'histoire de Superman.*
>
> *La Vérité : les faits sur les immigrés américains*
>
> *La Justice : appeler CNN pour qu'ils tiennent parole et ne parlent plus d'"immigration illégale"*
>
> *Le rêve américain : partagez vos histoires familiales* »[108].

Ce projet a été soutenu dès le départ par Antonio Vargas, un journaliste lauréat du prix Pulitzer, qui a lui-même vécu sans papiers. Cet engagement a eu l'effet d'un catalyseur sur les autres membres du mouvement qui n'ont plus hésité à raconter leur propre histoire et à la rendre visible sur les différentes plateformes médiatiques[109]. Ce qui est intéressant dans ce projet est que la campagne est à la fois une agrégation de

---

108. http://wearetheamericanway.tumblr.com/submit.

109. Sasha Costanza-Chock, *Out of the Shadows, Into the Streets! Transmedia Organizing and the Immigrant Rights Movement*, MIT Press, 2014.

témoignages qui rendent visible l'action en s'appuyant sur un personnage populaire connu du plus grand nombre et qu'elle représente également un point d'entrée pour mobiliser les fans de Superman en profitant de l'opportunité de la sortie d'un nouveau film par la Warner. Le mythe de Superman est réinvesti pour une meilleure compréhension des immigrés sans papiers aux États-Unis parce que Superman permet de «*relier également notre lutte actuelle en faveur des jeunes sans-papiers à une histoire plus globale de l'immigration en Amérique. L'histoire de Superman fut créée par deux étudiants d'Europe de l'Est issus de la première génération et vivant à Cleveland, dans l'Ohio. Superman était dès le départ un récit classique d'immigration, et les DREAMers rappellent cette analogie sur soixante-dix années d'histoire culturelle*»[110].

Leia, symbole de la résistance

Un dernier exemple, plus récent, concerne l'utilisation du personnage de Leia Organa (Princesse Leia dans la saga *Star Wars*) comme figure de proue de la Marche des femmes, organisée en réponse à l'élection de Donald Trump à la présidence des États-Unis. Le personnage de Leia est le symbole même de la résistance face à l'oppression de l'Empire. Dans la nouvelle trilogie (commencée, après le rachat de LucasFilm par Disney, par *The Force Awakens* en décembre 2015), elle devient la générale Leia Organa, la leader de la Résistance face au Premier Ordre. Malgré une narration qui la positionne au second plan dans *The Empire Strikes Back* (1980) et en esclave soumise au *male gaze* dans *Return of the Jedi* (1983), le personnage, et notamment à

110. Henry Jenkins, Mizuko Ito & danah boyd, *Culture participative. Une conversation sur la jeunesse, l'éducation et l'action dans un monde connecté*, C&F éditions, 2017.

travers l'activisme de Carrie Fisher, l'actrice qui l'incarne, a été le symbole d'un *girlpower* réinvesti par les fans lors de la Marche des femmes. Elle devient un symbole des luttes féministes.

Les femmes participant à cette marche ont brandi des affiches montrant Leia Organa, avec son *blaster*, ou bien en Rosie the Riveter, avec le message « *la place des femmes est dans la Résistance* ». Parfois, les fans étaient déguisées, habillées comme le personnage, arborant fièrement les costumes emblématiques de la princesse (sauf le bikini en métal bien entendu).

Les parallèles entre la saga *Star Wars* et la politique des États-Unis de Donald Trump sont évidents, notamment sur les rapports hommes-femmes et sur l'oppression face à la résistance. De plus, dans les films, la Résistance s'est souvent appuyée sur des femmes fortes et indépendantes (Jyn Erso dans *Rogue One*, Rey dans la nouvelle trilogie, et Leia dans la trilogie originale). Dans un entretien accordé au magazine *Wired*, Hayley Gilmore, qui a créé certaines des affiches de la manifestation, explique : « *Je pense que le personnage de Leia par Carrie Fisher dans la franchise cinématographique* Star Wars *trouve un écho auprès de nombreuses femmes parce que c'est une femme déterminée, intelligente, charmante et forte. Il est logique que les femmes de la Marche soient attirées vers Leia, surtout après la mort de Carrie Fisher. C'est une façon d'honorer une femme qui s'est battue pour ses convictions* »[111].

Lorsque Carrie Fisher est morte en décembre 2017, les hommages des fans sur Twitter s'adressaient à la fois à l'actrice et au personnage qu'elle incarnait, soulignant le fait que, pour les fans, Fisher en tant qu'actrice et activiste, était aussi importante que son personnage. Christine Widmayer[112] précise que les

111. https://www.wired.com/2017/01/princess-leia-womens-march/.

112. Christine J. Widmayer, « The Feminist Strikes Back: Performative Mourning in the Twitter Response to Carrie Fisher's Death », *New Directions in Folklore*, nº 15, 2018, p. 50-76.

tweets des fans en deuil après sa mort s'adressaient indifféremment à Leia (le personnage) et à Carrie Fisher (l'actrice). Une association que Fisher avait d'ailleurs soulignée dans ses propres mémoires en écrivant : «*J'aime être Princesse Leia, ou que Princesse Leia soit moi. Avec le temps, je pense que nous ne faisons plus qu'une*»[113].

Ici, le personnage de Leia devient une icône de la résistance à l'oppression patriarcale imposée par les propos et les actions de Trump, et un espoir pour toutes ces femmes qui manifestent. Cela est d'autant plus évident avec son interprétation de la générale Organa dans *The Force Awakens*, le septième opus de la saga. La générale Organa n'est pas un personnage présenté comme un objet dans ce film, elle est la cheffe de la Résistance face au Premier Ordre et une guerrière en charge d'une armée. Anne Thériault, dans un long hommage sur Twitter, souligne l'importance de cette incarnation du personnage, et comment il peut symboliser un appel à la résistance et au combat dans un paysage politique complexe. Ce tweet encourage les fans à agir de la même façon que la générale Organa ou Carrie Fisher dans la vraie vie. Mary Trice, professeur en études féministes à l'université de Akron, note l'importance que revêtent le personnage et ses luttes dans le contexte de la manifestation : «*cela permet aux manifestantes de s'inspirer de l'image de force et de pouvoir ou de résistance dont ces personnages ont fait preuve dans leurs histoires respectives de lutte et d'émancipation*»[114]. Carrie Fisher, tout comme la générale Organa, sont des inspirations que les fans femmes vont convoquer pour faire passer leur message face à l'oppression patriarcale.

---

113. Carrie Fisher, *The Princess Diarist*, Blue Rider Press, 2016, p. 5.

114. https://www.washingtonpost.com/news/arts-and-entertainment/wp/2017/01/23/how-princess-leia-became-an-unofficial-symbol-for-the-womens-march/?utm_term=.3101c30c4415.

Le collectif, force de proposition et d'action

Les actions dont nous venons de parler ont en commun plusieurs facteurs : l'utilisation des valeurs d'un personnage pour incarner une action civique et politique et l'organisation et la mobilisation d'un collectif de fans autour de cette action. Les deux dernières actions, autour de Superman et de Leia Organa, ont toutes deux été préparées en amont sur les médias sociaux, et lors de discussions entre fans sur des forums. Les médias sociaux et les plateformes médiatiques ont été utilisés pour recruter, mobiliser, former les fans activistes et pour les soutenir dans leur engagement. Dans un entretien qu'il nous avait accordé, Paul DeGeorge, cofondateur de la Harry Potter Alliance, souligne l'importance des médias sociaux dans cet activisme des fans : « *les médias sociaux peuvent également être utiles pour amplifier la portée d'une action parce que cela nous permet de toucher les réseaux des membres de l'Alliance, qui s'étendent souvent bien au-delà des fans hardcores engagés. Nous élaborons des actions pour qu'elles touchent les fans les plus fervents, mais des actions suffisamment intelligentes pour que les fans moins actifs les apprécient et participent* »[115]. Les organisateurs de ces actions vont recruter les fans sur leur propre terrain de jeu, les médias sociaux. Ils utilisent ensuite ces plateformes à la fois pour faire caisse de résonance dans la sphère publique et pour donner une visibilité plus forte aux actions.

Nous sommes en plein activisme fan, une forme d'engagement social et politique porté par les communautés de fans

---

115. Paul DeGeorge, entretien avec Mélanie Bourdaa, 2014. https://etudesfans.wordpress.com/2014/05/14/lactivisme-des-fans-de-harry-potter/.

qui se servent de la culture populaire, de ses figures et de ses mythes, pour embrasser et soutenir des causes. Selon Brough et Shresthova, «*les groupes de fans peuvent s'organiser autour de problèmes concrets grâce à un engagement et une appropriation étendue du contenu de la culture populaire. L'activisme des fans peut également être compris comme un effort pour résoudre des problèmes civiques ou politiques.*»[116] Pour cela, ils déploient et se réapproprient le contenu de la culture populaire. Les pratiques de fans se développent alors autour de remix de la culture populaire, d'un travail de réappropriation des codes et des mythes, ainsi qu'autour de leur maîtrise et de leur expertise de l'univers fictionnel, des personnages et des valeurs qu'ils véhiculent.

La Harry Potter Alliance, une organisation à but non lucratif créée par des fans de la saga littéraire puis cinématographique *Harry Potter* pour défendre des causes politiques, responsabiliser et sensibiliser les jeunes fans, est le meilleur exemple de cet activisme. Cette organisation a fait l'objet de plusieurs analyses (Westman, 2018 ; Jenkins, 2012, 2014, 2015 ; Kligler-Vilenchik, Shresthova, 2013). Sans nous étendre sur tous les détails de son existence, nous pouvons noter que son cofondateur, Andrew Slack a inventé le terme «acuponcture culturelle» pour désigner ces formes d'engagement à travers la culture populaire. Il définit la notion de cette manière : «*L'acuponcture culturelle consiste à trouver l'énergie psychologique dans la culture et mobiliser cette énergie pour créer quelque chose de plus sain dans le monde. Dans l'acuponcture culturelle, les histoires sont la pièce maîtresse; ce sont les histoires qui résonnent. Les histoires sont ce qui peut accroître notre imagination civique et nous permettre une certaine*

---

116. Melissa M. Brough & Sangita Shresthova, «Fandom meets activism: Rethinking civic and political participation», *Transformative Works and Cultures*, nº 10, 2012. http://journal.transformativeworks.org/index.php/twc/article/view/303.

forme de transformation. »[117] L'acuponcture culturelle permet aux fans d'entrer dans une nouvelle ère d'activisme amusant, imaginatif, tout en étant vraiment efficace, dans laquelle la collaboration, l'organisation et l'expertise sont fondamentales. L'acuponcture culturelle favorise l'engagement civique et politique en s'inspirant de mondes et de personnages fictionnels pour les faire pénétrer dans notre monde réel et les mobiliser pour résoudre de vrais problèmes. Le lien entre culture populaire et événements réels favorise le recrutement, la mobilisation et la sensibilisation des publics. L'activisme social et l'engagement civique sont l'activité la plus puissante des fans lorsqu'ils prennent collectivement position et défendent une cause pour lui donner plus de visibilité dans la sphère publique.

Ce qui est intéressant, c'est la façon dont les fans, et en particulier les jeunes publics, s'emparent de ces mouvements pour faire entendre leur voix et obtenir une plateforme leur permettant d'avoir un rôle à jouer dans la politique. James Paul Gee avait déjà noté cela dans les jeux vidéo qui peuvent être de puissants outils pour favoriser l'apprentissage, en proposant des rôles et actions bien définis aux joueurs, en offrant des identités intéressantes à investir et la capacité à agir de façon pertinente[118]. L'acuponcture culturelle offre aux jeunes publics une opportunité de s'engager politiquement en jouant un rôle actif. En effet, les fans se servent des compétences (techniques, intellectuelles, logistiques) acquises dans leur communauté pour les réinvestir dans les actions civiques. Les activités de fans sont par essence proche d'un activisme, attendu qu'il existe plusieurs degrés d'implication dans la communauté et dans

117. Andrew Slack, « Making America Super Again », *Civicist*, 2016. https://civichall.org/civicist/making-america-super-again/.

118. James Paul Gee, *What Video Games Have to Teach Us About Learning and Literacy*, Palgrave Macmillan, 2003.

un engagement collectif et collaboratif. Comme le rappelle Neta Kligler-Vilenchik, « *historiquement, les fans se sont organisés pour protéger leurs intérêts collectifs, en défendant leurs productions culturelles des recours liés à la propriété intellectuelle ou à toute autre forme de censure, ou en se mobilisant pour conserver leurs séries à l'écran. Ces actions leur ont fourni les armes pour mener d'autres actions activistes, en leur apprenant à identifier les cibles, à éduquer et mobiliser les soutiens, utilisant des mécanismes pouvant être dirigés pour défendre des causes réelles.* »[119]

La littératie médiatique et transmédiatique, les compétences acquises et partagées, le mentorat, la capacité à se mobiliser et à recruter, la réappropriation des contenus sont autant d'éléments propres aux communautés de fans qui sont ensuite déployés dans les campagnes d'engagement civique. L'activisme des fans repose sur les mécanismes de la culture fan en récompensant leur maîtrise des nouvelles technologies et leur expertise ainsi que leur engagement dans l'univers narratif. Cependant, cela implique que seuls les fans les plus investis s'engagent, d'où l'importance du recrutement par le biais de figures de la culture populaire qui parlent à un grand nombre de publics.

Nous pouvons, à la suite du *Civic Imagination Project*, envisager le terme d'imagination civique qui est défini de cette façon : « *la capacité d'imaginer des alternatives aux conditions politiques, culturelles, sociales et économiques actuelles ; personne ne peut changer le monde sauf en imaginant un monde meilleur* »[120]. Les agents du changement, qui souvent sont des fans de culture populaire, sont perçus comme actifs dans les prises de décision et les actions à mener. Et souvent les vecteurs de changement

---

119. Neta Kligler-Vilenchik, « "Decreasing World Suck". Harnessing Popular Culture for Fan Activism », in Henry Jenkins *et al.*, *By any means necessary*, NYU Press, 2016. http://opensquare.nyupress.org/books/9781479899982/.

120. https://www.civicimaginationproject.org/theory.

proviennent d'images et de figures populaires qui parlent à la mémoire collective, que ce soit des super-héros, les Na'vis de *Avatar* ou bien Katniss Everdeen de *The Hunger Games*[121]. Ce modèle peut être mis en parallèle avec celui dessiné par Manuel Castells[122] dans lequel il note trois points essentiels pour lancer des mouvements activistes qui partent de la base : les liens sociaux et la création d'une communauté, l'utilisation de nouvelles alternatives qui se nourrissent de symboles et de figures présents dans la mémoire collective et la mise en place de nouveaux modes de prises de décision à travers des débats collaboratifs. Ces trois éléments se retrouvent bien dans les engagements activistes de fans et dans l'imagination civique : la communauté, la culture populaire comme vecteur du changement et la collaboration participative.

De plus, cet activisme et cet engagement civique sont souvent l'œuvre des jeunes publics qui voient une opportunité de faire entendre leurs voix dans l'espace public. Leurs compétences, notamment dans l'utilisation des médias numériques et sociaux, leur donnent un bagage pertinent pour mener des actions de grande ampleur et défendre leurs causes. Il ne faut pas cependant tomber dans l'émerveillement et noter, à la suite de danah boyd et de Henry Jenkins[123], que naturellement des fractures sociales et culturelles persistent et que tous les jeunes, de fait, ne participent pas à ces collectifs. Ils soulignent que les

---

121. Plus de détails sur la saga *The Hunger Games* ici « I am not a tribute: The Transmedia Strategy of The Hunger Games vs Fan activism », in Benjamin W.L.Derhy Kurtz & Mélanie Bourdaa, *The Rise of Transtexts: Challenges and Opportunities*, Routledge, 2016, p. 90-103.

122. Manuel Castells, *Networks of Outrage and Hope: Social Movements in the Internet Age*, Polity Press, 2012.

123. danah boyd, « The Power of Youth: How Invisible Children Orchestrated Kony 2012 », *Huffington Post*, 2012. https://cutt.ly/ygWGEZM.

fans privilégiés, qui sont souvent les jeunes Américains blancs, ont plus de facilité à s'engager et faire circuler les messages que les fans qui seront socialement marginalisés. Le recrutement et l'inclusion de toutes les catégories (sociales, ethniques, sexuelles) de fans dans les actions politiques et culturelles permettent d'éviter des clivages et des fractures à l'intérieur des communautés. Les médias numériques et les réseaux sociaux ne servent alors qu'à faciliter ces actions afin d'incorporer plus facilement une plus grande population de fans.

CHAPITRE 3

Representation Matters : Les représentations fictionnelles à l'écran et leurs réceptions par les fans

L'importance de la représentation des minorités sexuelles dans les productions audiovisuelles

Ici sera analysé l'engagement civique des fans et des communautés de fans, qui se servent de la fiction, de l'univers sériel et de la narration pour motiver la mise en place d'actions sociales et politiques. Dans un premier temps, il sera question du trope narratif, c'est-à-dire un motif scénaristique qui revient régulièrement de série en série[124], «*Bury Your Gays*» ou «*Dead Lesbian Syndrome*», et en quoi il reste problématique en termes de représentation des minorités sexuelles lesbiennes à la télévision. Il est intéressant de mettre l'accent sur la représentation des personnages lesbiens dans les séries télévisées américaines contemporaines pour deux raisons. Tout d'abord, et cela est encore très récent, les personnages lesbiens bénéficient d'une plus grande présence dans les fictions. Il n'en demeure pas moins que les représentations restent empreintes d'hétéronormativité. Le passage de l'invisibilité à la visibilité est complexe dans les fictions américaines. En effet, les séries télévisées ont tendance à placer les personnages homosexuels au second plan, dans des rôles où la violence et la marginalité sont mises en avant.

Ensuite, la saison sérielle 2015-2016 a connu une explosion de morts de personnages lesbiens, aussi bien sur les chaînes de *network* que sur les chaînes du câble, alimentant le trope et rajoutant à la mauvaise représentation de ces personnages spécifiques dans les fictions contemporaines. Le *network* The CW est la chaîne qui a le plus usé de ce schéma scénaristique dans ses séries, qui sont le plus souvent à destination des jeunes publics. En effet sur les quatorze personnages lesbiens de leurs séries, The CW en a éliminé cinq, six si nous comptons Sara Lance dans *Arrow*, ressuscitée par la suite et personnage principal de la série *Legends of Tomorrow* aujourd'hui, toujours sur The CW. Cette vague mortelle avait été lancée par la mort de Lexa dans *The 100*. Elle avait été suivie de près par la mort de Denise dans

124. La répétition de ces motifs narratifs, de ces rimes dans la narration, entraîne l'acceptation de ces éléments comme allant de soi dans la fiction. De plus, il existe une convention implicite entre le scénariste et les récepteurs : les scénaristes partent du principe que les récepteurs reconnaîtront les tropes, qu'ils auront déjà rencontrés par ailleurs. Pour une liste assez complète des tropes, voir https://tvtropes.org/pmwiki/pmwiki.php/Main/Tropes.

The Walking Dead (AMC) qui se fait transpercer la tête par une flèche alors qu'elle discutait avec un autre personnage, et par la mort de Poussey dans *Orange is The New Black*, étouffée par un garde de la prison. En réalité, toutes chaînes confondues, des trente-cinq personnages de femmes qui aiment les femmes à la télévision durant la saison 2015-2016, dix sont mortes en l'espace de cinq mois (de janvier à mai 2016)[125].

Même si la saison 2017 a été plus favorable à une représentation des personnages LGBTQ+ dans les séries télévisées américaines[126], probablement en réponse au retour de bâton généré par la saison 2015-2016 précédente, il est intéressant d'analyser ce phénomène en termes de signification sociale de la représentation, en termes socioculturels dans le contexte américain et bien entendu du point de vue de la réception des fans[127].

Le statut du personnage lesbien dans les émissions de télévision américaines : rapide contexte historique

La représentation des personnages gays et des couples de même sexe a évolué lentement dans la fiction américaine. Par exemple, dans le cycle des films noirs, entre la période classique qui s'étend des années 1941 (*The Maltese Falcon*) à 1955

125. Erin B. Waggoner, « Bury Your Gays and Social Media Fan Response: Television, LGBTQ Representation, and Communitarian Ethics », *Journal of Homosexuality*, vol. 65, nº 13, 2018. https://www.tandfonline.com/doi/abs/10.1080/00918369.2017.1391015.

126. https://www.autostraddle.com/in-2017-lesbian-and-bisexual-tv-characters-did-pretty-ok-and-thats-a-pretty-big-deal-399797/.

127. L'association GLAAD publie chaque année un rapport sur la visibilité des personnages LGBTQ+ dans les médias. Ils sont disponibles ici https://www.glaad.org/whereweareontv20.

(*Kiss Me Deadly*), les personnages lesbiens n'avaient pas de nom, seulement un prénom, pour signifier leur marginalité et leur exclusion de la société. De plus, ces personnages lesbiens étaient affublés de tous les stéréotypes et marqueurs sociaux et physiques possibles : coupe de cheveux courte « à la garçonne », vêtements masculins, comportement déviant et violent par exemple. Dans un article sur les personnages gays dans les films noirs, Richard Dyer liste les personnages lesbiens (au nombre de cinq) avec leurs caractéristiques. Il est alors facile de s'apercevoir que ces personnages sont clairement secondaires, stéréotypés et pervers. L'auteur souligne également que ces personnages lesbiens sont placés dans des environnements de travail dans lesquels ils sont dominés : « *L'accent mis sur les personnages lesbiens en tant que femmes actives comporte toujours des éléments forts de tyrannie et de violence, de servantes à maîtresses de maison (Mrs. Danvers, Martha), de dames à filles de compagnie.* »[128] Cette tyrannie et cette violence dans les narrations des films noirs sont à rapprocher des sentiments amoureux que peuvent éprouver deux personnages féminins l'un pour l'autre, ce qui catégorise *de facto* cet amour comme marginal et pervers.

Cette période cinématographique, qui voit la naissance et l'étiolement du film noir (comme tout cycle, le film noir reviendra plus tard dans l'histoire du cinéma), est marquée par un code de censure régissant toutes les productions audiovisuelles. Le code Hays, du nom de son inventeur, stipule entre autres, que les œuvres cinématographiques ne doivent pas porter atteinte morale aux spectateurs et que les relations homosexuelles explicites sont à bannir. Comme le note Fabrice Pradas, le code Hays est « *un code de moralité cinématographique*

128. Richard Dyer, « Homosexuality and Film Noir », *Jumpcut*, nº 16, 1977, p. 18-21. https://www.ejumpcut.org/archive/onlinessays/JC16folder/HomosexFilmNoir.html.

dont le but avoué est d'expurger le cinéma de tout élément incompatible avec la "bonne" morale. Les "perversions sexuelles", dont l'homosexualité fait bien entendu partie, figurent en haut de la liste. »[129] Ce code de censure cinématographique a marqué de son empreinte les productions audiovisuelles de l'époque mais reste sensible dans les productions contemporaines.

À la suite d'une longue période durant laquelle une tendance à l'invisibilité était marquée dans les médias, en particulier dans les films et les séries télévisées, les personnages lesbiens commencent à apparaître de plus en plus dans les narrations et à jouer un rôle de premier plan dans les fictions. Le premier personnage ouvertement gay sur un *network*, Jodie Dallas (joué par Billy Crystal), est apparu dans la sitcom *Soap* (ABC, 1977). Mais ce n'est qu'au début des années 1990 que les personnages gays ont été présentés en tant que personnages principaux et non en tant que personnages secondaires, ou relégués au second plan, dans des séries télévisées. Dans sa série éponyme *Ellen* (1994-1998), l'actrice Ellen Degeneres est devenue célèbre lorsqu'elle a déclaré fièrement «*Oui, je suis gay*», rendant visible la représentation des personnages LGBTQ+ dans les séries. C'est la première fois qu'un personnage lesbien faisait son coming out en direct dans une série télévisée. Dans son sillage, la sitcom *Friends* (NBC, 1994-2004) a montré le premier mariage lesbien entre l'ex-femme de Ross et sa compagne Susan, dans une série diffusée aux heures de grande écoute. *The L Word* (Showtime, 2004-2009), une série écrite par des femmes et centrée sur un groupe d'amies lesbiennes vivant à Los Angeles dans le quartier de West Hollywood, marque un tournant dans la représentation de l'homosexualité féminine dans des séries

---

129. Fabrice Pradas, *Cinéma gay : un siècle d'homosexualité sur grand écran*, Publibook, 2005, p. 16.

télévisées. Ce qui est remarquable dans cette série est tout d'abord le fait que les personnages lesbiens, qui constituent ici un ensemble choral, en sont le sujet principal. Ensuite, leurs problèmes et préoccupations sont identiques à ceux de personnages hétérosexuels, rendant ainsi les narrations autour de ces personnages complètement banales et dédramatisées en matière de représentation. Bien entendu, l'homophobie et l'acceptation de sa propre identité font partie de la narration et sont symboliques des tensions dans les représentations, positives ou négatives, de cette minorité sexuelle dans les séries. Cela est bien incarné par le personnage de Dana, joueuse de tennis professionnelle, à qui il est demandé de ne pas ternir son image médiatique en se montrant ouvertement avec sa petite amie et donc de ne pas faire un coming out public. Elle sera obligée de rester dans le placard, cachant sa propre identité en public, ce qui compliquera les relations du personnage avec ses amies. *The L Word : Generation Q*, diffusée sur la même chaîne en 2020, continue cette tradition de visibilité en présentant des personnages lesbiens, non-binaires, trans ou bien pansexuels.

Aujourd'hui, les séries télévisées n'hésitent pas à mettre au premier plan les personnages lesbiens et les couples lesbiens, quel que soit le genre (sitcom ou drame) ou la chaîne de diffusion, *network* ou câble (*The Middle*, *Pretty Little Liars*, *Orange is the New Black*, *Lost Girl*, *Grey's Anatomy*, *Wynonna Earp*, *Supergirl* ou *Legends of Tomorrow* pour n'en nommer que quelques-unes). En dépit de cette amélioration de l'aspect quantitatif de la représentation des personnages lesbiens à la télévision, les narrations qui leur sont consacrées restent souvent problématiques et véhiculent des questions de genre et de représentation qui posent problème. Le site web *Autostraddle*, spécialisé dans les questions queer et LGBTQ+, dresse un inventaire des personnages lesbiens décédés dans les séries télévisées américaines depuis le milieu des années 1970 et les statistiques sont loin de refléter une représentation paritaire et surtout positive. En effet, parmi les dix-huit mille et quelques personnages principaux dans 1586 séries télévisées recensées entre 1976 et 2016, 393 étaient des personnages lesbiens ou bisexuels et 29 ont eu une fin heureuse (contre 149 qui ont été tués).

Bien sûr, le problème n'est pas simplement que les personnages lesbiens sont tués ; le problème est la tendance à tuer ces personnages alors que les personnages hétérosexuels sont nombreux, ou quand les personnages sont tués justement du fait de leur orientation sexuelle. De plus, le trope *BYG* (*Bury Your Gays*) est particulièrement néfaste quand il se produit peu de temps après ou en parallèle d'un développement positif des personnages (après un coming out par exemple ou une première expérience romantique et sexuelle), reliant encore davantage l'orientation sexuelle du personnage à sa mort.

Ce trope est apparu dans *Buffy The Vampire Slayer*, une série qui est pourtant souvent louée pour son approche féministe et sa positivité en termes de représentation et de question sociale[130]. Dans l'épisode intitulé « Seeing Red » de la saison 6, Tara est tuée par une balle perdue destinée à Willow, sa petite amie. Judith L. Tabron souligne l'impact de la mort du personnage sur la représentation des personnages lesbiens dans la culture populaire. Elle note surtout que la suite de la narration (le déchaînement de colère de Willow) a contribué à perpétuer et renforcer les clichés de violence.

---

130. Joss Whedon, créateur de *Buffy*, est depuis peu accusé d'avoir cultivé des ambiances de travail nocives sur ses séries et films (*Buffy*, *Justice League*). Plusieurs acteurs et actrices ont partagé les mauvaises expériences qu'ils avaient eues avec le *showrunner*.

Exemples de représentation dans les séries télévisées

Avant d'en venir à la réception et à l'impact des représentations des minorités sexuelles sur les publics fans, il est important de détailler les arcs narratifs de séries qui donnent à voir ces personnages, sous deux angles narratifs différents mais emblématiques de processus identitaires : le coming out et la relation amoureuse.

Le coming out, révélation identitaire

Le coming out n'est pas un arc scénaristique souvent exploité dans les séries télévisées américaines alors que c'est un processus intime et social souvent éprouvant et lourd pour les personnes LGBTQ+. Dans les séries télévisées, la plupart du temps, les personnages LBGTQ+ sont présentés comme tels (leur sexualité allant de soi) dans la narration sans que l'on puisse voir le processus de coming out menant à la révélation de leur identité sexuelle. Souvent, dans les séries télévisées, celui-ci est à double tranchant. D'un côté, il propose un espace de représentation et un modèle pour les publics LGBTQ+. D'un autre côté, les personnages hétérosexuels sont souvent privilégiés dans l'expérience au détriment des personnages homosexuels. Ou bien, les personnages homosexuels sont perçus comme inauthentiques, atténuant l'expérience pour eux et les publics.

Nous avons donc choisi de nous centrer sur trois séries télévisées qui donnent à voir ces processus : *Grey's Anatomy* (ABC, 2005-présent), *Supergirl* (The CW, 2015-présent) et *Pretty Little Liars* (Freeform, 2010-2017). Ce qui est intéressant avec ces trois séries, c'est qu'elles ont décrit de manière plus ou moins détaillée et plus ou moins authentique, les luttes intérieures, les doutes et les souffrances des personnages dans leur processus de coming out. Ces séries ont également en commun d'être diffusées sur des *networks* américains et de s'adapter à un public potentiellement large et familial. De plus ces trois séries ont des caractéristiques particulières : *Grey's Anatomy* en est à sa 17e saison[131] et connaît toujours d'énormes taux d'audience. *Supergirl* a été particulièrement louée justement pour son arc narratif sur le coming out d'Alex. *Pretty Little Liars* était le troisième programme le plus commenté sur les réseaux sociaux en 2013 (après le Super Bowl et les Grammy Awards), l'épisode final ayant battu tous les records, générant un flux de conversations entre les fans assez impressionnant.

Pour analyser ces scènes de coming out dans ces séries, nous avons élaboré une méthodologie spécifique en proposant une grille de lecture adéquate. Chaque scène sera étudiée selon cinq critères : le contexte narratif, les personnages présents dans la scène, la mise en scène (plan, musique), le vocabulaire et les dialogues et enfin les conséquences pour les personnages. Nous ferons cet exercice deux fois : lors des révélations aux ami·es, et lors des révélations aux parents afin de mettre en lumière les différentes réactions des cercles amicaux et familiaux. Cela nous permettra de comparer les scènes mais également de dégager des tendances et caractéristiques télévisuelles dans les narrations autour des coming out.

En réalité, une analyse de contenu de scènes tirées d'une série télévisée permet de donner à voir l'invisible et de mettre en lumière des traits saillants de représentation. Il ne faut cependant pas oublier le contexte de la série, sa narration dans sa

---

131. Elle est devenue, avec 332 épisodes au 17 janvier 2019, la série médicale de prime time la plus longue de l'histoire aux États-Unis, devant *Urgences* (NBC, 1994-2009).

globalité dans laquelle s'inscrivent l'arc narratif du personnage et la scène en question. Les personnages de séries télévisées s'inscrivent, se développent et s'ancrent dans un contexte sériel spécifique qui est de plus en plus impacté par une continuité narrative. Il ne serait alors pas pertinent d'analyser des scènes en les sortant de leur contexte sans expliquer d'où viennent les personnages au préalable.

Contexte télévisuel et narratif des trois séries

Le premier coming out dans *Grey's Anatomy* s'est fait dans un contexte industriel spécifique qui a impacté la narration de la série, et a permis d'introduire notamment des personnages LGBTQ+ dans des rôles récurrents. Isaac Washington, un des acteurs de la série qui jouait le rôle du docteur Burke, avait tenu des propos homophobes envers son collègue T.R. Knight, George dans la série. Malgré des tentatives d'excuses publiques après l'incident, Shonda Rhimes, *showrunner* de la série, décide de ne pas renouveler le contrat de l'acteur.

À la suite de ce problème entre deux collègues de travail sur le tournage de la série ayant entraîné le coming out forcé et public de Knight, les scénaristes demandent la collaboration de l'association GLAAD afin d'introduire la première relation homosexuelle entre deux personnages récurrents, Callie Torres et Erika Hahn. L'objectif était d'éviter tout stéréotype après le fiasco précédent et d'apporter de la nuance et de l'épaisseur à ces personnages et à leur expérience de découverte de leur sexualité. Cette collaboration a été fructueuse et a permis le développement d'une représentation authentique ou du moins sincère comme le souligne Tanya D. Zuk : « *les producteurs, scénaristes et actrices de Grey's Anatomy, à travers leur collaboration avec GLAAD, ont activement poursuivi l'idéal d'authenticité lors de l'élaboration de la nouvelle ligne* queer *en s'appuyant sur des témoignages et des défenseurs des LGBT à tous les niveaux de la production.* »[132]

Callie Torres, personnage qui apparaît pour la première fois dans la saison 2 de la série, est tout d'abord présentée comme hétérosexuelle puisqu'elle a plusieurs aventures avec des collègues masculins, notamment avec Mark, puis se marie brièvement avec George. Toutefois, au début de la saison 5, elle a une aventure avec Erica Hahn, qui va changer à la fois les représentations des minorités sexuelles dans la série, et faire évoluer son personnage, lui offrant un nouvel arc narratif complexe. Callie est un personnage intéressant dans le paysage télévisuel américain car il bouscule les stéréotypes de genre. Le personnage ne répond pas aux catégories binaires de l'hétérosexualité et de l'homosexualité ; Callie est plutôt un personnage à la sexualité fluide[133].

Le processus qu'expérimente Emily Fields dans *Pretty Little Liars* est similaire, notamment par rapport à l'acceptation, ou plutôt la non-acceptation de sa famille, au début. Ici, le coming out entraîne des difficultés et des freins dans les relations mère-fille et père-fille. La différence avec *Grey's Anatomy* et le personnage de Callie est qu'Emily est une adolescente vivant encore chez ses parents ; elle représente donc un jeune public susceptible de trouver dans l'histoire du personnage un écho à sa situation personnelle.

---

132. Tanya D. Zuk, « Coming out on Grey's Anatomy: Industry scandal, constructing lesbian storyline and fan action », in « Queer Female Fandom », edited by Julie Levin Russo & Eve Ng, special issue, *Transformative Works and Cultures*, nº 24, 2017. http://dx.doi.org/10.3983/twc.2017.980.

133. Niina Kuorikoski, « Anatomy of a lesbian relationship and its demise », *Cinema Journal*, 2010, p. 47-139.

Au début de la série, Emily Fields est en couple avec Ben, un jeune footballeur populaire du lycée de Rosewood, mais, contrairement à ses trois amies, elle n'éprouve pas une passion dévorante pour son petit ami. Puis rapidement, elle exprime un sentiment de différence : «*peut-être ne suis-je pas celle que tout le monde pense que je suis*».

L'arc narratif autour du personnage est typique des quatre phases décrites par Lee[134] : Emily est attirée par un autre personnage féminin dans la série, ici Maya. Maya éprouve elle aussi des sentiments pour Emily et les exprime. Elles échangent un premier baiser lors d'une séance photo puis un autre au cinéma lors de leur premier rendez-vous. Enfin, l'orientation sexuelle d'Emily est publiquement révélée par le personnage A[135], à sa mère puis à son père, forçant un coming out douloureux. Dans la série, Emily est constamment harcelée par le personnage A, qui lui rappelle sans cesse à travers l'envoi de SMS ou de lettres son premier amour, son amie Alison qui disparaît au début de la série. Puis, alors qu'elle accepte progressivement son orientation sexuelle, et son identité, A envahit son intimité et l'empêche de contempler la découverte de son homosexualité en la forçant à se dévoiler publiquement et à faire son coming out. Patrick Bingham souligne d'ailleurs que «*la narration homosexuelle dans* Pretty Little Liars *est dépendante de la narration mystérieuse globale [entourant le personnage A], et c'est donc la seule histoire qui peut être racontée à ce sujet.*»[136]

---

134. Vanessa Wayne Lee, «"Unshelter Me": The Emerging Fictional Adolescent Lesbian», *Children's Literature Association Quarterly,* vol. 23, nº 3, 1998, p. 152-159.

135. Le personnage A dans la série est l'antagoniste qui tourmente les personnages principaux par des révélations publiques sur leur vie, souvent par le biais des réseaux sociaux et du smartphone. La thématique du cyberharcèlement est importante dans la série.

136. Patrick Bingham, «*Pretty Little Liars*: Teen Mystery or Revealing Drama?»,

Emily endosse alors un rôle fondamental, puisqu'elle devient le personnage lesbien majeur de Rosewood, une petite ville américaine où tout le monde se connaît (Maya vient juste d'emménager dans la ville), et qui répond à des représentations hétéronormées. Comme le souligne Mitchell, «*l'histoire d'Emily, à la fois en termes de découverte de ses désirs et du vocabulaire qu'elle utilise pour les exprimer, est devenu une norme pour les histoires d'adolescents faisant leur coming out.*»[137] L'arc narratif du coming out d'Emily est somme toute construit sur un patron narratif, et colle à d'autres histoires télévisuelles de ce type (Kurt dans *Glee* par exemple, ou encore Jack dans *Dawson's Creek*, qui répondent au même schéma pour des personnages adolescents gays).

Plus récemment, la série de super-héros *Supergirl* diffusée sur le *network* CBS puis sur The CW a également développé un arc narratif de coming out autour du personnage de Alex, la sœur adoptive de Kara Danvers – Supergirl.

Alex Danvers n'est pas inspirée d'un personnage du comic book, le média d'origine de *Supergirl* chez DC. Ce personnage a été introduit dans la série télévisée dès le pilote comme l'un des principaux. Dans la première saison, la série se concentrait sur la relation familiale entre les deux sœurs, l'un de ses points forts. Durant toute cette saison, Alex n'aura qu'un seul prétendant masculin, un antagoniste de Supergirl, rendant la relation caduque dès le début. Pendant le hiatus entre les saisons 1 et 2, le directeur de The CW a annoncé lors des rencontres de la *Television Critics Association* qu'un des personnages du

Networking Knowledge, MeCCSA Conference Issue, vol. 4, nº 6, 2013, p. 95-106.

137. Jennifer Mitchell, «The Best Lesbian Show Ever! The Contemporary Evolution of Teen Coming-Out Narratives», *Journal of Lesbian Studies*, vol. 4, nº 19, 2015, p. 454-469. https://www.tandfonline.com/doi/abs/10.1080/10894160.2015.1057078?journalCode=wjls20.

Arrowverse[138] était gay et serait révélé dans la prochaine saison dans l'une des séries à l'antenne. Dans des interviews, l'actrice Chyler Leigh s'est souvenue de cette révélation et a demandé à Greg Berlanti, le *showrunner*, de rester fidèle au personnage qu'il avait créé depuis le début et surtout au *fandom*. Le parcours d'Alex Danvers dans la saison 2 et son histoire de coming out ont été particulièrement bien écrits. Ils ont permis de sensibiliser le public à un tel processus social et familial et à une expérience à laquelle les fans pouvaient s'identifier.

Révélation au cercle amical

Dans *Grey's Anatomy*, le premier coming out est plutôt centré sur le personnage de Erica Hahn, qui a une révélation après avoir couché pour la première fois avec Callie dans l'épisode 6 de la saison 5. Cette expérience est vécue différemment par les deux personnages. Cela est évident dans la scène, non seulement à travers les dialogues et les émotions mais également à travers la façon dont sont filmées les deux protagonistes. Dans cette scène, qui se situe le matin alors qu'elles viennent de faire l'amour pour la première fois, Erica souhaite exprimer ses sentiments pour expliquer la révélation qu'elle vient d'avoir. Elle est filmée tout au long de la scène en gros plan pour accentuer ses émotions. Elle raconte comment, étant enfant, le fait de porter des lunettes a changé sa vie et ses perceptions, et comment Callie joue ce rôle en lui faisant

---

138. Le *Arrowverse* est le nom donné aux séries de super-héros de The CW, qui sont dirigées par Greg Berlanti. Elles ont commencé avec l'adaptation de *Arrow* et se sont poursuivies par *The Flash*, *Legends of Tomorrow*, *Supergirl*, et plus récemment *Black Lightning* et *Batwoman*. Les personnages « habitent » le même univers narratif, même si parfois il existe des différences temporelles ou différentes planètes Terre (par exemple Supergirl se trouve sur la Terre 19).

réaliser son identité sexuelle : «*I am so gay. I am so so gay. I am extremely gay*». Callie au contraire est silencieuse pendant toute la scène et filmée en plan large, ce qui met en évidence la différence entre les expériences vécues par les deux personnages. Malheureusement, Erica disparaît subitement dans l'épisode suivant cette révélation après une conversation avec Callie, durant laquelle elle lui reproche de ne pas être suffisamment impliquée dans leur relation.

Le second coming out est quant à lui centré sur Callie. Arizona apparaît en fin de saison 5, alors que Callie se remet difficilement de ses échecs sentimentaux (divorce, tromperie, séparation), et du départ de Erica Hahn. Contrairement à Erica, qui se révèle homosexuelle, à aucun moment de la série Arizona n'est définie par son orientation sexuelle, mais exclusivement par son métier de chirurgien pédiatrique nouvellement nommée cheffe de service. Leur premier baiser, entrepris par Arizona, a lieu dans les toilettes d'un bar fréquenté par les chirurgiens de la série. Le début de leur histoire est hésitant puisqu'il faut attendre quatre épisodes avant le premier rendez-vous officiel.

Dans *Pretty Little Liars*, les amies sont au centre de la confession d'Emily et notamment Hannah, la première à entendre et partager le dévoilement identitaire de son amie. Les dialogues sont intéressants à analyser, notamment ceux de l'épisode 7 de la saison 1, pour mettre en lumière la lutte interne du personnage d'Emily et l'acceptation directe de sa meilleure amie[139] :

> Emily : «*Pourquoi penses-tu que je veux demander à Maya d'être ma partenaire pour le bal de promo ?*»

139. La scène est disponible sur YouTube : https://www.youtube.com/watch?v=5u14fxHrGNs.

Hannah : « *A m'a envoyé une photo de toi et Maya en train de vous embrasser. Est-ce que je peux demander ? Je veux dire, tu as amené Toby au bal de promo, puis tu as pris cette photo avec Maya.* »

Emily : « *Je pense savoir ce que je veux. Mais si je dis oui à Maya, tout va changer. Tu le sais bien.* »

Hannah : « *Oui. Tu arrêterais de prétendre que tu es quelqu'un que tu n'es pas* »

Emily : « *Et si je me trompe ? Si je ne suis pas cette personne ?* »

Hannah : « *Emily, tu ne signes pas un contrat. Tu étais Emily avec Ben, et maintenant tu es Emily avec Maya. Nous aimons Emily. Qui se soucie de savoir avec qui tu es ?* »

Emily : « *Vraiment ? Tu as déjà rencontré mes parents ? Monsieur et Madame Militaire et leur fille parfaite* ».

Dans cette scène entre les deux amies, Emily est consciente de sa « différence » mais n'est pas encore tout à fait prête à l'accepter pleinement, de peur des répercussions parentales. Comme pour Callie, la peur des figures paternelle / maternelle plane sur la décision de faire son coming out. De plus, la religion et la position sociale (ou du moins le métier du père) contribuent aux difficultés. En face d'elle, Hannah prône l'acceptation immédiate, lui rappelant qu'elle n'est pas identifiée par son orientation sexuelle, et qu'elle reste toujours la même Emily. Elle encourage Emily à ne plus mentir à son entourage mais surtout à ne plus se mentir à elle-même, en jouant un personnage public qu'elle n'est visiblement pas. Il est intéressant de noter que l'orientation sexuelle reste une définition fluide pour ces personnages, et que loin de les enfermer dans des cases, elle contribue à les accomplir dans leur identité (« *tu ne signes pas un contrat* »). En ce qui concerne la mise en scène, les plans sont rapprochés sur les visages pour mieux donner à voir le trouble d'Emily et le réconfort, le soutien apportés par Hannah. Contrairement à la scène de coming out de Erica dans *Grey's Anatomy* qui accentuait, par la mise en scène, l'éloignement entre les deux personnages et le rejet que pouvait ressentir Erica après sa déclaration, ici, les deux personnages sont au même plan et au même niveau, soulignant d'emblée l'acceptation d'Hannah, sans être condescendante.

Dans *Supergirl*, c'est plutôt le cheminement personnel d'Alex qui est décrit et ses interactions avec sa famille, notamment sa sœur et sa mère. La déclaration aux amis et collègues de travail est en réalité une non-déclaration puisque Hank Henshaw – J'onn J'onnz, télépathe martien – devine les pensées d'Alex avant même que celle-ci ne les verbalise : «*Ce n'est pas à moi de l'annoncer. Je suis heureux pour toi Alex.*» L'interaction avec Mon-El, un habitant de la planète Daxam, est particulièrement intéressante dans le sens où elle symbolise l'acceptation directe du cercle amical en banalisant la relation homosexuelle : «*Oh c'est ça que tu voulais nous annoncer. Oh ok ! Est-ce que c'est un problème sur Terre ?*», Alex lui répond alors : «*Eh bien sur Terre, tout le monde ne soutient pas les femmes qui aiment les femmes.*» La scène se termine avec les amis félicitant Alex pour son coming out et pour avoir eu le courage d'affirmer son identité en public en amenant sa petite amie à une réunion amicale.

Le processus de coming out s'était réalisé avant dans la série lorsqu'Alex découvre petit à petit qu'elle éprouve une attirance physique pour Maggie Sawyer. Lors d'une confrontation entre les deux personnages, Maggie pousse Alex dans ses retranchements en lui disant qu'elle comprenait ce qu'elle éprouvait parce qu'elle-même était passée par là (la découverte de son orientation sexuelle et le coming out ont été une épreuve familiale particulièrement douloureuse pour Maggie). Après avoir rejeté l'affirmation en bloc, Alex retrouve Maggie dans un bar et finit par lui avouer que ce que Maggie avait perçu d'elle était probablement vrai. Durant cette scène, les personnages sont assis face à face, Alex s'engageant dans un monologue sur sa vie privée, et Maggie l'écoutant attentivement et lui apportant du soutien par une attitude non verbale évidente, notamment dans les sourires. Alex commence son monologue en expliquant qu'elle a toujours cherché à être parfaite, sous-entendant que la révélation qu'elle s'apprête à faire va changer son image. Au fur et à mesure du monologue, et notamment lorsqu'elle commence à parler de ses difficultés dans ses relations intimes, la caméra se rapproche d'Alex pour finir sur un très gros plan, comme pour rentrer dans son intimité et dévoiler un lourd secret. Elle n'attendra pas de réponse et partira après sa déclaration. Une nouvelle scène entre les deux personnages a lieu à la fin de l'épisode 6, où Alex déclare officiellement à Maggie qu'elle a des sentiments pour elle et l'embrasse. Maggie déclare alors à Alex qu'elle préfère attendre qu'elle s'accomplisse seule dans sa nouvelle identité, ce qu'Alex prend comme un violent rejet et une forme de trahison de la part de celle qui l'a poussée à faire son coming out.

Révélation à la famille

Dans *Grey's Anatomy*, l'arc narratif de la révélation à la famille est cette fois-ci centré autour du personnage de Callie, de sa relation avec son père et des difficultés de ce dernier à accepter l'orientation sexuelle de sa fille unique. Le coming out de Callie auprès de sa famille marque la fin de la saison 5 et le début de la saison 6. Dans la série, deux facettes de l'expérience, individuelle et sociale, sont représentées : les réactions de l'entourage et l'accomplissement de soi à travers cette déclaration. En effet, le coming out de Callie pose problème à son père, qui est de confession catholique. À la fin de la saison 5, après lui avoir présenté Arizona, Callie coupe les ponts avec son père qui décide de ne plus lui verser d'argent pour assurer son internat hospitalier. Le fait d'avouer au grand jour son orientation sexuelle met en péril ses relations familiales, notamment ici avec son père qui l'a pourtant toujours soutenue. Le personnage va alors chercher du réconfort et du soutien moral et social auprès de ses ami·es, qui acceptent Callie pour ce qu'elle est, et d'Arizona.

Dans l'épisode 5 de la saison 6, le père de Callie revient voir sa fille accompagné d'un prêtre pour la «*désinfecter par la prière*» (*pray away the gay*). Lors d'une confrontation entre le père et la fille, toute la violence morale mais aussi sociale qui découle de la décision de Callie ressort, dont témoignent les paroles du père : «*C'est une abomination. C'est une éternité en enfer. Je ne comprends pas où j'ai pu me tromper.*» L'argument d'une «mauvaise» éducation qui aurait poussé sa fille à devenir gay, est avancé par le père de Callie. Ensuite, l'argument de la religion, et notamment ici de la religion catholique, comme rempart à l'homosexualité, apparaît comme une représentation authentique des rejets de la part des familles.

Il faudra l'intervention d'Arizona expliquant comment son père, militaire de carrière, a accepté son orientation sexuelle, pour que le père de Callie change d'avis. Son discours dans l'épisode 5 de la saison 6 «A Good Man in The Storm» met l'accent sur le fait que Callie est toujours la même Callie que son père connaît depuis toujours et que son acceptation ne pourra que le grandir et renforcer les liens avec sa fille Arizona : «*Quand mon père – le colonel Daniel Robbins, du Corps des Marines – a su que j'étais lesbienne, il a eu juste une question. Je m'attendais à "à quelle vitesse tu peux partir de cette maison ?" Mais il a demandé "es-tu toujours celle que j'ai élevée ?" Mon père croit en son pays, de la même façon que vous croyez en Dieu. Et mon père n'est pas du genre à plier, mais il a plié pour moi, sa fille. Je tiens le coup dans la tempête. J'aime votre fille. Et je protège ceux que j'aime. Non qu'elle en ait besoin. Elle n'en a pas besoin. Elle est forte, aimante et a de l'honneur. Elle est la fille que vous avez élevée.* »

Le problème se posera de nouveau au cours de la saison 7, pour le mariage d'Arizona et Callie, quand la mère de cette dernière refuse d'y assister prétextant un simulacre de cérémonie. Elle a des propos violents envers sa fille lui reprochant de ne pas être « *une vraie mariée et épouse* », soulignant le caractère hétéronormatif de toute union amoureuse.

Le coming out d'Emily à ses parents dans *Pretty Little Liars* est plus complexe et agit comme un miroir reflétant les craintes, les peurs, les doutes des jeunes publics LGBTQ+ dans cette situation. La scène est découpée en deux temps : un premier temps de dialogue entre Emily et son père où elle lui avoue son homosexualité puis un deuxième temps de conversation entre les deux parents dans le salon de leur maison, Emily écoutant sans être vue, assise sur les marches de l'escalier.

Dans la première partie de la scène, le père d'Emily pousse sa fille à parler en lui demandant quel « secret » elle cache, en lui proposant son aide si elle est en danger. Il continue en lui disant « *qu'il n'y a pas à avoir honte* ». Le vocabulaire est ici important car il est bien entendu représentatif des doutes des personnages LGBTQ+ (secret, honte) et de leur difficulté à faire un coming out.

> Emily lui avoue alors qu'elle « *a peur de quelque chose, de toi et maman* »
>
> Son père : « *Pourquoi as-tu peur de nous ?* »
>
> Emily : « *Parce que je ne suis pas celle que tu crois* ».
>
> Ici, la question identitaire est posée de nouveau, ainsi que celle du mensonge, du rôle que joue Emily en se cachant.

Son père : « *Tu es Emily Fields, ma petite fille. J'ai une photo de toi dans mon portefeuille* ».

Emily : « *J'ai 8 ans sur cette photo. C'est une fille différente* ».

Son père : « *C'est la même fille. J'ai juste besoin d'une nouvelle photo* ».

Emily : « *Ce n'est pas si simple. Je suis gay. Je suis gay* ».

La mise en scène est éclairante sur ce dialogue. Les deux personnages sont séparés au début de la scène par le rebord du lit d'Emily ; elle assise sur son lit et son père débout face à elle. Emily ne regardera jamais son père et baissera les yeux tout au long de la scène comme pour signifier son embarras et sa honte. Peu à peu, son père se rapproche d'elle en gardant toujours les yeux sur elle pour l'encourager à parler, à lui dire ce qui ne va pas. Puis lorsqu'Emily lui annonce qu'elle est gay, son père s'assoit sur son lit, sous le choc de cette révélation et pour la première fois quitte sa fille des yeux en lui tournant complètement le dos. La scène se termine sur les deux personnages se regardant pour la première fois, la peur se lisant dans les yeux d'Emily, le désespoir dans ceux de son père.

La deuxième scène se passe dans le salon de la maison, entre les deux parents qui discutent de cette révélation. Le père est toujours prostré, cette fois-ci sur le canapé, encore sous le choc, alors que la mère fait les cent pas debout devant lui.

La mère : « *Ce n'est pas quelque chose qui lui est venu tout seul. C'est cette fille de Californie, Maya.* »

Clairement, ici, la mère pointe du doigt le fait que Maya, une étrangère à la ville, amène le chaos et pervertit sa fille. Dans son esprit, sa fille ne peut être que sous l'influence de quelqu'un, signifiant qu'elle peut changer de nouveau.

Le père : « *Avant de parler des autres, parlons d'Emily.* »

La mère : « *Pourquoi elle ne nous l'a pas dit ?* »

Le père : « *Elle avait peur. De nous deux.* »

La mère : « *Elle n'a pas peur de nous. Tu veux savoir de quoi elle a peur ?* » Elle va chercher les photos de Maya et Emily dans le tiroir et les tend à son mari. « *C'est ça dont elle a peur.* »

Le père les regarde et se trouve devant la preuve de l'homosexualité de sa fille, le baiser entre Maya et Emily. « *Où as-tu eu ça ?* »

La mère : « *Quelqu'un me les a envoyées par courrier. Quelqu'un qui voulait que je sache.* » Là, Emily apparaît sur un plan, assise en haut des escaliers, et nous découvrons qu'elle écoute toute la conversation de ses parents. « *Quand est-ce que j'étais supposée te le dire ? Quand tu es revenu après une absence de 8 mois ? C'est comme ça que je dois t'accueillir ? Comment allons-nous réparer cela ?* »

Le père : « *Réparer ? Ce n'est pas comme lui acheter des bagues pour un appareil dentaire. C'est qui elle est.* »

La mère : « *Ce n'est pas elle. C'est cette fille qui la transforme.* »

Le père : « *Peut-être qu'elle expérimente juste.* »

La mère : « *Ce n'est pas bien. Ce n'est pas bien du tout. Et tu le sais !* »

Le père : « *Tu crois que j'apprécie cela. Non ! Quand je suis allé dans sa chambre, je ne savais pas ce qu'elle allait me dire.* [Plan sur Emily] *J'ai pensé aux drogues, au fait qu'elle soit enceinte. Gardons la tête froide.* »

La mère : « *Quel est ton point de vue sur ce qui est bien et ce qui est mal ?* »

Le père : « *Elle souffre, je peux le voir.* »

La mère : « *Et je ne le vois pas. Est-ce qu'on va la laisser gâcher sa vie juste pour qu'elle expérimente ? Que t'est-il arrivé ? Qu'est-il arrivé à tes valeurs ? Tu les as laissées quelque part dans le désert ?* »

Le père se lève pour la première fois de la scène, excédé par les paroles et les menaces de sa femme : «*Je te l'ai dit, je n'aime pas ça. Mais elle est en vie et en bonne santé. Et après tout ce que j'ai vu, en vie et en bonne santé ça compte beaucoup, crois-moi !*»

Dans cette scène, nous retrouvons les arguments classiques des craintes parentales dans les séries télévisées, qui sont ici symbolisées par les paroles de la mère d'Emily. Pour elle, sa fille est sous l'influence de Maya et peut être réparée (*to fix*), ramenant l'homosexualité à une maladie et une perversion dont on peut se débarrasser par un traitement thérapeutique. Elle revient sur l'argument axiologique du bien et du mal et aux valeurs familiales qu'elle a transmises à sa fille. Le père est plus raisonnable et cherche à comprendre le choix de sa fille. Il rentre d'une mission en Afghanistan et remet en perspective cette annonce. Cette scène est typique des scènes parentales de séries télévisées à l'annonce d'un enfant homosexuel : un des deux parents choisit d'essayer de comprendre, alors que l'autre parent va s'énerver et envisager l'homosexualité comme une maladie à soigner.

Finalement, c'est la mère d'Emily qui aura le plus de mal à accepter sa fille telle qu'elle est. Cet arc narratif va durer plusieurs épisodes, culminant avec un repas entre Emily, sa mère et Maya qui tourne au désastre. Après s'être cachée plusieurs fois dans la cuisine pour pleurer, Pamela dira à sa fille après le départ de Maya : «*ça me rend malade !*» (*It makes me sick to my stomach!*), ce qui choquera et désespèrera énormément Emily. Celle-ci voit dans cette déclaration un rejet violent de la part de sa mère et une forme de dégoût exprimé par rapport à son orientation sexuelle.

Du côté de *Supergirl*, les interactions entre Alex et sa famille, notamment Kara, sont celles qui prennent le plus de temps d'épisode pour signifier l'importance que revêt le désir d'acceptation d'Alex.

La scène d'introduction de l'épisode 6 de la saison 2, après le *cold opening* et le générique, est entièrement consacrée au coming out d'Alex à sa sœur. Elle dure 3 minutes 32, ce qui est long pour une scène de série, les scénaristes ayant voulu prendre leur temps pour laisser aux personnages l'espace nécessaire à l'expression de leurs sentiments. La scène débute par un plan d'ensemble sur les deux sœurs marchant côte à côte, Alex ayant des difficultés à regarder Kara dans les yeux et se raclant la gorge à trois reprises avant de pouvoir verbaliser ses sentiments. Alex parvient à dire à Kara qu'elle éprouve des sentiments pour Maggie, ce qui plonge Kara dans la perplexité. Les plans suivants sont déséquilibrés : Alex est debout face à Kara assise sur un banc, comme si le fait d'avoir réussi à prononcer les paroles libérait Alex et la mettait en position de force. Toutefois, elle ne prononcera jamais les termes coming out ou gay, contrairement à sa sœur qui lui pose ouvertement la question. La scène se termine par Alex qui se rappelle avoir eu des sentiments similaires pour une amie au lycée, sentiments qu'elle avait enfouis au plus profond d'elle mais qui étaient bien présents. À ce moment-là, elle s'assoit à côté de sa sœur pour chercher du réconfort et pour passer sur le ton de la confession intime. Les deux personnages sont alors au même plan, le rapport de force ayant une fois de plus changé, et Alex devenant une nouvelle fois vulnérable.

La seconde scène entre les deux sœurs se déroule dans l'appartement de Kara et dure là aussi plus de 3 minutes. Alex vient voir sa sœur car elle pense qu'elle va la rejeter après son coming out.

Alex : «*Je sais quand tu es triste et déçue. Je ne sais pas ce que je ferais si je te decevais.*»

Kara : «*Tu ne me déçois absolument pas. Mais tu as dit que tu ne voulais plus en parler.*»

Alex : «*Je veux si tu n'es pas d'accord avec ça.*»

Kara : «*Je suis plus que d'accord !*»

Elle propose alors à sa sœur de venir s'asseoir à côté d'elle pour lui parler. Le dialogue qui suit est intéressant car il rapproche les expériences de quête d'identité des deux sœurs : Kara est une étrangère (une alien) devant s'adapter à la vie sur Terre, et Alex découvre son orientation sexuelle qu'elle avait cachée pendant longtemps. Toutes deux ont un secret qui contribue à façonner leur identité. Surtout, dans cette scène, Kara s'excuse auprès de sa sœur qui n'a pas réussi à trouver l'espace de confiance nécessaire dans leur relation pour parler de son orientation sexuelle. Alex cherche quant à elle l'approbation et la reconnaissance de sa sœur, sans qui elle ne pourrait continuer à avancer dans cette épreuve de construction identitaire.

La dernière scène entre les deux sœurs se passe à la fin de l'épisode dans l'appartement d'Alex, où Kara se rend après l'absence de sa sœur au travail. Cette scène dure moins longtemps que les deux autres mais est tout aussi intense et émotionnelle. Kara retrouve sa sœur prostrée sur le canapé en train de boire du whisky. Cette scène va permettre de révéler toute la douleur contenue lors d'un coming out et d'un rejet amoureux, ainsi que la détresse de Kara qui souhaiterait aider sa sœur à surmonter son désarroi et sa peine. Les dialogues sont également éclairants sur l'état d'esprit d'Alex à ce moment-là de son processus et après le rejet de Maggie. Elle est en plein doute et l'exprime ouvertement à sa sœur en se reprochant sa confession : «*Oublie tout ce que j'ai dit ! J'ai fait une erreur. J'ai eu tort et j'aurais dû rien dire. J'aurais dû me la fermer.* » Kara essaie de comprendre ce revirement de situation et Alex avoue alors que Maggie « *ne l'aime pas comme ça* ». La scène se termine avec les deux sœurs sur le canapé, Alex disant qu'elle se sent « *humiliée* » et Kara la réconfortant en lui disant « *qu'elle est fière d'elle* ». La fierté est ici caractéristique du champ lexical des personnes et des personnages homosexuels, ce terme étant employé à de nombreuses reprises par les LGBTQ+ pour décrire leur sentiment par rapport à leur orientation sexuelle (*Gay Pride* ou Marche des fiertés). Ici, c'est Kara qui verbalise ce sentiment pour montrer à sa sœur qu'elle a fait le bon choix et qu'elle a eu raison de faire son coming out plutôt que de rester cachée sous une fausse identité.

Il y a une inversion dans les rôles des deux sœurs qui s'opère dans ces trois scènes, toutes présentes dans l'épisode 6 de la saison 2, en début, milieu et fin. D'un côté, Kara passe d'une attitude de fermeture par rapport à sa sœur à une attitude d'acceptation totale et d'ouverture. D'un autre côté, Alex arrive à faire son coming out à sa sœur, puis va peu à peu être assaillie de doutes, d'abord sur l'acceptation de sa sœur, puis sur tout le processus en lui-même, tentant même de balayer d'un revers de la main sa confession.

Dans l'épisode 8, soit deux épisodes après le coming out devant sa sœur et trois épisodes après la verbalisation de son orientation sexuelle auprès de Maggie, Alex va avoir une conversation avec sa mère qui va durer 1 minute 28. La scène est plus rapide que celle consacrée aux interactions entre Alex et Kara, parce que la mère accepte tout de suite sa fille pour ce qu'elle est. Elle sent que sa fille a quelque chose à lui dire et que cette confession risque d'être douloureuse : « *garder un secret ne te convient pas ma chérie* », incitant ainsi sa fille à se confier à elle. « *Pourquoi Alexandra est-ce si dur pour toi de me le dire ?* »

À ce moment-là, Alex lui tourne volontairement le dos, pour ne pas montrer sa tristesse et le conflit intérieur qui la ronge. Sa mère se rapproche alors d'elle pour se mettre à son niveau et la regarder dans les yeux.

> Alex : «*J'ai l'impression de te décevoir.*»
> Sa mère : «*Pourquoi le fait que tu sois gay me décevrait ? Je t'aime pour ce que tu es.*»

Contrairement aux deux autres séries analysées ici, la mère d'Alex ne rejette pas sa fille pour des motifs religieux (*Grey's Anatomy*) ou d'éducation et de valeurs (*Pretty Little Liars*), et la considère toujours comme la fille qu'elle a élevée et dont elle est fière. Son orientation sexuelle ne change en rien la dynamique de leur relation, et lorsqu'Alex et Maggie se sépareront, c'est chez sa mère que celle-ci viendra chercher du réconfort et du soutien.

Réactions des fans : un miroir représentatif et une aide au coming out

Tout dispositif discursif, et en particulier dans les séries TV citées en exemple, est mis en relation avec une ou des réception(s) et un ou des public(s). Les deux pôles ne peuvent pas fonctionner l'un sans l'autre, et c'est entre autres pour cela que les représentations télévisuelles sont importantes pour les publics et plus largement pour comprendre des enjeux sociétaux et contemporains. Il est alors intéressant de voir comment les publics, et plus particulièrement les fans, ont réagi à ces narrations autour des coming out de leurs personnages favoris et comment ils se sont saisis des représentations que ces narrations véhiculaient.

Afin de constituer une solide base de données des réactions de fans à ces arcs narratifs, nous avons récolté les commentaires présents sous les vidéos YouTube reprenant les scènes des séries. Nous avons décidé d'utiliser cette plateforme pour le recueil de données pour une raison principale : la temporalité. En effet, les épisodes de *Grey's Anatomy* et *Pretty Little Liars* ont été diffusés respectivement en 2008 et en 2010, et il est compliqué de remonter les fils Twitter ou Tumblr et les pages Facebook jusqu'à ces dates pour retrouver les commentaires et réactions des fans au moment de la diffusion. Même si l'on utilise les hashtags des noms des couples (#Calzona pour *Grey's Anatomy* ou #Emaya pour *Pretty Little Liars*), le nombre de posts par les fans depuis ces événements narratifs est bien trop conséquent pour pouvoir retrouver et cibler les messages pertinents. Nous avons opté pour la même méthode en ce qui concerne *Supergirl* même si la série est plus récente. Cependant, nous avons suivi les messages sur Twitter des fans du couple Alex Danvers et Maggie Sawyer (#Sanvers) et leurs actions et activisme suite au départ de l'actrice jouant Maggie qui a entraîné la rupture du couple dans la série.

Pour *Pretty Little Liars*, nous avons sélectionné deux vidéos postées sur YouTube par les fans. La première, intitulée « Pretty Little Liars – Emily's Coming Out », a été mise en ligne le 4 janvier 2011 par MrTVSeriesLover. Lorsque nous allons sur son profil, nous pouvons constater que ce fan s'est inscrit sur la plateforme de partage vidéo le jour même où il a posté la vidéo du coming out. Ce fan précise qu'il ne possède aucun droit sur cette vidéo, et nous pouvons penser que ce partage est fait pour la communauté des fans sans atteinte quelconque à la propriété intellectuelle de la série ou de la chaîne qui diffuse la série. La deuxième vidéo, « Pretty Little Liars (Emily tells her dad she is gay) », est la scène emblématique durant laquelle Emily annonce à son père qu'elle est homosexuelle et que nous avons décrit plus haut.

Pour *Grey's Anatomy*, nous avons choisi les deux scènes de coming out, celle d'Erica et la confrontation entre Callie et son père durant laquelle ressortent les rancœurs et les valeurs religieuses. Enfin, pour *Supergirl*, nous avons sélectionné les vidéos qui reprennent le processus de coming out d'Alex à sa famille, sa sœur Kara et sa mère Eliza.

Si nous regardons de plus près le contenu des commentaires, en laissant de côté les commentaires sur la qualité du jeu des acteurs par exemple, nous pouvons constater que les représentations sont fondamentales pour les publics car elles présentent un miroir de leur propre expérience et leur donnent souvent le courage d'affirmer leur identité sexuelle.

Ce qui ressort tout d'abord dans les commentaires sur les scènes de coming out que nous étudions, c'est l'honnêteté que les fans perçoivent soit dans le jeu des acteurs dans une situation complexe soit dans la narration. Pour eux, ces représentations sont sincères dans le sens où elles semblent refléter ce qu'elles/ils ont vécu ou ce qu'ils imaginent que les gens vivent lorsqu'ils font leur coming out, offrant ainsi, selon eux, un miroir de la société contemporaine. Pour les vidéos de *Supergirl* et du coming out d'Alex par exemple, nous pouvons constater plusieurs fois dans les commentaires que les notions d'authenticité et de réalisme sont mises en avant[140].

---

140. Exemples de verbatims recueillis : « *J'ai regardé cette scène tellement de fois déjà. La façon dont Alex ne peut pas dire qu'elle est gay est si réaliste.* » Ou encore : « *L'épisode le plus beau et auquel je peux le plus m'identifier que j'ai jamais vu.* »

Mais la réaction de l'autre personnage dans la scène, sa sœur Kara, est également louée par les fans pour son écriture réaliste. Un commentaire d'un fan s'avère pertinent à retranscrire en entier puisqu'il raconte sa propre expérience en regard de la scène et de l'évolution du personnage d'Alex auquel il s'identifie clairement :

> TQM : «*Je ne pense pas qu'il soit abusé de dire que c'est le portrait le plus réaliste d'une évolution interpersonnelle d'un personnage gay (queer) que j'ai vu à la télévision ces dix dernières années. Du moins pour moi étant donné que cela est en rapport avec ma propre expérience. La majorité des personnes ne vont pas vous rejeter agressivement ou manifester de la haine, mais elles ne vous acceptent pas tout de suite et vous gardent à distance, en vous rejetant de façon passive-agressive. Je suis heureux que la série traite de cela.*»

La terminologie de l'identification (le terme *relatable* en anglais) revient plusieurs fois dans les commentaires pour attester que les scènes de coming out sont réalistes.

Par exemple, MOVI3N3RD écrit, parlant de la scène où Emily révèle son homosexualité à son père dans *Pretty Little Liars* : «*Super scène. Très bien pour s'identifier pour les personnes qui ont dû faire leur coming out à leurs familles et/ou amis. C'est vraiment super que ABC Family montre qu'être gay est parfaitement normal.*»[141] Dès le premier commentaire sous la vidéo du coming out d'Alex à sa sœur Kara dans *Supergirl*, ce terme d'identification ressort également.

---

141. Soulignons dans ce commentaire l'importance de la diffusion sur un *network* familial, ABC Family (devenu depuis Freeform).

Les réactions qui apparaissent sur la plateforme de partage vidéo pour les scènes relatives à *Grey's Anatomy* sont légèrement différentes, même si parfois les fans citent leur propre expérience en regard des scènes et comment celles-ci ont été un vecteur de confiance. Pour la scène de l'épiphanie d'Erica Hahn, Justin Pritt souligne : «*C'est une des scènes les plus émouvantes que j'aie jamais vues. J'avais vraiment hâte de voir la direction que prenait Grey's Anatomy. Enfin, une série qui a la décence d'écrire un personnage, nous qui n'avions pas de personnages auxquels s'identifier. Maintenant nous l'avons.*» Justin met en avant dans son commentaire l'invisibilité trop longue dont les personnages LGBTQ+ ont été victimes dans les séries télévisées américaines (rappelons que cette scène a eu lieu dans la série il y a 11 ans) et témoigne donc de sa reconnaissance pour une scène qui met en avant un personnage homosexuel dans une série populaire de *network*. Cependant, les commentaires sur cette vidéo mettent plutôt en tension les fans du couple Erica-Callie et ceux du couple Callie-Arizona, déclenchant ainsi des hostilités entre ces sous-groupes de fans[142]. Pour la scène entre Callie et son père, où celui-ci invoque la religion catholique comme justification du rejet de sa fille, les commentaires utilisent plutôt l'adjectif «puissant» (*powerful* en anglais) pour souligner l'impact de cette narration sur les personnages et sur les publics, fans ou téléspectateurs de la série. Cette scène, comme les fans l'écrivent, est une des premières qui prend pour argument la religion à propos d'un coming out. La série agit ici comme un révélateur de discours et de rapports sociaux de sexe et de genre, qu'il est important de montrer. Cependant, la suite des commentaires vire au règlement de compte entre téléspectateurs

---

142. Hostilités parfois violentes qui se nomment à l'intérieur même des communautés, des *ship wars*.

gays et téléspectateurs qui se déclarent catholiques, chacun essayant de justifier l'attitude des personnages dans la scène[143].

Mais surtout ces scènes peuvent agir comme des leviers à l'affirmation de son identité sexuelle et comme des aides au coming out pour les fans. Elles permettent de raconter sa propre expérience dans le but de partager avec d'autres fans, pour trouver le soutien nécessaire. En effet, les fans voient dans les personnages des doubles de leur propre expérience, qui traversent les mêmes épreuves, ou des représentations de ce qu'ils pourraient éprouver s'ils en venaient à faire leur coming out. Dans la construction traditionnelle de la série télévisée, basée sur une diffusion hebdomadaire, le personnage récurrent devient un élément fondamental pour la narration mais également d'identification pour les publics. Le personnage devient alors le double du téléspectateur, son *doppelganger* dans l'univers fictionnel, qui ressent les mêmes choses et vit le même coming out. Par exemple, Blueashke, en réaction au coming out d'Alex à Kara (Supergirl) nous dit : «*Je suis quelqu'un qui a dû faire son coming out à sa sœur. Et bon sang, ça me touche énormément. Trop bien fait.*» Ricci Guillarte quant à elle déclare : «*La partie où Alex dit à Kara qu'elle se rappelle de sentiments gays quand elle était plus jeune m'a littéralement coupé le souffle parce que c'est exactement ce qu'il m'est arrivé quand j'étais une* baby gay. *C'est rafraîchissant de voir un personnage auquel on peut s'identifier à ce point. Très bon travail,* Supergirl.»

Dans un article publié après l'épisode dans le *International Business Times*[144], la journaliste lesbienne Amy West écrit :

143. Le propos n'étant pas ici de décrire des représentations religieuses, nous ne rentrons pas dans les détails de ces commentaires. L'intégralité de la scène et des commentaires se trouve à cette adresse : https://www.youtube.com/watch?v=-4gE06o22Cbk.

144. https://www.ibtimes.co.uk/supergirl-why-alex-danvers-authentic-coming-out-

«Je suis moi-même une femme homosexuelle, et l'arc narratif d'Alex (Chyler Leigh) durant ces deux derniers épisodes m'a vraiment touchée, mais cet épisode en particulier était rempli de scènes qui reflétaient ma propre expérience d'acceptation de moi-même.» Surtout, elle souligne qu'il est assez rare dans les séries de voir un personnage adulte (Alex a 29 ans) faire un coming out tardif, et cela est donc important en termes de représentations pour les fans qui ont vécu la même chose ou qui envisagent de faire elles aussi un coming out tardif.

Le personnage représente également un modèle qui fournit ou fournirait le courage nécessaire aux fans pour faire leur propre coming out[145].

Pour *Pretty Little Liars*, par exemple, tv shows edits déclare : *«Je suis bisexuelle. Cela signifie que j'aime les hommes et les femmes. Personne ne le sait encore, puisque j'ai 11 ans. Cela paraît simple pour moi mais en réalité ma famille est homophobe. Je ne pense pas que ce sera facile mais je vais leur annoncer bientôt. Emily m'en a donné le courage. Merci beaucoup, Shay [nom de l'actrice].»*

Pour *Grey's Anatomy* et le coming out d'Erica, MalolaAnime pose son expérience en miroir de celle du personnage : «*OMG ! J'ai totalement eu une épiphanie comme elle. J'ai eu la mienne en regardant un film et en comprenant que j'avais un énorme coup de foudre pour Juno Caplan (plutôt un coup de foudre pour le personnage).*» Xlzoelx surenchérit : «*Attendez, pourquoi Erica c'est moi*», attestant de l'authenticité de l'expérience du personnage puisqu'elle aussi a vécu la même chose.

Les scènes d'Emily dans *Pretty Little Liars* sont celles qui entraînent le plus de messages sur l'expérience personnelle,

journey-means-so-much-lgbt-viewers-1591645.

145. Par exemple, Valerie commente : «*Cette scène me donne envie de faire mon coming out encore plus*».

parce que cette scène montre un coming out aux parents qui finit, comme nous l'avons décrit plus tôt, par un rejet assez violent de la mère et une acceptation sous forme de résignation du père. Les fans dans les commentaires racontent alors leur vécu, souvent traumatisant, constituant une archive de coming out facilitée par la révélation d'un personnage fictionnel.

Par exemple, Olivia C écrit : « *C'est tellement ça pour moi. J'ai 13 ans. Il y a un mois mon père a découvert que j'étais gay et il m'a hurlé dessus pendant des heures me disant que ce n'était pas normal et que ce n'était qu'une phase. Il m'a dit que si je continuais à être comme ça, il allait me jeter de la maison. Ma mère a dit qu'elle était OK avec le fait que je sois gay et qu'elle continuerait de m'aimer quoiqu'il arrive.* »

La scène et les émotions des personnages permettent aux fans de se confier et de trouver dans les commentaires YouTube, et la communauté qui se crée *de facto*, un espace privilégié pour accueillir leur témoignage. Mariam Assaf, qui n'utilise pas de pseudo, se sent suffisamment en confiance pour partager son expérience avec les autres membres de la communauté. Toutefois, la représentation qu'elle a vue dans cette scène semble ne pas refléter son propre vécu et en partageant elle entend également donner un autre versant des histoires de coming out :

> « *Cette réaction est le paradis comparé à ce que j'ai vécu, mes parents m'ont tapée dessus et ont passé des mois à me traiter comme une merde jusqu'à ce qu'ils m'envoient chez un thérapeute pour "me réparer" et il m'a donné des médicaments qui ont été bannis aux États-Unis dans les années 1970 à cause des effets négatifs sur le cerveau. J'ai alors confronté mes parents et le docteur et ils m'ont menacée avec le mariage si je ne les prenais pas.*

Pour être honnête, c'était vraiment stupide de ma part de le faire à 17 ans, j'aurais dû attendre d'être indépendante.»

Ici, l'espace de commentaires de YouTube joue comme un «espace cathartique»[146] dans le sens où l'entend Laurence Allard : un espace qui permet au fan de se dévoiler dans un lieu qu'il considère comme protégé, un espace numérique rempli d'affects qui libère la parole sur des questions d'identité sexuelle. La plateforme de partage vidéo YouTube devient une technologie de soi, au sens foucaldien, qui se transforme en une plateforme de partage de l'expérience personnelle du coming out dans le cas qui nous intéresse. Dans un discours en anglais à l'université de Berkeley, Foucault introduisait la notion de la façon suivante : «*Je réfléchis maintenant à comment l'individu se constitue de manière active à travers des pratiques de soi, ces pratiques n'étant cependant pas une chose inventée par l'individu lui-même. Ce sont des modèles qu'il trouve dans sa culture et qui sont proposés, suggérés, imposés à lui par sa culture, sa société et son groupe social.*»[147] Nous pourrions considérer ici que les modèles sont les scènes et les personnages, et que la culture est celle du fan, la pratique étant les commentaires numériques sur YouTube. Il nous semble que plus qu'un «individualisme expressif» (Allard, 2005) qui se retrouverait peut-être davantage dans les créations de fans telles la fanfiction, le fan art ou le *vidding*, nous sommes en présence d'une communauté expressive car c'est l'ensemble des commentaires qui provoque les expressions de soi et de son identité sexuelle.

---

146. Laurence Allard, «Express Yourself 3.0 ! Le mobile comme média de la voix intérieure», in Laurence Allard, Roger Odin & Laurent Creton (dir.), *Téléphone mobile et création*, Armand Colin, 2014.

147. Michel Foucault, *Il faut défendre la société : Cours au Collège de France (1975-1976)*, Bertani, M. & Fontana, A., Seuil et Gallimard, 1997, p. 291.

Pour finir cette section sur l'impact sur les publics fans des représentations du coming out dans les séries, nous aimerions revenir sur une action spécifique de fans en réponse au personnage d'Alex et à son arc narratif dans *Supergirl* à partir de la saison 2. Cette initiative montre à quel point les fans sont reconnaissants de cette nouvelle mise en visibilité des identités sexuelles dans les fictions. Rappelons le contexte : cet épisode vient après la « débâcle » de la mort de Lexa sur la même chaîne. Les fans étaient anxieuses de voir une nouvelle représentation lesbienne dans une série de The CW et craignaient une nouvelle fois d'être déçues par la narration. Le spectre du trope *Bury Your Gays* plane sur les séries télévisées et traumatise les fans. En termes de relations publiques et d'interactions sociales, Chyler Leigh qui joue le personnage d'Alex, écrit dans un post Instagram publié juste avant la diffusion de l'épisode et accompagné d'un arc-en-ciel, symbole de la communauté LGBTQ+ :

> « *Je suis si fière de raconter l'histoire d'*#alexdanvers *que vous allez voir ce soir. C'est une énorme étape dans la découverte de soi, l'acceptation, la joie, la douleur, la lutte, l'amour et ce que notre série signifie si souvent…*#strongertogether *[plus fort ensemble], encore plus aujourd'hui. Je suis honorée que l'on m'ait fait confiance pour raconter cette histoire et heureuse d'entendre toutes les expériences personnelles en retour sur le fait que le coming out d'Alex soit si bien décrit. Honnêtement, cela m'a fait pleurer. Je suis si reconnaissante.* »

L'actrice dans son interaction avec les fans met elle aussi en avant le fait que ce coming out est sincère et confirme qu'il a entraîné une multitude de partages d'expériences personnelles par les fans dans la communauté *Supergirl*[148]. Ce désir de communiquer avec les fans est fondamental, car l'actrice incarne le personnage au-delà de l'écran, elle devient à son tour source d'inspiration comme le note Amy West dans son article : «*Je pense que je peux affirmer que nous sommes celles et ceux qui sont reconnaissants, Chyler (et tous ceux et celles impliqués dans cette narration). Merci de nous donner à voir une histoire de bon goût, émouvante, satisfaisante et, surtout, réaliste, que nous attendions depuis si longtemps.*»[149]

Un *thread* Twitter est particulièrement éclairant sur la relation qu'entretient Chyler avec ses fans mais également sur l'importance de la représentation fictionnelle du coming out de la série. Dans une série de tweets postés le 3 décembre 2016, Mary, dont la biographie indique «lesbienne» au premier plan, raconte comment elle a aidé une cliente de son magasin de comic books en lui parlant d'Alex Danvers, en lui permettant de comprendre qu'elle n'était pas seule dans sa douleur et que cette représentation pouvait l'aider à s'accepter pour ce qu'elle était. Ce récit poignant est commenté par Chyler : «*Mary… cette histoire ! C'est de ça dont sont faits les héros. Tu es fantastique ! Je t'admire et je vais partager.*»[150] La circulation de ce témoignage par le partage de l'actrice a rendu possible d'autres histoires de

---

148. Chyler Leigh a continué à défendre son personnage et par extension des fans en retweetant les nombreux témoignages qu'elle a reçus, en interagissant avec les fans pour leur donner du courage et en se rendant à la convention ClexaCon en 2018 pour discuter des représentations LGBTQ+ dans les fictions et de son personnage en particulier. Elle a d'ailleurs commencé son intervention en déclarant, en pleurs, aux fans : «*J'ai essayé. J'ai tant essayé*», faisant référence au fait que Maggie et Alex se séparent dans la série.

149. https://www.ibtimes.co.uk/supergirl-why-alex-danvers-authentic-coming-out-journey-means-so-much-lgbt-viewers-1591645.

150. http://thenerdybird.com/supergirl-sanvers-supporters-show-us-representation-superpower/.

coming out par des fans qui ont vu dans l'actrice une alliée et une défenseuse des droits LGBTQ+.

Ces remerciements ont été prolongés et amplifiés par les fans qui se sont organisés dans leur communauté, la communauté #Sanvers (du nom que forme le couple Maggie Sawyer/Alex Danvers dans le langage vernaculaire des fans). Une initiative, intitulée The Sanvers Thank You Project, a été lancée par une fan, Emily Anne (dont le pseudo est @ladyintheTV sur Twitter et qui se présente comme bisexuelle). Elle a demandé à la communauté de remercier les actrices au travers d'un montage vidéo. Sur Twitter, elle poste le message suivant :

> *« Sanvers a vite fait de sauver 2016 des échecs monumentaux dans le monde de la représentation LGBTQ dans les médias, et Alex Danvers et Maggie Sawyer ont vite pris de la place dans le cœur des fans, et nous ont remotivés dans ce qui semblait être la pire année pour la communauté LGBTQ depuis longtemps.*
>
> *Dans mon appel à participation, je pose deux questions aux fans :*
>
> *Pourquoi vous aimez Sanvers ?*
>
> *Que signifie Sanvers pour vous ?*
>
> *À travers ce projet, je comprends vraiment l'influence qu'a eue le couple d'une façon dont je n'avais pas conscience avant, et les réponses que j'ai reçues, ou plutôt les histoires que j'ai reçues étaient à la fois réconfortantes, inspirantes et émouvantes. »*

Une fois de plus, cette fan rappelle le contexte de trahison dans le cadre de la série *The 100* et de la mort de Lexa et pose son action en regard du traumatisme qu'ont subi les fans, comme pour rappeler que toutes les représentations ne sont pas négatives et qu'une amélioration quantitative mais également qualitative est possible. Pour ces fans, cela commence par la série *Supergirl*. Emily Anne a compilé les messages qu'elle a reçus en une seule vidéo hommage aux personnages et à leurs arcs narratifs qu'elle a postée sur YouTube avec le titre « The Sanvers Thank You Project ». Cette vidéo de 6 minutes 29 a été vue 4 118 fois sur le site de partage vidéo et a été commentée 40 fois, principalement pour dire combien la vidéo était émouvante. Certains fans déclarent avoir partagé la vidéo sur leurs réseaux sociaux, principalement Twitter, en alertant les actrices sur son existence, faisant ainsi circuler le message et rendant également plus visibles les personnes ayant participé au projet.

La vidéo commence par un générique aux couleurs de l'arc-en-ciel puis enchaîne sur un plan fixe d'Emily Anne qui explique ses motivations pour ce projet. Dix-sept fans ont participé à ce projet (seize fans filles et un garçon) et les témoignages peuvent être classés en trois catégories : le retour d'expérience personnel, l'impact sur la communauté, l'implication des actrices dans la communauté mais également dans l'incarnation de leur personnage.

Bien entendu, comme dans les commentaires sur les vidéos des scènes de la série, les fans remercient The CW et les *showrunners* d'avoir écrit et mis en scène une représentation positive d'un coming out puis d'un couple lesbien (le couple qu'Alex forme ensuite avec Maggie Sawyer) et soulignent l'impact positif que cela a eu sur elles / eux. En effet, les fans mettent en avant le fait que *Supergirl* est une des rares séries à montrer de façon positive un couple lesbien, l'un des deux personnages étant par ailleurs un des personnages principaux de la série.

Le témoignage de @lizzierr est éclairant : « *Cela nous a montré qu'il n'est pas simple pour elle de faire son coming out, et c'est comme ça pour tous ceux et toutes celles qui peuvent s'identifier à Alex comme moi. Ce n'est pas facile de faire son coming out à des gens qu'on aime, ce n'est pas facile d'accepter une nouvelle réalité que l'on ne comprend pas vraiment.* » Mais surtout dans cette vidéo, les fans reconnaissent que les personnages et les arcs narratifs ont eu un impact positif sur la communauté et ont libéré la parole, et regrettent ne pas avoir eu une telle représentation pour les aider à faire elles-mêmes leur coming out[151]. Nous retrouvons ici, comme dans les commentaires, l'aide que peut apporter une représentation positive pour la personne directement ou pour la communauté des fans, en offrant un miroir du vécu et de l'expérience.

Le témoignage de @barry5249, seul homme présent dans la vidéo (ce qui ne veut pas dire qu'il a été le seul homme à envoyer un témoignage), est intéressant pour comprendre l'impact sur l'entourage, puisque dans la série, nous voyons également les réactions de Kara et de la mère d'Alex : « *Sanvers m'a ouvert les yeux sur le fait que c'est dur d'être gay et combien il est dur de se confier comme cela. Et maintenant que j'ai des amis qui traversent la même épreuve, cela me rend plus empathique, plus sympathique. C'est ce que cela signifie pour moi.* » *Supergirl* a permis à Barry5249 d'avoir un modèle pour mieux comprendre ses ami·es pour savoir comment réagir et quoi dire dans une telle situation. La vidéo se termine sur les fans louant les deux actrices pour leur engagement dans la communauté et pour leur portrait sincère des personnages qu'elles incarnent à l'écran. Elles sont reconnaissantes des interactions que les actrices engagent sur les réseaux sociaux comme Twitter, et du soutien qu'elles apportent à la communauté.

---

151. Par exemple, @ligimenezes dit : « *Je pense sans arrêt combien cela aurait été plus simple pour moi, si quand j'avais 13 ans, j'avais eu une série comme* Supergirl *à regarder.* » Ou encore @nerdsbianismz : « *Sanvers est important pour moi parce que c'est exactement le genre de représentation que j'aurais aimé avoir quand j'étais une baby gay, encore dans le placard. Mais voir l'impact que cela a eu sur tellement d'autres personnes est juste énorme.* »

Les personnages et leurs arcs narratifs sont donc porteurs de représentation, de sentiments et agissent souvent comme un miroir reflétant les sentiments des fans. Les fans se servent des personnages comme des agents d'autonomisation (*empowerment*) et comme soutien pour dévoiler leur identité sexuelle.

L'impact des représentations sur les fans : l'activisme en action

Naturellement, certaines représentations mettent en tension les productions et les réceptions des publics et notamment des fans lesbiennes, qui voient dans les fictions une manière de raconter leur identité et de se raconter. Les fans se servent également dans ce contexte des narrations pour élaborer un activisme collectif et collaboratif qui éclôt dans la communauté pour s'épanouir ensuite dans la société civile.

L'activisme des fans peut se matérialiser en autant d'efforts menés pour résoudre des problèmes civiques ou politiques, en regard du déploiement du contenu de la culture populaire. Pour Jenkins, « *l'activisme des fans fait référence aux formes d'engagement civique et de participation politique qui émergent de la culture fan, souvent en réponse aux intérêts communs des fans. Ces formes d'engagement sont conduites à travers l'infrastructure des pratiques et des relations existantes des fans, souvent favorisées par des figures tirées de la culture populaire et participative.* »[152]

L'activisme social et l'engagement civique sont les activités les plus puissantes des fans lorsqu'ils prennent collectivement

152. Henry Jenkins, « 'Cultural acupuncture': Fan activism and The Harry Potter Alliance », *Transformative Works and Cultures*, nº 10, 2012. https://journal.transformativeworks.org/index.php/twc/article/view/305/259.

position et défendent une cause pour la rendre visible dans la sphère publique. En ce sens, les fans représentent une culture de la participation, exprimée dans les communautés de fans par des interactions, activités, engagements et partages.

Au-delà du sentiment de trahison : queerbaiting, les fans de The 100 et l'activisme

La mort de la commandante Lexa, un personnage également connu sous le nom de Heda dans la série, dans le septième épisode de la saison 3 de *The 100* sur le *network* américain The CW, a provoqué une réaction brutale des fans qui ont soulevé des questions de représentation. La production et le producteur, le *showrunner* et ses assistants, ont délibérément laissé croire à leur *fanbase* que Lexa était un personnage central de la saison 3 et qu'elle était en sécurité, au moins pour une saison de plus. Les fans se sont sentis trahis, car Lexa était un modèle de représentation positive pour les téléspectateur·rices LGBTQ+, dans un paysage télévisuel, qui même s'il s'améliore, est encore timide à donner les premiers rôles à des personnages LGBTQ+.

La partie la plus originale de l'activité qui se produit dans la communauté #Clexa (nom donné par les fans au couple Lexa et Clarke) est l'activisme et l'engagement social, qui a été relayé sur différents médias après la mort du personnage de Lexa. Les réactions des fans ont été puissantes et ont fonctionné en trois étapes : une effusion de chagrin partagée sur les médias sociaux, un contrecoup vocal et actif, et une campagne de collecte de fonds en ligne. Les créatrices du mouvement We Deserved Better ont déclaré dans un entretien que nous avons mené avec elles : «*Nous voulions être reconnues et nous voulions montrer que nous ne pouvions pas continuer à offrir un buzz et une promotion gratuite sur les réseaux sociaux après avoir été trahies. Les plateformes de médias sociaux que nous avions précédemment utilisées pour aider à la promotion de la série seraient désormais utilisées pour envoyer un message* »[153] (entretien personnel, Bourdaa).

Après le choc de la mort de Lexa exprimé à de nombreuses reprises sur les médias sociaux, les fans se sont mobilisés et ont pris des mesures pour faire entendre leur voix. Cet activisme était une réponse à la fois à la mort du personnage lesbien et à la promotion menée par le producteur exécutif et *showrunner* de la série Jason Rothenberg. En effet, le producteur a interagi avec sa *fanbase* lesbienne en postant des photographies des deux actrices sur le tournage des épisodes de la série et des messages rassurants pendant le hiatus entre la saison 2 et la saison 3, et au début des tournages de la saison 3. Il a déclaré plusieurs fois sur Twitter que Lexa était un personnage important pour la série[154], la chaîne utilisant même Lexa comme tête d'affiche, dans les photos promotionnelles et les différentes bandes-annonces de la série. Mais juste avant le début de la troisième saison, il a posté une photo des actrices Carter et Parker pendant le tournage du dernier épisode de la saison 3, laissant entendre ainsi que Lexa ferait toujours partie de la série et survivrait à la saison pour rassurer (faussement) les fans sur l'avenir du personnage. Enfin, la veille de la diffusion de l'épisode 7 de la saison 3 dans lequel Lexa est tuée par une balle perdue destinée à Clarke, Rothenberg a encouragé les fans à regarder l'épisode en direct car, selon lui, c'était le seul épisode à vraiment regarder de la saison. Enfin, certains membres de l'équipe de production ont

---

153. Mélanie Bourdaa, « L'activisme fan en action : entretien avec We Deserved Better autour de *The 100* », 2016. https://fandoms.hypotheses.org/41.

154. Par exemple, le 28 janvier 2016, il a posté ce tweet : « *vous savez que je ne ship pas, mais je dois admettre que* #Clexa *est un couple sensationnel* #JustSaying #The100 », avec des mentions aux actrices Eliza Taylor, qui joue Clarke Griffin et Alycia Debnam-Carey, qui joue Lexa.

infiltré des forums de discussion en utilisant des pseudonymes pour faire l'éloge du personnage, de sa sexualité et de sa relation avec Clarke, créant ainsi des discussions et des conversations autour de la série et de ses arcs narratifs.

Ces éléments de langage ont soigneusement été distillés dans la communauté des fans avec l'utilisation du hashtag #Clexa, signifiant que Jason Rothenberg connaissait très bien le langage des fans et savait pertinemment à qui il s'adressait pour faire la promotion de sa série.

Les fans se sont légitimement senties totalement trahies par la mort du personnage de Lexa et, plus important encore, par la façon dont elle est morte. Elle est touchée par une balle perdue tirée par sa figure paternelle, juste après avoir couché avec Clarke pour la première fois. Les deux scènes sont montées l'une après l'autre, renforçant ainsi le contraste entre une scène de bonheur (ressentie par les fans) et une scène de totale détresse (ressentie par les fans également). Ces deux scènes étaient coupées par une publicité, laissant les publics sur une note positive avant de les confronter au drame. De plus, cet enchaînement de scènes est largement problématique : ces scènes semblent dire que l'acceptation de l'homosexualité et du bonheur qui peut en découler ne va pas de soi (Lexa est tuée par sa figure paternelle) et que l'on n'autorise pas les personnages homosexuels à avoir une vie heureuse. Cela rentre pleinement dans le trope *BYG*, tant en ce qui concerne l'exécution que la signification pour les publics et en particulier les fans.

Jason Rothenberg, qui a perdu 15 000 followers sur Twitter le soir même de la diffusion de l'épisode, a publié des excuses publiques sous la forme d'une lettre ouverte. Il y expliquait pourquoi il avait choisi de tuer Lexa et comment il n'en a pas vraiment mesuré les conséquences sociales. Il affirmait par ailleurs ne pas connaître le trope *BYG* et avoir agi simplement en termes de narration, et en sachant que Alycia Debnam-Carey était recrutée comme personnage principal dans la série *Fear The Walking Dead* et ne serait donc plus disponible pour sa série.

Mais ses explications qui relevaient d'un contexte industriel n'ont pas été suffisantes pour les fans. De plus, lors de la conférence *The 100* pendant la convention de fans WonderCon à Anaheim en mars 2017, toutes les questions liées à Lexa ont été interdites à la demande du *showrunner*. Il y a en réalité eu, comme le note Myles McNutt[155], une rupture dans le contrat social établi entre les fans, les producteurs et le *showrunner* : les fans participaient à la promotion de la série dans leurs réseaux en partageant des contenus officiels et non-officiels, et en contrepartie les producteurs et *showrunners* avaient une certaine responsabilité quant à la représentation fictionnelle. Le *showrunner* et son équipe ont enfreint les règles de la responsabilité sociale envers une communauté loyale et des questions éthiques sur leurs actions peuvent se poser notamment en ce qui concerne leurs infiltrations des forums de discussion de téléspectatrices lesbiennes. La seule personne qui a compris l'importance de cette représentation fictionnelle précise dans la série est le scénariste de l'épisode, Javier Grillo-Marxuach, qui a par ailleurs pris le temps de répondre aux fans sur son compte Twitter et de poster une lettre d'excuses sincères sur son Tumblr.

Cette promotion par la production, les actions du *showrunner* et la mort du personnage ont dans un premier temps entraîné une cassure à l'intérieur du *fandom*. Certaines fans se sont instantanément transformées en anti-fans et ont menacé Jason Rothenberg sur les médias sociaux, souvent en l'insultant violemment. Les fans ont utilisé les mêmes tactiques que le

155. Myles McNutt, « *The 100* and the Social Contract of Social TV », *Transformative Works and Cultures*, nº 26, 2018. http://journal.transformativeworks.org/index.php/twc/article/view/1297/919.

showrunner, à savoir le manque de respect et l'insulte à l'intelligence, dans un mouvement de *toxic fandom* qui a divisé les membres de la communauté. Le cyber-harcèlement des fans est une des méthodes la plus souvent utilisée pour faire pression sur les *showrunners*. Dans ce cas précis, Jason Rothenberg a cessé toute interaction sur Twitter. Plusieurs fans ont alors appelé à une autorégulation au sein de la communauté, de peur de représailles de la part de la chaîne ou de peur de véhiculer une mauvaise image du *fandom*, qui allait entacher la suite des actions sociales[156].

Les fans se sont donc rassemblées dans leur communauté en ligne et ont décidé d'agir de façon positive de plusieurs manières. Tout d'abord, elles se sont organisées sur les médias sociaux – en particulier Twitter – pour créer des hashtags afin de rendre leur action visible et mondiale. L'utilisation des médias sociaux pour lancer l'action semblait logique car la plupart des fans étaient déjà actives sur Twitter et participaient à la promotion de la série sur ce réseau social ou commentaient les épisodes. Les fans se sont donc appuyées sur leur expertise numérique et sur les réseaux qu'elles utilisaient au préalable.

À partir de l'épisode 9, chaque jeudi, jour de diffusion sur la chaîne[157], les fans ont créé un nouvel hashtag significatif pour continuer leur lobbying. Par exemple, pour l'épisode 12 diffusé le 21 avril 2017, soit un mois et demi après la mort de Lexa, les fans ont choisi d'utiliser le hashtag #307ReasonsToFight pour montrer que ce public spécifique est toujours actif et qu'il milite pour une meilleure représentation des minorités à la télévision. L'organisatrice de ce mouvement (@Clexa_Asia)

156. Par exemple : « *La communauté sur Twitter nous décrit comme des personnes moches. Le harcèlement n'est jamais une solution*. »

157. La grille de programmation de la chaîne a changé pour la saison 2018 et la série est désormais programmée le mercredi soir après *Riverdale*.

a partagé des instructions extrêmement précises en ligne ainsi qu'un guide à destination de la communauté des fans, à suivre pour s'assurer que les actions étaient liées entre elles, pour renforcer ainsi leur impact. Elle a fourni des informations spécifiques sur les périodes temporelles pour poster les tweets et a demandé aux fans de programmer des tweets sur Tweetdeck, un logiciel qui permet de gérer ses comptes Twitter, pour synchroniser le mouvement. Elle a également spécifié les mentions que les fans devaient utiliser dans le tweet, expliqué que les images ou gifs aideraient à rendre plus visuelle l'action et que le profil des usagers devait être public pour un meilleur partage, une meilleure diffusion et circulation des contenus. Le hashtag est devenu ce jour-là le plus utilisé aux États-Unis avec plus de 14 700 tweets affichés.

Dans un autre exemple, les fans ont décidé d'envoyer #GOODREPRESENTATIONMATTERS sur les comptes Twitter de The CW, CBS et WarnerBrosTV après la mort de plusieurs personnages lesbiens. L'objectif ici allait au-delà de la série *The 100* et rassemblait plusieurs *fandoms* qui se sont alliés, créant ainsi un multi-hub de *fandoms*. Jenkins et Tulloch (1995) se souvenaient que ce genre d'action de lobbying existait avant l'ère d'internet, lorsque les Gaylaxians (les fans homosexuel·les de *Star Trek*) ont envoyé des lettres à la production pour obtenir un personnage gay dans la série. Mais aujourd'hui, avec Internet, le lobbying est massif, mondial, visible, actif, et les fans utilisent des tactiques et des stratégies numériques pour faire entendre leur voix.

Pour *The 100*, les fans lesbiennes ont transformé leur frustration, leur colère et leur déception face à la mort de Lexa en un activisme social et politique positif afin de souligner à quel point les représentations médiatiques sont importantes. Elles ont créé deux sites Internet pour mettre en contexte leur indignation et leurs actions, wedeservedbetter.com et lgbtfansdeservebetter.com[158], déclarant ainsi que Lexa en tant que personnage était la représentation de la communauté dans la série et sa mort avait un impact direct sur les fans lesbiennes. Ces sites Internet leur ont permis d'archiver tous les tweets des scénaristes, du *showrunner*, de la chaîne, montrant à quel point ceux-ci ont construit une stratégie de tromperie. Elles ont également compilé 28 articles de presse pour expliquer comment leur colère n'est pas seulement liée à la fin de leur couple favori mais s'avère être en réalité une question sociale et éthique qui n'est pas nouvelle et qui doit être abordée et discutée dans l'espace public. Cette base de données de tweets et d'articles est importante car elle donne un arrière-plan informatif et justifie et amplifie les actions. Le site internet agit alors comme une plateforme d'archives permettant aux fans et aux publics en général d'avoir les informations nécessaires à la compréhension du contexte et des actions qui en découlent. Les fans à l'initiative du mouvement que nous avons interrogées ont déclaré à ce sujet qu'elles pensaient que «*pour être prises au sérieux et pour réclamer justice il nous fallait compiler et présenter des preuves solides*» (entretien personnel, Bourdaa, 2017).

Cette base de données créée, les fans ont ensuite transformé leur énergie en des actions positives en organisant une collecte de fonds pour The Trevor Project, une association qui vient en aide aux jeunes personnes LGBT qui ont tenté de se suicider. Pour rendre encore une fois cette action visible, elles ont créé et fait circuler le message «LGBT fans Deserve Better».

Sur le site Internet de collecte de fonds, le slogan que les fans utilisent sur la page d'accueil est intéressant : «*Heda, nous nous reverrons ; ton combat est fini, le nôtre ne fait que commencer.*»

158. Ce site n'est plus en ligne. Archive à : https://web.archive.org/web/*/wedeservedbetter.com. https://lgbtfansdeservebetter.com est encore en ligne, mais n'est plus actif.

Le personnage Heda (pour Commander) est leur modèle et les fans utilisent les mêmes phrases que les personnages de la série, montrant leur expertise. La deuxième partie du slogan souligne la réappropriation du combat par les fans, par le passage du pronom « ton » au « nôtre » et par le fait qu'ils se positionnent clairement dans la continuité des actions de Lexa. Les fans expliquent sur le site web le but de cet activisme social :

> « *C'est vraiment triste car plusieurs d'entre nous ont connu les tentatives de suicide et The Trevor Project, il y a quelques années. Nous continuons ce que nous avions commencé alors. Pour créer un endroit protégé et pour contrer les catastrophiques représentations que nous pensions éradiquées pour les jeunes générations. […] Les réactions d'empathie des téléspectateurs doivent être prises en considération, en particulier quand il y a autant de jeunes personnes LGBTQ qui questionnent leur identité en étant investies dans cette relation.* »[159]

Il est clair, à travers ce message d'introduction, que les créatrices du mouvement ont eu besoin de l'association The Projet Trevor à un moment de leur vie et maintenant elles veulent que la communauté LGBTQ+ se sente protégée et aimée. 4430 personnes ont donné 171 565 dollars pour aider l'association[160]. Ces actions sont importantes pour les fans car elles soulignent ce qui compte pour elles et ce qui les rassemble dans une lutte sociale, qui va au-delà de la communauté des fans pour circuler dans la société civile et la sphère publique. Cette collecte de fonds « *a permis d'aborder la politique de soi, d'aider les jeunes à penser différemment à travers les préoccupations de la vie*

---

159. https://lgbtfansdeservebetter.com/fundraiser/.

160. Ce chiffre correspond à la date du 13 mai 2018.

quotidienne, telles que le suicide, la santé mentale et l'image du corps. Elle les encourage à prendre en main leur identité personnelle et à s'engager à changer les politiques publiques. »[161]

L'exemple de *The 100* correspond à cette description car le point de rassemblement des fans était la mort d'un personnage lesbien, qui a encouragé les jeunes fans lesbiennes qui se sentaient mal représentées et invisibles à la télévision et dans la sphère publique à se rassembler et à agir ensemble. Ce rassemblement fondamental ici, pierre angulaire du mouvement, s'appuie avant tout sur l'amour pour les personnages mais également sur les valeurs qui sont véhiculées par la narration : « *Le nom de notre mouvement "Leskru", inspiré par les clans "grounders" (Trikru, Skaikru) donne aux membres un sentiment d'appartenance et une manière de signifier que Lexa est à nous. Si nous sommes le quatorzième clan, alors elle était notre Commandant à nous aussi, et nous lui devons, ainsi qu'à nous, de nous battre pour ce en quoi nous croyons. C'est un point de ralliement pour nous, quelque chose de commun qui nous unit malgré nos différences. Cela renforce notre communauté LGBTQ* » (entretien personnel, Bourdaa, 2017). Les fans sont à la recherche d'un sentiment d'appartenance qui va fonder toutes leurs actions, actions qui se nourrissent de la narration de la série.

Ces actions donnent également aux jeunes fans un sentiment d'autonomisation et une plateforme publique pour exprimer leurs préoccupations, leurs choix et leurs peurs. Elles leur permettent d'acquérir un sentiment de légitimité qu'elles n'ont pas dans la vie politique classique : « *Oui, c'est important pour les gens de voir leurs sentiments reconnus, particulièrement pour une population dont les sentiments sont relégués au second plan dans les médias. C'est encourageant d'être entendues et écoutées pour une*

---

161. Henry Jenkins, Mizuko Ito & danah boyd, 2016, *op. cit.*, p. 168.

fois et cela donne à tous les membres l'espoir que les choses peuvent changer. Dans l'ensemble, ça nourrit la participation » (entretien personnel, Bourdaa, 2017). Mais surtout, les fans ont confirmé que les actions qu'elles ont menées leur donnent une base stratégique pour porter ensuite leur effort sur les politiques publiques. Cela constitue pour elles une sorte d'entraînement pour devenir des citoyens au sens politique du terme. Les compétences politiques acquises avec ce mouvement sont ensuite réinvesties dans la vie politique publique.

Ces actions menées par les fans ont inspiré certains acteurs de l'industrie à agir également pour une meilleure représentation des identités sexuelles dans les fictions et pour mettre un terme au trope *Bury Your Gays*. Intitulé LGBT Fans deserve better Pledge puis rebaptisé The Lexa Pledge par les fans sur Twitter, un document a été rédigé par trois actrices majeures de l'industrie en partenariat avec une fan : Noelle Carbone (scénariste et productrice exécutive de *Saving Hope*), Sonia Hosko (productrice de *Saving Hope*), Michelle Mama (productrice, créatrice et scénariste) et Gina Tass (initiatrice de la levée de fonds pour le Trevor Project). Cette nouvelle initiative à destination de l'industrie est née de la visibilité de l'activisme fan et de la volonté des initiatrices d'apporter leur soutien à « *ces jeunes qui ont été meurtris et en colère et qui avaient besoin de canaliser leur énergie.* »[162] Le document contient sept points, et les signataires[163] s'engagent à proposer dans leurs séries de meilleures représentations. On y trouve notamment : « *Nous reconnaissons que la communauté LGBTQ est sous-représentée à la télévision et, donc, que la mort de personnages queers peut avoir des conséquences psychologiques importantes* », ou bien « *nous reconnaissons que le*

162. https://www.themarysue.com/the-lexa-pledge/.

163. Au nombre de seize si l'on en croit le site web.

trope Bury Your Gays est dangereux pour la communauté LGBTQ, en particulier pour les jeunes gens queers. Donc, nous éviterons de faire des choix scénaristiques qui perpétuent ce trope toxique. »[164] L'objectif était également de mettre en lumière les pratiques de *queerbaiting* pour mieux les dénoncer et contrer. Selon Joseph Brennan, le concept de « queerbaiting » est un terme inventé par les fans pour souligner la stratégie utilisée par les sociétés de production et les *showrunners* pour suggérer un sous-texte homosexuel dans une fiction télévisuelle, même si cette relation n'est pas officielle dans la fiction. Judith Fathallah définit le « queerbaiting » comme « *une stratégie par laquelle les scénaristes et les chaînes tentent d'attirer l'attention des spectateurs queer via des allusions, des blagues, des gestes et du symbolisme suggérant une relation particulière entre deux personnages, puis niant catégoriquement cette possibilité. Le déni et la moquerie rétablissent alors un récit hétéronormatif qui ne risque pas d'offenser les téléspectateurs traditionnels au détriment des fans queer.* »

Cependant, même si le document a permis de rendre le mouvement encore plus visible et de porter une attention plus grande sur les problèmes de représentation des minorités sexuelles à la télévision, peu de scénaristes l'ont effectivement et publiquement signé prétextant que cela allait brider leur créativité. On peut l'expliquer par les contraintes inhérentes à l'industrie télévisuelle, et en particulier sur les *networks*. La deuxième raison concerne les responsabilités des *showrunners* dans une équipe de scénaristes qui doivent parfois faire des choix guidés par des intérêts financiers, des problématiques légales ou bien des orientations de la chaîne qui ne dépendent pas d'eux.

---

164. https://www.indiewire.com/2016/04/the-lexa-pledge-gains-traction-urging-tv-writers-to-be-more-considerate-when-killing-lgbt-characters-291567/.

Enfin, les fans ont tenté de créer des espaces réels de soutien et d'actions en organisant des conventions entières consacrées à la question de la représentation des identités LGBTQ+ dans les fictions télévisées. Créée par un groupe de fans activistes LGBTQ+, la convention ClexaCon entend ainsi proposer un espace de partage et une meilleure visibilité pour les représentations en faisant dialoguer les fans avec les parties prenantes de l'industrie (*showrunner*, actrices, scénaristes, productrices exécutives de séries et webséries). De façon intéressante, les créatrices de cette convention ont mis à profit leurs compétences professionnelles au service de la communauté puisqu'elles travaillent, selon leurs biographies visibles sur le site, dans le marketing, l'organisation d'événements ou bien la gestion d'organisations à but non-lucratif. L'équipe organisatrice est aujourd'hui composée de treize personnes qui se partagent le travail pour l'organisation des conventions, désormais bisannuelles (une en avril à Las Vegas et une en novembre à Londres, puis en ligne en 2020 et 2021 pour cause de covid). Même si cette convention porte le nom des fans de Clexa et ancre sa genèse dans la suite du mouvement initié par lgbtqfansdeservebetter, le site souligne dès la page d'accueil que la convention est multi-*fandom* et s'ouvrira à toutes les représentations fictionnelles actuelles[165]. Comme le précise une des instigatrices du mouvement : «*Quand nous avons commencé le mouvement, l'objectif initial était de faire un petit événement centré sur Clarke et Lexa. Alors que les morts de personnages lesbiens continuaient, nous avons compris que l'enjeu était plus grand. Nous*

---

165. Par exemple, lors de l'édition 2018, les séries et les personnages suivants ont été mis en avant : Waverly Earp et Nicole Haught (Wayhaught) pour *Wynonna Earp*, Alex Danvers pour *Supergirl*, Sara Lance et Amaya Jiye pour *Legends of Tomorrow*, Anissa Pearce pour *Black Lightning*. Il est intéressant cependant de noter que les actrices qui jouent Clarke et Lexa dans *The 100* ne se sont pas encore rendues à cette convention.

voulions faire un événement qui parlait de la représentation à travers la communauté, pas seulement de The 100.»[166]

ClexaCon se positionne de façon particulière dans le paysage des conventions de fans, notamment par le dialogue qu'elle essaie d'instaurer entre les fans et l'industrie et par le lieu protégé qu'elle tente de créer pour les fans LGBTQ+ qui s'y rendent.

Loin de renforcer des hiérarchies et des rapports de pouvoir hégémoniques, ClexaCon ambitionne de privilégier un dialogue et ainsi de favoriser les rapports horizontaux entre fans et parties prenantes de l'industrie. L'objectif affiché par les créatrices de l'événement est de renforcer les liens en créant une communauté et de proposer une plateforme d'échange et de connexion entre les membres de cette communauté. La convention est également un lieu d'éducation, à la fois à destination des industries qui, par le dialogue, ont une meilleure compréhension des problèmes liés aux représentations à l'écran, et des fans à travers l'organisation d'ateliers d'écriture leur permettant d'acquérir de plus grandes compétences dans ce domaine, notamment pour l'écriture de fanfictions.

Enfin, ClexaCon fonctionne comme une réelle communauté de fans qui se matérialise ici dans un lieu physique, lors d'un événement programmé. Ce lieu est important pour les fans LGBTQ+ car il représente un refuge physique et communautaire : «*Il est parfois compliqué pour nous, les femmes queer, de trouver des lieux où nous pouvons nous rendre ensemble et être nous-mêmes et parler des sujets qui nous touchent directement. À l'intérieur des plus grands espaces LGBTQ, les femmes ont tendance à être marginalisées, et nous voulions créer un espace accueillant*

166. https://businessequalitymagazine.com/clexacon-largest-multifandom-event-lgbtq-women-allies/.

et sûr. »[167] De façon générale, les conventions qui se focalisent souvent sur des fictions de genre (science-fiction, horreur, super-héros) sont hétéronormées, masculines et blanches, laissant peu de place aux fans LGBTQ+ ou de couleur. Dans ces lieux, il est alors difficile pour un fan LGBTQ+, qui plus est lesbienne, ou de couleur, de naviguer sans déclencher encore une fois des rapports hégémoniques de domination et de force. En revanche ClexaCon apparaît aux fans suivant ces termes : « *Sécurité, acceptation, unité, ensemble, respect, soutien, célébration, sentiment d'appartenance, liberté, famille, être soi-même.* »[168] Pour ces fans, la convention rassemble une communauté, qui s'est souvent construite auparavant dans un espace en ligne et à travers les échanges sur les médias sociaux, où chacune va pendant deux jours pouvoir s'exprimer librement et sans peur d'être jugée.

Mais surtout les fans parlent de la proactivité de la communauté qui a organisé elle-même cette convention, sur une initiative de fans. Une fan dans la vidéo affirme que : « *Si nous pouvons créer cette convention ensemble et par nous-mêmes, nous pouvons littéralement créer ce que nous voulons, si nous y croyons suffisamment.* » Derrière ces témoignages, il y a l'idée qu'un tel espace n'existait pas et que ces fans ont dû le créer elles-mêmes, mais que c'est également la force du *fandom* qui a rendu possible cette création.

Nous sommes ici dans ce que Henry Jenkins a qualifié d'activités *bottom-up*, qui partent de la base pour venir concurrencer les initiatives professionnelles. Ces activités sont créées par les fans eux-mêmes et agissent comme des contrepoids aux productions *top-down* qui partent des industries, voire agissent comme des contre-cultures face aux modèles imposés par les

---

167. *Ibid.*

168. https://www.youtube.com/watch?v=23v2j7E_uEE.

industries. Mark Dery parle de brouillage de la culture et donne cette définition : « *le brouillage de la culture représente le rêve de nous repositionner en tant que citoyens dans une culture qui insiste pour créer des consommateurs.* »[169] Les fans sont ici des agents de la culture, des acteurs d'une culture qu'ils se réapproprient pour la refaçonner et la (re)créer depuis la base. Ce qui est en jeu ici, ce sont les différentes narrations qui s'entrechoquent, la narration d'une industrie contrainte par des injonctions économiques ou légales, opposée à la narration d'un public à la recherche de meilleure représentation. Et pour ce public, un activisme qui passe par la création d'événements concrets, par et pour la communauté, se met en place. Même si le terme *cultural jamming* peut avoir une connotation négative (brouiller les messages), nous percevons dans cet exemple une action positive de la part des fans qui cherchent à améliorer, dans ce cas précis, la visibilité des personnages LGBTQ+ à la télévision, instaurer un dialogue avec l'industrie et proposer un espace de soutien.

Les brouilleurs culturels se réapproprient les signes ou les symboles pour rendre visible leurs actions. Dans le cas de ClexaCon, le logo de la conférence était projeté tel le Bat-Signal, signe du rassemblement et de l'appel à l'action, sur les murs de l'hôtel où avait lieu la convention à Las Vegas.

Le brouillage culturel mêle jeux et sérieux.

Le brouillage culturel est par essence participatif et l'un de ses bénéfices est de connecter des gens qui se ressemblent dans des communautés d'affinités réelles et virtuelles[170]. Les

---

169. Mark Dery, « Foreword », in Marilyn DeLaure & Moritz Fink, *Cultural Jamming. Activism and the Art of Cultural Resistance*, New York University Press, 2017.

170. Carrie Lambert-Betty, « Fill in the Blank: Culture Jamming and the advertising of agency », *New Directions for Youth Development*, nº 125, 2010, p. 99-112.

témoignages des fans qui ont participé à cette convention viennent confirmer ce point de la définition.

Le brouillage culturel est politique : «*Le brouillage culturel remet en question les structures de pouvoir existantes, en cherchant à révéler l'hypocrisie et les injustices, à susciter l'indignation du public et à promouvoir l'action collective.*»[171]

Le brouillage culturel est sérialisé, il s'inscrit dans un nombre d'actions cohérentes qui font sens.

Nous voyons bien que la définition du brouillage culturel s'applique parfaitement à notre étude de cas, et en particulier à l'organisation de la convention ClexaCon. Cependant, Henry Jenkins, en pointant du doigt les changements de tactique des publics dans le nouvel écosystème médiatique, conseille un glissement terminologique pour passer de la notion de brouillage culturel à celle, dont nous avons déjà parlé, d'acuponcture culturelle. Pour Jenkins, cela se justifie par le fait que «*les activistes aujourd'hui ont de plus grandes possibilités de faire circuler leurs messages et une potentialité plus grande d'avoir un impact sur les stratégies des médias grand publics.*»[172] Nous pourrions même parler dans ce cas de la notion d'imagination civique.

Cette analyse d'un activisme fan lancé après la mort d'un personnage emblématique d'une série, montre que les fans utilisent les réseaux sociaux pour s'organiser, recruter d'autres membres, rendre le mouvement visible et fort par de nombreux hashtags significatifs, et qu'ils choisissent de se responsabiliser et de lutter contre la mauvaise représentation des lesbiennes à la télévision, en sensibilisant le public sur la question mais aussi en aidant une association LGBTQ+.

---

171. Marilyn DeLaure & Moritz Fink, «Introduction», in *op. cit.*, p. 1-35.

172. Henry Jenkins, «From Culture Jamming to Cultural Acupuncture», in Marilyn DeLaure & Moritz Fink, *op. cit.*, p. 133-160.

Après le départ du personnage de Maggie Sawyer de la série *Supergirl*, conduisant à la rupture du couple, les fans ont décidé de concentrer leurs efforts pour aider l'association True Colors, qui vient en aide aux jeunes gens LGBTQ+ sans-abri. Sur la page d'accueil de la campagne, les fans expliquent clairement le choix de l'association en le liant à la narration du personnage : «*Nous avons appris son histoire, comment elle a été rejetée par sa famille à cause de son orientation sexuelle et comment sa sexualité a été dévoilée de façon injuste.*»[173] Cette initiative a été lancée après la convention ClexaCon 2018 et le panel durant lequel Chyler Leigh a renouvelé son soutien à la communauté lesbienne et a affirmé comprendre les enjeux de la représentation LGBTQ+ et l'impact qu'avaient pu avoir le départ de sa collègue et la rupture du couple Sanvers sur les fans.

Ces campagnes menées par les fans ne sont pas nouvelles. Les fans de *Xena : Warrior Princess* et surtout de l'actrice Lucy Lawless qui joue le rôle principal de la série, lançaient chaque année une semaine intitulée *Feel The Love* durant laquelle elles choisissaient de soutenir des œuvres caritatives au nom de l'actrice. Elles envoyaient ensuite à l'actrice leurs choix et les montants des donations. Le site internet met là aussi en avant les objectifs de la campagne : «*Aujourd'hui commence une semaine (ou plus) d'actions et de contributions caritatives par les fans de Lucy à travers le monde. Nous utilisons notre amour pour Lucy et le partageons avec ceux autour de nous qui sont dans le besoin. Vous pouvez choisir ce que vous voulez faire, que ce soit une donation sous forme d'argent ou de biens à une œuvre caritative, proposer votre temps ou vos services à une organisation caritative, faire la lecture à un enfant, aider un voisin, un collègue ou un ami.*»[174]

---

173. https://my.truecolorsfund.org/fundraiser/1396280.

174. http://www.lucylawlessfanclub.com/feellove2014.html.

Quelle que soit l'action menée par les fans, à travers ces exemples et plus particulièrement celui que nous avons détaillé autour de *The 100* et de la mort de Lexa, nous observons une régularité des règles mises en place : une visibilité de l'action qui passe par les médias sociaux, la création d'un site Internet qui centralise les objectifs, le contexte et l'origine de l'activisme, un parallèle avec une narration qui va agir comme un levier d'action. Le numérique a clairement favorisé les rassemblements proactifs des fans et offert aux communautés l'opportunité de faire entendre leurs revendications. Mais ces revendications sont toujours contextualisées et documentées pour légitimer le mouvement activiste. C'est comme si le mouvement ne pouvait exister de lui-même et avait besoin de s'enraciner dans un contexte fort au départ. Enfin, les personnages et la narration fournissent aux fans les éléments nécessaires pour raconter leur propre histoire, par effet de miroir. Les narrations sont autant de leviers d'engagement que les fans vont actionner dans leur communauté pour expliquer leurs positions.

Mais surtout en ce qui concerne les représentations LGBTQ+ dans les fictions, nous constatons que les fans ont tendance à se retrouver dans plusieurs communautés et à naviguer d'une communauté à une autre. Cela est d'autant plus frappant lorsqu'un des personnages est victime du trope *BYG*, ou lorsqu'il quitte la série (pour des questions narratives et scénaristiques ou parce que l'actrice qui l'incarne annonce son départ). Ce phénomène est exprimé par les fans elles-mêmes sur les médias sociaux avec l'utilisation du hashtag #TheGayMigration. Un post Tumblr de @Magnificent-Dragons illustre parfaitement cette notion : «*Personne : pourquoi tu changes de séries si souvent ? Moi : c'est la grande migration gay. Je dois la suivre où qu'elle aille*.» Ce message est tagué avec des noms de couples lesbiens existants ou fantasmés par les fans #korrasami (Korra et Assami dans *La légende de Korra*), #wayhaught (Waverly Earp et Nicole Haught dans *Wynonna Earp*), #supercorp (Supergirl et Lena Luthor dans *Supergirl*), #sanvers (Alex Danvers et Maggie Sawyer dans *Supergirl*) et #shoot (Sameen Shaw et Root dans *Person of Interest*). La nécessité pour les fans lesbiennes de se déplacer de communauté en communauté pour recevoir les représentations positives qu'elles recherchent est bien exprimée sur Twitter : «*En fin de compte, on cherche des indicateurs de notre identité, et pour nous c'est être LGBT, donc nous avons tendance à aimer et à consommer les mêmes formes d'art parce que c'est là qu'on se retrouve. Nous n'avons pas beaucoup de choix, donc c'est normal pour la communauté de migrer vers les mêmes choses et d'avoir conscience qu'elles existent.*» C'est en réalité le manque de représentation ou la pauvreté de cette représentation qui pousse les fans à se rassembler dans différentes communautés et à se retrouver entre pairs dans des groupes multi-*fandoms*[175]. La moindre représentation positive va être source d'inspiration pour le fan et va constituer un ancrage dans la communauté.

Line Boye Danielsen[176] compare les fans lesbiennes à des «migrantes numériques» qui circulent de communauté en communauté sans jamais réellement se fixer, et fait le parallèle avec la convention ClexaCon, convention multi-*fandom*, durant laquelle les fans se déplacent également dans des espaces

175. Par exemple, @elizalexx : «*Parce que les personnages LGBTQ ont peu de représentations pertinentes, par exemple les femmes lesbiennes latino-américaines handicapées n'ont pratiquement aucune représentation, c'est pourquoi nous migrons vers les représentations que nous pouvons avoir. On cherche la moindre petite miette*».

176. Line Boye Danielsen, «ClexaCon takeover in Las Vegas – Queer Femslash Fans & (re)claiming spaces», *In Media Res. A Media Commons Project*, 2018. http://mediacommons.futureofthebook.org/imr/2018/05/04/clexacon-takeover-las-vegas-queer-femslash-fans-reclaiming-spaces.

physiques présentant différentes communautés[177]. Ce qui compte pour ces fans, au-delà de la série, c'est la communauté qui se retrouve immanquablement autour des représentations positives puis se déplace vers d'autres représentations positives lorsque les premières versent dans les tropes négatifs. Jaxxgarcia, toujours sur Tumblr, illustre bien ce point : «*En suivant la migration gay, je vais commencer à regarder* Wynonna Earp. *Je ne sais pas de quoi ça parle mais quand je vois mes camarades se déplacer, alors je suis.*»

Certains fans en viennent même à ne pas regarder les séries et à seulement intégrer une communauté qui va partager des contenus sur les médias sociaux et les plateformes qui vont les satisfaire en termes de représentations[178]. Une fan a également créé un schéma, une datavisualisation des pérégrinations des publics lesbiens de séries en séries depuis les années 2000, montrant combien ces fans sont mobiles et se déplacent en fonction des représentations proposées dans les séries.

---

177. Ces posts sont disponibles sur Tumblr avec le tag #thegaymigration : https://www.tumblr.com/search/the+gay+migration. Par exemple, Rach51 écrit : «*donc la communauté Brittana est devenue la communauté Clexa qui devient maintenant la communauté Wayhaught. Je vous adore toutes et j'adore la migration gay*».

178. Par exemple : «*les avantages à suivre des personnes LGBT : je n'ai pas à regarder Runaways, ODAAT, Black Lightning, LIS, Korrasami ou Bumbleby, parce que les personnages que je suis ont déjà migré vers ces communautés. La migration gay est une bénédiction*».

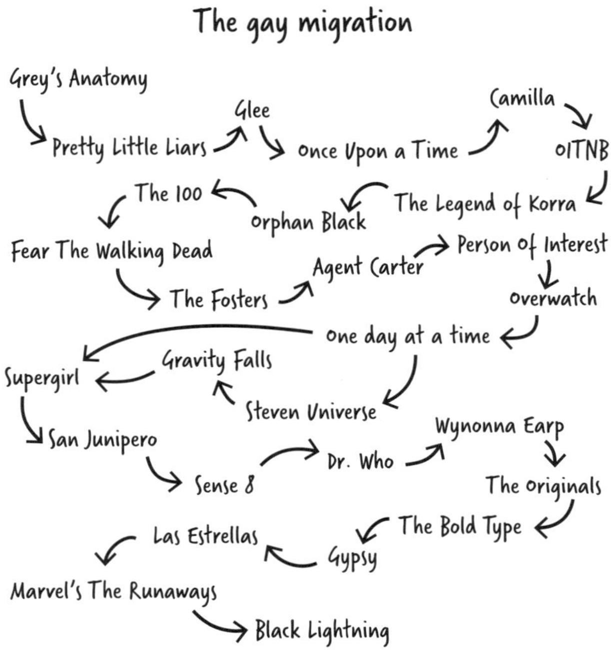

Ce schéma est intéressant dans le sens où nous pouvons constater que les fans se déplacent d'une série à l'autre sans distinction de genre, passant d'une série médicale (*Grey's Anatomy*) à un thriller pour adolescent (*Pretty Little Liars*) ou d'une série d'horreur (*Fear The Walking Dead*) à un mélodrame familial (*The Fosters*). Le genre télévisuel, qui peut être un des marqueurs des fans appartenant à une communauté ou plusieurs communautés (les fans de science-fiction, d'horreur,…) importe peu à ces fans lesbiennes qui sont en quête de personnages lesbiens auxquels s'identifier et en quête de représentations positives.

PARTIE 2

Pratiques de fans

CHAPITRE I

L'individu et le collectif : être fan dans une communauté de fans

Nous l'avons vu dans la partie précédente, le fan, en tant qu'individu, appartient à une communauté, à un collectif. Nous avons noté ce critère d'appartenance comme une brique essentielle de notre définition du fan.

Dans ce chapitre, nous commencerons par déconstruire l'analogie entre fan et religieux. Cela nous semble essentiel car cette analogie participe aux stéréotypes qui circulent sur les fans. Certes, le terme fan vient du mot « fanatique » et cette étymologie recouvre les nombreux aspects négatifs et péjoratifs dont sont victimes les fans, encore aujourd'hui. Cependant, loin d'être des individus passifs aliénés par leur passion, les fans sont actifs dans leur réception et sont acteurs à part entière d'un groupe social, appelé le *fandom* (avec le suffixe *-dom* de *kingdom*, royaume), que l'on peut traduire par la communauté des fans.

Ensuite, nous allons chercher à comprendre comment se définissent les fans en tant qu'individus. Comment les fans se présentent-ils ? Qu'est-ce qui les définit le plus en tant que fans ? Ainsi, nous pourrons pleinement saisir l'identité du fan, ce qui fait son essence et sa particularité.

Puis nous chercherons à comprendre l'importance de cette communauté, les liens qui peuvent se tisser dans ce collectif et les notions d'identité individuelle mais également collective qui en découlent. Cela permettra de renforcer notre définition du fan et encore une fois de s'éloigner des stéréotypes trop souvent véhiculés et mis en avant, notamment celui lié aux cultes religieux.

Pour recueillir des données et des verbatims de fans sur leur identité, leur ressenti et leurs pratiques, nous avons utilisé des questionnaires ouverts relayés par les médias sociaux. Les citations ci-après proviennent ainsi des 168 répondant·es.

S'éloigner de l'analogie au religieux

La description du fan est souvent rattachée au religieux et à la notion de culte et de « fanatisme ».

Gabriel Segré, dans son ouvrage sur les nouveaux cultes contemporains, abuse de ces analogies jusqu'à donner une image négative et hors de contrôle du fan et perpétuer les stéréotypes véhiculés par les médias. La terminologie qui revient alors le plus souvent est liée à la dévotion : « fanatisme, croyance, obsession, hystérie, ferveur ». De même, dans son analyse sur les fans d'Elvis Presley, Erica Doss comparait la « *vénération des fans du chanteur à une forme de religion* », réduisant les fans à des croyants serviles.

Dominique Pasquier, qui a proposé une des premières recherches sur les fans en France autour de la réception d'*Hélène et les garçons* par un public adolescent, souligne leur mauvaise image dans les médias : « *Les fans de séries télévisées sont a priori des téléspectateurs "suspects" et la presse relaie volontiers cette idée – avec une terminologie qui est d'ailleurs symptomatique, "culte", "idole", "croyance". Bref, tout laisse penser qu'ils ont substitué une fiction à la vie réelle.*»[179] Déjà, dans son ouvrage sur les stars et la starification de 1957, Edgar Morin se livrait à ce jeu terminologique entre fan et religieux, rapprochant les idoles de vraies divinités à qui les fans vouent un culte sans limite. Il écrivait alors : «*Héroïsées, divinisées, les stars sont plus qu'objet d'admiration. Elles sont aussi sujets de culte. Un embryon de religion se constitue autour d'elles.*»[180] L'objet de la passion est ici une célébrité, une personne, avec laquelle il peut y avoir identification. Lorsqu'il parle des fans de célébrités, tout le vocabulaire employé par Segré touche au mystique et au religieux. Il parle en effet de pèlerinages, recueillements, du fan comme missionnaire, croyant ou bien pratiquant et dévoué. Ces assertions supposent une passivité du fan ou tout du moins un aveuglement qui ne serait guidé que par une passion, une dévotion quasi incontrôlable. Ce qui est souvent mis en avant est alors un côté pathologisant et une dimension psychoaffective. Dans un article au titre évocateur, Frédérique Herbigniaux accentue ces analogies et parle d'hystérie collective des fans face à leur idole, leur Dieu, Michael Jackson.

> «*Louanges, ravissement, extase et profession de foi sont les termes qui conviennent le mieux au vocabulaire employé par les fans pour décrire leur idole. Un culte peut naître de cet amour entier et "divin". Les fans se réunissent, forment des clubs, collectionnent les articles, les photos, les vidéos, les posters, les vêtements, les autographes, les objets liés à leur dieu. Des rituels se mettent en place, notamment d'imitation, de célébration.*»[181]

---

179. Dominique Pasquier, «Une nouvelle amie : le héros télévisuel comme promesse d'amour», in Philippe Le Guern, *Les cultes médiatiques. Culture fan et œuvres cultes*, Presses universitaires de Rennes, 2002, p. 219-232.

180. Edgar Morin, *Les Stars*, Seuil, 1957.

181. Frédérique Herbigniaux, «Les fidèles du dieu de la pop : Fan attitude,

Cependant, de nombreux chercheurs parmi lesquels des chercheurs français ont rejeté ce lien entre fan et religion. Ces chercheurs, dans la lignée des *cultural studies* anglo-saxonnes, ont tenté de mettre en avant une légitimation de ces pratiques culturelles. Pour Mark Duffett[182], la religion n'offre pas un cadre légitime d'analyse des fans ou des communautés de fans. De même, Éric Maigret par exemple oppose trois points au lien avec le religieux : le fan est vu comme fanatique (un retour étymologique ennuyeux) ce qui est dévalorisant, la notion de « rituel » n'est pas assez précise pour permettre d'englober les pratiques fans et enfin le « culte » renvoie à une sécularisation de la société qui n'est pas évidente[183]. Dès lors, ce qui permet d'analyser les fans, se réfère à leurs pratiques et leurs activités : « *Ce qui caractérise en fait la culture médias actuelle est sa diversité, sa banalité et sa forte autonomie symbolique. Les pratiques des fans ne sont pas toutes amalgamables entre elles, elles sont traversées de distanciation à leur objet et elles sont parfois identiques aux pratiques culturelles plus nobles.* »[184] Cet auteur souligne de nouveau son souhait de ne pas lier fan et religion dans l'entretien qu'il nous a accordé. Il nous dit que sa directrice de thèse, sociologue des religions, voulait l'orienter « *vers l'idée que les publics de fans participaient d'une religion invisible ou implicite, pour reprendre un vocabulaire qui s'est imposé dans ce secteur de recherche. Cette piste*

religion et média », *Médiatiques*, nº 44, 2009, p. 50-55.

182. Mark Duffett, « False Faith or False comparison? A Critique of the Religious Interpretation of Elvis Fan Culture », *Popular Music and Society*, vol. 26, nº 4, 2003, p. 513-522.

183. Éric Maigret, *Sociologie de la communication et des médias*, Armand Colin, 2003.

184. Éric Maigret, « Du mythe au culte… ou de Charybde en Scylla ? Le problème de l'importation des concepts religieux dans l'étude des publics des médias », in Philippe Le Guern, *Les cultes médiatiques. Culture fan et œuvres cultes*, Presses universitaires de Rennes, 2002, p. 97-110.

ne me plaisait pas plus que la théorie bourdieusienne car je voyais bien que l'assimilation des pratiques fans à des rituels religieux se faisait sur des bases frelatées, l'idée d'une certaine irrationalité et passivité des publics. »[185] Ce qui frappe encore une fois dans ce rejet par Éric Maigret, que l'on retrouve également chez d'autres chercheurs, est le souhait de mettre en avant la non-passivité de la réception des fans et de faire de cette réception un acte actif, voire une contre-culture. Et cela semble impossible, comme nous venons de le voir, si l'on continue à lier fan et religion.

La communauté de fans : un collectif composé d'individualités

Ce qui frappe lorsque nous analysons les réponses à notre questionnaire en ligne, ce sont les réponses sur la définition générale des fans *vs* individus. Les définitions spontanées par les fans eux-mêmes[186] se concentrent toutes sur la passion pour un objet[187].

Il existe une double identité chez les fans : celle d'être *un* fan parmi un groupe *de* fans (une identité individuelle qui s'imbrique donc dans une identité sociale de groupe). Se définir en tant que fan revient à opérer un double mouvement :

185. Mélanie Bourdaa & Arnaud Alessandrin, « Conclusion Fan et Gender Studies. Entretien avec Éric Maigret », in Mélanie Bourdaa & Arnaud Alessandrin, *Fan Studies Gender Studies. La Rencontre*, Téraèdre, 2017, p. 170.

186. La question était : « Pouvez-vous me donner une définition des fans ? ».

187. Exemples de verbatims collectés : « *Les fans sont des personnes qui sont passionnées par un objet culturel* » / « *qui entretiennent une relation particulière avec un objet culturel* » / « *qui expriment un grand enthousiasme pour quelque chose* » / « *des personnes profondément passionnées par un sujet* » / « *un admirateur de quelqu'un ou quelque chose* ».

se différencier des autres mais s'inscrire également dans le commun. Comme le souligne Claude Dubar :

> «*L'identité n'est pas ce qui reste nécessairement identique mais le résultat d'une identification contingente. C'est le résultat d'une double opération langagière : différentiation et généralisation. La première est celle qui vise à définir la différence, ce qui fait la singularité des choses ou de quelqu'un par rapport à quelqu'un ou quelque chose d'autre : l'identité c'est la différence. La seconde est celle qui cherche à définir le point commun à une classe d'éléments tous différents d'un même autre : l'identité c'est l'appartenance commune. Ces deux opérations sont à l'origine du paradoxe de l'identité : ce qu'il y a d'unique est ce qui est partagé. Ce paradoxe ne peut être levé tant qu'on ne prend pas en compte l'élément commun aux deux opérations : l'identification de et par l'autre. Il n'y a pas dans cette perspective d'identité sans altérité.*»[188]

Cette définition de Dubar s'applique totalement aux fans que nous avons interrogés et tend à renforcer l'idée que la communauté de fans est à la fois un collectif et une somme d'individualités qui se déclarent fans. Lorsque nous demandons aux fans de se définir en tant que tels, ce qui revient le plus souvent est l'attachement à l'objet médiatique et le temps investi autour de cet objet. Un investissement temporel au-delà de la norme pour ces fans (si tant est que nous puissions définir une norme temporelle médiatique, mais eux le définissent de cette façon) leur permet de s'autoproclamer fan et leur confère instantanément un statut d'expert, nécessaire ensuite pour intégrer une communauté.

---

188. Claude Dubar, *La crise des identités*, Presses universitaires de France, 2010.

Dans les verbatims recueillis, on retrouve fréquemment des termes quantitatifs qui évoquent une accumulation, une exhaustivité (tous les épisodes) et en même temps, une construction sur le long terme. L'affect positif semble se construire sur le long terme, par un principe de collection.

Au vu des réponses, le fan se définit en tant que tel lorsqu'il s'investit dans la réception d'une œuvre médiatique, lorsque cet investissement le distingue des autres publics par son intensité ou sa régularité. L'étude que nous avons réalisée avec Javier Lozano Delmar sur les pratiques et activités des fans de la série *Game of Thrones* vient confirmer et renforcer cela. Les fans mettent en avant leur investissement temporel, leur application à voir et revoir les épisodes de la série jusqu'à les connaître par cœur, et leur plaisir à s'immerger totalement dans l'univers en consultant des sites Internet, en lisant les livres, des blogs et des Tumblr[189]. Il semblerait qu'il y ait de la part du fan une recherche de totalisation, de complétude. Bien entendu, nous l'avons déjà dit, le fan ne peut pas être défini seulement par cette envie de (re)regarder l'intégralité d'une œuvre[190].

Comme nous l'avons déjà noté, la réception est alors une boucle sans fin, ne s'arrêtant jamais pour les fans qui se rendent en ligne pour continuer leur expérience médiatique. Un des points majeurs de cet allongement de la réception est la connexion et les liens qui s'établissent à travers les discussions en ligne. De plus, le fan retire également du plaisir de son statut, cela lui procure de la joie d'être un fan car il va totalement pouvoir s'engager dans un univers fictionnel qu'il

189. Voir Mélanie Bourdaa & Javier Lozano Delmar, *op. cit.*, 2016.

190. Voici quelques exemples de réponses que nous avions obtenues : «*Parce je passe énormément de temps à améliorer mon savoir sur la série*», «*je suis tous les épisodes de la série, j'en parle ensuite avec des amis et je me tiens au courant des informations sur la série*», ou encore «*parce que je suis la série avec assiduité*».

apprécie. Il cherche également une dimension intellectuelle en recherchant des informations, en discutant et débattant sur des forums ou sur les médias sociaux.

Pour résumer, à la suite de Flavie Plante, nous pouvons dire, en nous appuyant sur les résultats ci-dessus, que «*le fan est celui qui se différencie du récepteur ordinaire par son attachement à la fiction audiovisuelle qui le conduit à pratiquer des activités lui permettant de rester "connecté" à la passion. Cette connexion semble prendre sa force non pas tant dans le nombre d'activités pratiquées, mais dans le caractère symbolique que leur attribue un fan.*»[191]

Si nous reprenons la première partie de la définition de Dubar sur l'identité, nous retrouvons bien ici l'idée de différence. Le fan se différencie des autres publics, il n'est pas un public ordinaire mais bien un public actif, investi, engagé, en recherche constante d'informations, et connecté (à l'univers sériel mais également aux autres fans). Cependant, même si le fan se définit d'abord comme un individu, mettant en avant une individualité propre dont il est fier, il s'avère en réalité qu'il n'est pas seul, il fait partie d'une communauté avec laquelle il entretient des liens : le *fandom*.

Cette communauté permet alors d'affirmer sa passion, de se retrouver entre pairs et de légitimer les goûts médiatiques dans un réseau commun. Ce fan exprime bien tous ces points lorsqu'il nous raconte son expérience : «*Je suis comme cela depuis que j'ai dix ans (1991), mais j'aimais des choses obscures que personne ne connaissait. Donc j'étais un fan "solitaire". Deux ans plus tard, j'ai découvert Internet et j'ai pu trouver des personnes qui non seulement connaissaient les mêmes choses que moi mais voulaient en discuter*

191. Flavie Plante, «Pratiques de fan et dynamiques culturelles. Le pouvoir des fictions audiovisuelles dans une société créole», *Communication*, «Le pouvoir des fictions audiovisuelles» (Céline Bryon-Portet dir.), vol. 32, nº 1, 2013. https://communication.revues.org/4911.

– *pour moi cela a été un miracle.* » Le fan aime à trouver un groupe social dans lequel il peut inscrire ses goûts médiatiques et ses passions. L'identité individuelle se matérialise en identité collective. Comprendre que l'on n'est pas seul constitue pour les fans un « miracle », dans le sens où les goûts vont pouvoir être légitimés par un groupe social, qui n'existe pas toujours dans l'entourage proche du fan.

Bien entendu, ce qui anime d'abord ces fans est une passion commune. En rejoignant la communauté, ils vont chercher une approbation à cette passion, une justification pour mieux la vivre socialement et de façon connectée avec d'autres personnes. Les fans se retrouvent alors autour d'un « totem », pour reprendre le terme déjà proposé par Le Bart et Ambroise : « *Emprunté à Durkheim, le concept de totem peut ici servir à désigner les objets matériels ou non, sur lesquels la passion s'investit collectivement, au point de signifier par condensation la communauté entière.* »[192] Pour les fans, ces totems s'incarnent dans la possession d'objets spécifiques et collectors, les positionnant dans un rôle de collectionneurs, leur conférant le rôle de cartographes de l'univers.

Par exemple, de nombreux fans affirment acheter des œuvres dérivées et complémentaires (romans ou comic books par exemple) de l'univers sériel qu'ils aiment pour posséder toutes les briques de l'histoire. D'autres déclarent se rendre dans les conventions de fans pour acheter des objets liés à l'univers de l'œuvre culturelle[193]. La rareté de l'objet en fait également sa

---

192. Jean-Charles Ambroise & Christian Le Bart, « Le fan-club des Beatles : une communauté imaginaire ? », in Philippe Le Guern, *Les cultes médiatiques. Culture fan et œuvres cultes*, Presses universitaires de Rennes, 2002, p. 163-175. http://books.openedition.org/pur/24176.

193. « *J'y vais pour acheter des marchandises fans* », « *je vais dans les conventions pour acheter des gadgets que je ne trouverais pas ailleurs* ».

valeur, le fan devenant ici un collectionneur en matérialisant concrètement par son achat un univers qu'il admire.

La communauté représente une mise en contact entre des fans, qui vont se retrouver dans un lieu commun, identifié et souvent pérenne. Parmi les réponses reçues à nos différents questionnaires, nous pouvons constater que ce lien relationnel dans la communauté est important voire primordial ; c'est ce qui motive la plupart du temps les fans à intégrer une communauté[194]. Lors d'une recherche sur les fans des séries de super-héros *Arrow* (The CW, 2012-2020) et *The Flash* (The CW, 2014-présent), le même constat était avancé et souligné par les fans interrogés[195]. La communauté est donc bien un lieu de rencontre qui remédie souvent au manque de relations réelles autour de la passion commune[196]. Les fans se rassemblent dans la communauté pour partager, discuter, aimer, créer des liens. Elle est un point d'ancrage fort qui crée une identité collective sociale affirmable et reconnaissable.

Cette reconnaissance passe souvent par la création d'un nom qui va permettre au groupe social des fans d'exister réellement et d'affirmer à la fois son identité individuelle et collective. Donner un nom à la communauté va donc permettre aux fans

---

194. Réponses aux questionnaires en ligne : « *La communauté me permet de rencontrer des personnes qui partagent ma passion* », « *je me sens connectée avec des personnes qui possèdent la même passion.* »

195. Réponses au questionnaire sur les fans de *Arrow* et *The Flash*. Quelques exemples : les fans participent à la communauté parce qu'« *elle nous procure des personnes qui partagent notre intérêt et notre passion* », ou bien « *cela me permet de partager ma joie pour la série avec d'autres personnes positives, créatives et amusantes qui veulent faire la même chose*. »

196. Voir Mélanie Bourdaa, « Taking a break from all your worries : *Battlestar Galactica* et les nouvelles pratiques télévisuelles des fans », *Questions de Communication*, nº 22, 2012, p. 235-250. https://questionsdecommunication.revues.org/6917.

de s'exprimer collectivement sur leurs goûts et leurs passions, se faire connaître socialement et se reconnaître entre eux.

Ces noms sont d'autant plus importants sur Internet, où la représentation de soi constitue un enjeu identitaire majeur. David Peyron rappelle fort justement que : «*Connaître le nom que s'est choisi la communauté et se l'attribuer est un moment clé de la reconnaissance et de la validation de soi et du groupe comme fans, sur le plan social avoir un nom c'est être.*»[197]

Ce marqueur identitaire porte une double importance : une importance individuelle qui va permettre au fan de s'identifier en tant que tel, et une importance collective qui va avoir une résonance sociale. Dans son article sur le sujet, David Peyron confirme bien ce rapport identitaire aux noms de communauté : «*En étant affirmée, cette (auto) catégorisation n'est alors pas vécue comme aliénante pour un ensemble d'individus même forts différents car ils y trouvent une confirmation d'appartenance et donc une reconnaissance de la validité sociale de leur identité.*»[198]

La reconnaissance est en réalité double : une reconnaissance entre individus appartenant à un même groupe par l'affirmation du nom, et une reconnaissance dans la société et par la société justement du fait même d'avoir un nom. Il est très facile de remarquer, lorsqu'on se rend sur le réseau social Twitter, que de nombreux fans mettent en avant leur appartenance à une communauté dans leur biographie et profil en signalant le nom précédé du symbole # (hashtag). Ces identités sont alors revendiquées dans un espace numérique où il est facile de se faire engloutir et de se perdre : ces noms représentent

---

197. David Peyron, «Enjeux identitaires et communautaires des noms de fandoms», *Revue Française des Sciences de l'Information et de la Communication*, Emergences «Les *fan studies* : enjeux et perspectives des études sur les fans en France» (dir. Mélanie Bourdaa), nº7, 2015. https://rfsic.revues.org/1665.

198. *Ibid.*

autant de repères pour se retrouver entre pairs et reformer la communauté sur d'autres plateformes et notamment sur les médias sociaux. Comme le souligne Louise Merzeau : «*D'un côté, les individus subissent l'injonction croissante de se construire, de se réaliser et de conquérir leur autonomie. De l'autre, l'environnement informationnel se reconfigure pour gagner en plasticité en modularité et en mobilité.*»[199]

La communauté est importante pour les fans et ceci principalement pour deux raisons : elle va leur donner un sentiment d'appartenance à un groupe social et elle va leur permettre de mettre aux défis leurs compétences créatrices et intellectuelles sur les œuvres médiatiques. Le tableau ci-dessous reprend quelques verbatims[200] des 168 fans auxquels nous avions demandé l'importance de la communauté pour eux. Nous pouvons constater que l'amitié et la famille sont des notions qui qualifient et cristallisent la communauté pour les fans. La rencontre amicale motive souvent les fans à intégrer et participer à la communauté. Des liens sociaux se forgent et soudent les fans entre eux. La communauté de fans remplace les relations réelles et agit comme un levier d'appartenance. Ce qu'ils viennent également rechercher c'est une émulation intellectuelle et créative par l'intermédiaire des conversations dans la communauté. Les débats permettent aux fans d'améliorer leur compréhension de la série, de partager et défendre

199. Louise Merzeau, «La médiation identitaire», *Revue Française des Sciences de l'Information et de la Communication*, nº 1, 2012. https://rfsic.revues.org/193.

200. Nous ne reprenons pas tous les verbatims mais ceux qui nous semblent les plus importants. Ils peuvent être consultables en ligne via ces deux liens (compilation de deux questionnaires Google Form). https://docs.google.com/spreadsheets/d/13_CVB1KcFaM1I0F1Lp2LwMxhKRaNZWgp9OtroQIZEDc/edit#gid=840598504 et https://docs.google.com/spreadsheets/d/1-w8bles5d_9X-i4U78a7hp6w_KElSSvgP2SC_ATPkMU/edit#gid=1085428032.

leur point de vue, d'acquérir les compétences nécessaires à une argumentation raisonnée.

Appartenance et liens sociaux	Émulation intellectuelle
« Cela me donne un sentiment d'appartenance. »	*« J'adore confronter mes idées avec des gens et parvenir à de nouvelles conclusions. »*
« En priorité pour l'amitié. »	*« Le soutien, l'amour, la créativité, et la critique constructive. »*
« C'est là que je ressens un sentiment de communauté. »	*« Je trouve cela enrichissant et cela améliore ma compréhension de l'œuvre. »*
« Cela me permet d'avoir des liens avec des personnes que je n'aurais pas eus sans cela. »	*« Cela entretient l'imagination et la créativité. »*
« Grâce à ça, j'ai pu rencontrer des amis. »	*« C'est super de pouvoir discuter et débattre du dernier épisode. »*
« J'ai trouvé mes amis les plus proches grâce à notre amour commun pour Harry Potter. »	*« Une communauté créative est un endroit génial pour pouvoir tester de nouvelles idées. »*
« C'est génial d'être entourée de personnes qui sont semblables à vous quand c'est si dur d'en trouver à l'extérieur. »	*« Cela me permet d'interagir et de discuter avec d'autres personnes à propos de la série. J'adore ça ! »*
« Certaines communautés sont comme des familles. »	*« Parce qu'il y a des gens drôles, intelligents et sympas pour discuter. Ils rendent l'expérience sociale beaucoup plus fun. »*
« La famille, mec, la famille. »	*« C'est un espace d'unité et d'expression. Dans la communauté, nous avons l'opportunité de devenir créatifs, altruistes et nous partageons des expériences joyeuses. »*
« Cela m'a procuré de nombreux amis. »	

« C'est un moyen de voir que je ne suis pas seule dans ma façon de voir les choses et cela me permet aussi de découvrir d'autres points de vue même si je ne suis pas d'accord avec eux. »	
« C'est important pour moi car cela me donne un sentiment d'appartenance que je ne trouve pas dans la vraie vie. »	
« Je me suis fait de nombreux amis dans les communautés et cela a toujours été une partie de moi. D'une certaine façon, être un fan me définit. C'est une énorme partie de ce que je fais dans ma vie personnelle – en dehors du travail et de mes études. C'est quelque chose qui m'appartient entièrement. »	

L'individu qui se définit comme fan intègre un groupe social qui va participer à forger son identité collective.

Toutefois, bien plus qu'un espace virtuel qui procure du plaisir et qui est nécessaire aux fans pour discuter et partager leurs opinions sur la série et ses paratextes, la communauté est vue comme une « famille », une « équipe », dans laquelle des « amitiés » et des liens sociaux se créent qui n'auraient pas pu exister par ailleurs. Par exemple, cette réponse nous éclaire sur les enjeux de la communauté pour les fans et sur l'importance d'avoir un groupe social auquel se rattacher : « *La communauté me fait sentir moins seule et apaise mes angoisses. Elle m'aide à me faire des amis qui ont les mêmes passions que moi. Je suis une personne qui n'a pas d'amis dans ma vie, être dans la communauté me donne un sentiment d'appartenance et d'acceptation. C'est important parce que ça vous fait sentir non seulement bien mais ça permet aussi de créer des amitiés durables et solides.* » La communauté joue alors le rôle d'un havre de paix dans lequel le fan peut s'exprimer comme il le souhaite sur lui-même, sur l'œuvre médiatique qu'il apprécie, comme sur tout autre sujet qui l'intéresse. Les fans s'y retrouvent entre pairs, entre semblables, partageant une même passion qui devient vecteur de leur identité individuelle mais également de leur identité en tant que groupe.

Au-delà d'une rencontre virtuelle durant laquelle des amitiés et des liens relationnels forts se nouent, les fans se retrouvent également lors de conventions, qui sont des événements consacrés à des œuvres culturelles spécifiques ou la culture populaire *(pop culture)* en général. Les conventions ne sont pas un phénomène nouveau, la convention Comic-Con de San Diego, d'abord consacrée à l'univers des comic books puis élargie aujourd'hui à la culture populaire anglo-saxonne, fête cette année ses cinquante-et-un ans. Comme le notent Booth et Kelly : «*Les conventions de fans ont depuis longtemps une influence sur le développement de l'identité des fans, sur le sentiment d'appartenance à une communauté avec d'autres fans et sur la manière dont ils manifestent leur attitude de fans.*»[201] Ils poursuivent en comparant les conventions à un pèlerinage du fan, revenant sur une analogie religieuse qui disparaît vite pour mettre en avant la créativité et l'activité des fans lorsqu'on analyse par exemple le phénomène du cosplay[202]. Si des fans ne se rendent plus aux conventions ou événements de ce type du fait du coût que cela engendre, il n'en reste pas moins que cela représente le lieu privilégié de rencontres «réelles» entre fans. Les amitiés qui se sont nouées dans les communautés en ligne se matérialisent

---

201. Paul Booth & Peter Kelly, «The changing faces of *Doctor Who* fandom: New fans, new technologies, old practices?», *Participations. Journal of Audience and Reception Studies*, vol. 10, nº 1, 2013, p. 56-72. http://www.participations.org/Volume%2010/Issue%201/5%20Booth%20&%20Kelly%2010.1.pdf.

202. Nous reviendrons sur le cosplay en tant qu'activité créatrice de fans plus loin dans ce livre.

lors des conventions lorsque les fans peuvent échanger « en vrai » dans un lieu concret[203].

Les fans que nous avons interrogés sont en demande de rencontres dans des lieux physiques, la communauté en ligne étant un moyen de rencontrer des pairs en brisant les frontières temporelles (immédiateté d'internet) et spatiale (mondialisation des usages d'internet)[204].

La convention joue alors le rôle de ciment concret des amitiés de fans, le lieu qui permet de se (re)voir, en particulier pour des fans qui n'habitent pas la même ville ou le même pays. Pour participer à des conventions, les fans s'organisent sur les médias sociaux, se donnent des rendez-vous en ligne puis réels, mettent en place des aides financières et *sponsorships* pour les fans les plus défavorisés. Les conversations en ligne sont donc complétées par les conversations hors ligne.

De plus, les fans sont totalement et concrètement immergés dans l'univers narratif de leurs œuvres culturelles, par les panels, les rencontres avec les acteurs et producteurs, les achats de produits dérivés et jouets. En études médiatiques, les recherches sur le tourisme de fan tendent à montrer que ceux-ci ont besoin de lieux physiques traditionnels pour à la fois se rencontrer et donner corps à la fiction. Cependant, comme les conventions se tiennent souvent dans des hôtels ou des centres spécifiques (comme à la Comic-Con de San Diego qui a lieu dans le Convention Center par exemple) plutôt que sur les

---

203. Plusieurs réponses reçues vont dans ce sens : « *Je participe à au moins une convention par an. C'est un excellent moyen de rencontrer les personnes avec qui je discute en ligne* » / « *C'est une super opportunité de rencontrer des gens, maintenant que j'ai une communauté avec laquelle interagir* » / « *J'y rencontre mes amis que j'ai connus en ligne* » / « *J'y vais principalement pour rencontrer les fans en face-à-face* ».

204. Exemple de verbatim recueilli : « *Pour moi, aller à une convention, c'est avant tout passer du temps avec des amis que je n'ai pas vus depuis longtemps* ».

lieux de tournage (comme pour *Game of Thrones* en Irlande et à Dubrovnik par exemple), la fiction est ici matérialisée par les activités de fans (cosplay et discussions) et les rencontres entre fans eux-mêmes et avec les acteurs et producteurs.

Les fans se créent d'autres lieux de rencontre et d'autres occasions de partager leurs goûts médiatiques que les conventions. Par exemple, lors de la dernière saison de *The L Word* (Showtime, 2004-2009), les fans se retrouvaient dans des bars lesbiens pour regarder les épisodes ensemble le dimanche soir. La série était diffusée sur une chaîne payante et le visionnage en commun permettait à de nombreuses fans d'accéder aux épisodes tout en rencontrant d'autres membres de la communauté. Les fans de la série *Lost* (ABC, 2004-2009) se sont rendus à Hawaï sur les lieux de tournage pour voir ensemble le premier épisode de l'ultime saison de la série (la sixième). Lorsque nous nous rendons dans des conventions de fans, nous constatons que ceux-ci se retrouvent toujours en groupe pour participer aux activités, discuter de leurs œuvres culturelles préférées, se rendre aux panels proposés. L'expérience de la convention se vit en groupe, avec les amis rencontrés en ligne. Une fan déclare d'ailleurs que «*ce ne serait pas drôle d'y aller seule*», soulignant ainsi le caractère social et l'effet de groupe fondamental pour une convention de fans.

L'émulation intellectuelle est également un facteur essentiel à l'appartenance à la communauté. Plusieurs fans retirent du plaisir des conversations qui émanent des échanges sur les réseaux sociaux, sur les forums ou Tumblr. «*C'est stimulant intellectuellement et c'est très inspirant*», nous disent-ils. Cela est en lien, bien entendu, avec l'identité du fan et avec son investissement temporel, émotionnel et intellectuel dans l'œuvre médiatique. Le fait de s'investir dans l'univers narratif va lui conférer la légitimité pour ensuite débattre et discuter des personnages, intrigues, univers avec les autres fans. Car, en effet, «*les téléspectateurs doivent être dévoués dans le but de comprendre l'univers de la série, et cette compétence culturelle leur assure un statut d'initiés.*»[205] Plusieurs fois, les notions de créativité, de discussions, de débats, d'interactions sont avancées par les fans pour signifier leur lien avec la communauté et l'importance qu'elle prend dans leur vie.

Mais surtout, la communauté représente un espace de non-jugement, autant sur l'identité individuelle du fan, que sur ses passions ou ses idées[206]. La liberté d'expression prévaut et engendre ainsi des discussions entre les membres de la communauté. Un répondant nous dit : «*C'est un groupe de gens qui aiment ce que vous aimez, qui comprend votre excitation et votre enthousiasme.*» Ici, ce fan se positionne comme différent des téléspectateurs lambda qui n'auraient pas le même plaisir à regarder et débattre sur la série et s'inclut dans une communauté de pairs, de semblables. Cela est confirmé par cette autre fan qui participe à la communauté car ses ami·es ne sont pas aussi passionnés qu'elle et surtout ne comprennent pas réellement son amour pour la série. L'hétérogénéité des individus est ainsi englobée dans une homogénéité de la communauté centrée autour de la même passion et des mêmes pratiques médiatiques. Enfin, certains mettent en avant l'imagination et la créativité de la communauté qui viennent compenser, modifier et/ou réparer des arcs narratifs parfois rejetés par les fans eux-mêmes[207].

---

205. Sharon Marie Ross, 2008, *op. cit.*, p. 45.

206. Exemple de verbatim : «*C'est un endroit où je peux m'exprimer et personne ne me jugera pour cela.*»

207. Exemple de verbatim : «*Les communautés rendent tout meilleur. Parfois je ne suis pas heureux des orientations de la série mais la communauté crée des fan vidéos, des fanfictions, des fan arts que j'apprécie et qui m'éloignent de ce que je n'aime pas dans la série*».

Si l'on suit Christian Le Bart, nous sommes ici face à deux phénomènes majeurs de la construction identitaire chez les fans : la différenciation qui s'opère lorsque les fans se positionnent fièrement comme un public particulier ou parce qu'ils sont seuls autour d'eux à regarder la série, et la dédifférenciation qui fonctionne lorsque les fans rencontrent des semblables et se rassemblent en communauté.

Pour résumer, la communauté des fans représente un espace d'identification, de partage, d'émulation intellectuelle et de non-jugement par les pairs, un endroit dans lequel les fans peuvent exprimer pleinement leurs goûts médiatiques et leur passion ainsi que leur identité individuelle et collective. Nancy Baym distingue cinq qualités pour décrire une communauté en ligne : un espace commun (la communauté), des pratiques partagées (les créations, les débats), des ressources et soutiens partagés, une identité commune (à travers le nom notamment), un soutien interpersonnel (la communauté perçue comme une famille)[208].

Multi-fandom : les multiples résidences des fans

Parfois, le fan intègre un *fandom* prédominant qu'il favorise par rapport aux autres en fonction de la communauté en elle-même ou de ses attentes envers la série.

Surtout, un fan l'est durant de nombreuses années. Son engagement est ancré dans un temps long et il parvient à dater chacune de ses entrées dans un *fandom* spécifique : « *Ma première*

---

208. Nancy K. Baym, *Personal Connections in the Digital Age*, Polity Press, 2010.

expérience dans un fandom *s'est faite à travers les forums dédiés à* Daria, Darkwing Duck *et les dessins animés en général, à partir de 1999. J'ai participé à un grand nombre de* fandoms *depuis cette date, et en ce moment mes activités de fans s'articulent autour de* Hannibal *et le Fullerverse (depuis 2013), l'œuvre de Terry Pratchett et Neil Gaiman (de plusieurs manières depuis 2000), Shakespeare (publiquement depuis probablement 2012), et Queen Sugar (été 2017)* ». C'est donc un lien fort qui se cristallise dans une appartenance à un groupe social, marqué par un engagement et un investissement temporel et personnel important, et qui se fait sur un temps long.

Toutefois, le passage d'un *fandom* à un autre peut se justifier par le fait que le fan se lasse de l'œuvre, pour une raison qui lui est personnelle. Nous avons déjà abordé ce phénomène avec la migration gay dans le précédent chapitre. Il va alors aller chercher les interactions, partages, émulations et soutien dans une autre communauté. Par exemple, de manière assez illustrative, cette fan nous dit «*passer de* fandom *en* fandom», en ajoutant que son engagement se délite au fil du temps et qu'alors son intérêt se porte sur un nouvel objet. Cette «infidélité» nous semble pouvoir être rapportée à celle de l'internaute en général. La proposition de Christian Licoppe nous semble sur ce point très pertinente :

> «*La question de l'"agir" dans un monde très connecté renvoie à la question de la pluralité des orientations et des engagements dans les situations concrètes. La microsociologie d'inspiration interactionniste a montré que cette pluralité était intrinsèque à l'action. Ervin Goffman a joué là un rôle déterminant. Il a montré que l'engagement focalisé constitue un accomplissement fragile qui menace sans cesse de se déliter, soit du côté du désengagement soit au contraire de l'excès d'engagement (dans lequel*

l'engagement lui-même devient un objet d'attention, ce qui a un effet défocalisateur).»[209]

Il existe bien entendu divers degrés d'implication, d'engagement et d'interaction du fan dans sa communauté. Certains sont seulement des *lurkers* souhaitant simplement un lieu stable pour se retrouver, d'autres pratiquent plusieurs activités.

Les *espaces d'affinités* comme nous pourrions qualifier les communautés de fans permettent de créer un lien social, une connexion, qui peut s'étendre de *fandom* en *fandom*, grâce aux déplacements virtuels des fans et à leurs déambulations numériques. Pour parler de ce phénomène de dispersion et de propagation du lien social et des goûts médiatiques, Nancy Baym avance la notion de «résidence multiple»[210], plutôt que celle, jusqu'à présent envisagée, de «migration virtuelle». Cela s'explique par le fait que les fans, plutôt que de se déplacer d'un site à un autre, d'une communauté à une autre, sans établir et nouer de liens concrets ou d'attaches durables, créent des relations sociales dans plusieurs communautés qu'ils fréquentent souvent et assidûment, faisant circuler le lien social entre communautés d'affinités et de pratiques. Dans un environnement qui favorise de plus en plus l'expression de soi et le dévoilement identitaire, les fans disséminent leurs goûts d'une communauté à l'autre, transformant et propageant le lien social.

---

209. Christian Licoppe, «Les formes de la présence», *Revue Française des Sciences de l'Information et de la Communication*, nº 1, 2012. https://rfsic.revues.org/142.

210. Nancy Baym, «Social Networking Sites: Migration or Multiple residency?», disponible sur son blog personnel *Online Fandom. News and perspectives on fan communication and online social life*. http://www.onlinefandom.com/archives/social-network-sites-migration-or-multiple-residency/.

Héritages familiaux et affiliations numériques

Deux types d'entrée dans la communauté apparaissent dans les réponses données : grâce à un membre de la famille ou un ami, ou plus souvent grâce à Internet. Pour certains fans, les amis et la famille ont joué un rôle fondateur dans la construction identitaire en partageant et en transmettant leurs goûts médiatiques. Il y a également une sorte d'héritage, de passation, de transmission intergénérationnelle des goûts lorsque le *fandom* est présenté aux fans par un membre de la famille[211], un héritage qu'il faut entretenir, cultiver et pérenniser.

Cependant, la manière la plus courante de découvrir un *fandom* pour les fans interrogés se fait à travers leur usage d'Internet et des réseaux sociaux. Les fans ont migré sur Internet pour constituer des communautés mondiales, immédiates et actives. Il est donc logique que les fans découvrent les *fandoms* par ce biais-là. Roberta Pearson[212], par exemple, avait montré l'importance d'Internet dans la constitution des communautés de fans, les positionnant en précurseurs des usages et montrant la complexité de la relation qu'ils entretiennent avec les producteurs.

Plusieurs fans ont découvert des *fandoms* en utilisant les médias sociaux et en particulier Twitter et Tumblr. Seulement deux fans font mention de Facebook comme point d'entrée

---

211. « *Mes parents m'ont fait tomber dans la science-fiction quand j'étais enfant.* » / « *Les fandoms de mon enfance me viennent des amis que j'avais à l'école* » / « *Mon père m'a introduite dans le* fandom *et j'y suis depuis.* » / « *Grâce à la famille d'accueil qui m'a recueillie petite.* »

212. Roberta Pearson, « Fandom in the Digital Era », *Popular Communication*, vol. 8, nº 1, 2010, p. 84-95. http://www.tandfonline.com/doi/pdf/10.1080/15405700903502346.

dans la communauté, signalant ainsi de manière contre-intuitive son peu d'attrait pour constitution des communautés et leur visibilité[213].

Cependant, il est intéressant de noter un déplacement des communautés vers de nouvelles plateformes qui apparaissent et qui sont utilisées par les fans. Les fans les plus « anciens » témoignent ainsi de passage d'une plateforme vers une autre au fur et à mesure de l'appropriation d'Internet[214].

Il apparaît que les premiers *fandoms* se retrouvaient sur les forums textuels pour discuter de façon collective ou plus privée de leur série favorite. Sharon Marie Ross[215] met l'accent sur l'importance d'Internet dans les pratiques communautaires des fans, et le plaisir qu'éprouvaient les fans à se retrouver en ligne, dès les débuts de ce réseau, quand il s'agissait simplement d'échange de textes dans des forums, autour des séries qui ont vu le jour en même temps que le web : *Xena The Warrior Princess* et *Buffy The Vampire Slayer*. *The X-Files* est également un autre bon exemple : les fans se retrouvaient sur les forums Usenet pour discuter des épisodes après leur diffusion. Dans les exemples que nous citons, nous pouvons prendre la mesure

---

213. Par exemple, une fan nous dit : «*Je me suis inscrite sur Tumblr en 2010-2011 et le site entier s'est construit sur les* fandoms, *donc ça a commencé comme ça pour moi*». Une autre raconte : «*Je me suis connectée à Tumblr et j'ai cherché les tags qui m'intéressaient et là je me suis rendue compte qu'il y avait d'autres fans qui exprimaient leur intérêt de plusieurs manières et j'ai commencé à suivre des blogs similaires.* »

214. «*Je trouvais des chatrooms en ligne. Puis Tumblr est arrivé.* » / «*En ligne sur les forums, puis sur LiveJournal, puis maintenant principalement sur Twitter et Tumblr.* » / «*Il y a longtemps, à l'époque des chatrooms, c'est comme ça que j'ai découvert les* fandoms *que je voulais rejoindre et de là, j'ai créé ma propre chatroom avec d'autres pour partager des informations privées que les autres ne pouvaient pas voir. Je me suis fait des amis pour la vie comme ça. À partir de là, Facebook, Twitter et Tumblr sont devenus les plateformes où trouver les fans.* »

215. Sharon Marie Ross, 2008, *op. cit.*

de l'évolution des pratiques de fans et leur appropriation des plateformes mises à leur disposition sur Internet.

Sans nul doute, Tumblr a été un outil privilégié par les fans jusqu'à récemment. En effet, les fans qui avaient élu domicile sur le site de blogging LiveJournal ont quitté la plateforme en 2012, après son rachat par une société russe et le changement des conditions d'utilisation, entraînant la mise hors ligne de nombreux blogs, notamment ceux proposant des fanfictions *slash* et *femslash*[216]. Les fans écrivant des fanfictions se sont alors retrouvés sur le site créé par des fans Archive of our own, et Tumblr est devenu une option intéressante principalement pour ses possibilités visuelles (vidéo, GIF).

Ce qui est intéressant avec Tumblr, c'est son ergonomie et ses fonctionnalités qui construisent une apparence d'anarchie dans les communautés de fans tout en permettant la visibilité de sous-communauté par des phénomènes de circulation des contenus. De plus, « *Tumblr est une plateforme qui est intensément visuelle, favorisant l'éclosion de nouvelles pratiques de fans (particulièrement en ce qui concerne les GIF). Cette visualité a également brisé les frontières linguistiques / textuelles permettant l'intégration de communautés de fans en ligne, comme une présence plus importante de fans transnationaux.* »[217] En outre, Rebecca Williams[218] souligne que la fonction de *scroll* infini, et donc la sensation de contenus illimités, offre des opportunités de réconfort et

---

216. Une fiction slash met en scène une relation amoureuse entre deux personnes de même sexe. Le femslash en est un sous-genre.

217. Lori Morimoto & Louisa Ellen Stein, « Editorial. Tumblr and Fandom », *Transformative Works and Cultures*, nº 27, 2018. https://journal.transformativeworks.org/index.php/twc/article/view/1580/1826.

218. Rebecca Williams, « Tumblr's GIF culture and the infinite image: Lone Fandom, ruptures, and working through on a microblogging platform », *Transformative Works and Cultures*, nº 27, 2018. https://journal.transformativeworks.org/index.php/twc/article/view/1153/1687.

d'affect, de sentiments qui se propagent dans les communautés par le phénomène de partage et circulation des contenus.

En 2018, Tumblr, de la même façon que l'avait fait LiveJournal, a annoncé la modification de sa politique éditoriale afin de bannir de ses blogs tout contenu jugé érotique ou pornographique. Cette nouvelle politique de contenus a eu un impact sur les pratiques des fans, leurs affects mais également sur la visibilité de certaines communautés ou sous-communautés, notamment les communautés construites autour des minorités sexuelles (lesbiennes, gays, transsexuels), ethniques ou handicapées par exemple.

Tumblr, qui était alors considéré comme une plateforme activiste, permettait aux fans et notamment aux plus jeunes de découvrir des contenus, de trouver des pairs avec qui échanger, et de parler de leur vie privée et leurs sentiments à travers la fiction de manière assez candide et ouverte. Ces interactions entraînaient ainsi de nombreuses conversations autour de l'identité sexuelle, du racisme, du sexisme, de la misogynie, de la maladie mentale ou de la transphobie par exemple. Grâce à son ergonomie et ses possibilités d'éditorialisation, Tumblr a permis dès son appropriation par les fans, la mise en ligne et le partage de contenus queers, ouvrant ainsi des perspectives de visibilité pour les fans et offrant aux autres la possibilité d'avoir accès à ces contenus. Comme le souligne Andre Cavalcante, «*Tumblr est devenu un archipel culturel dominant pour les jeunes gens queers aujourd'hui grâce à une temporalité favorable. Les participants à mon étude sortaient de l'adolescence, tout comme la plateforme. Les deux ont grandi et sont devenus matures en même temps.*»[219] Cependant, depuis sa nouvelle régulation, Tumblr est

---

219. Andre Cavalcante, «Tumbling into Queer Utopias and Vortexes : Experiences of LGBTQ Social Media Users on Tumblr», *Journal of Homosexuality*, 2018. https://www.tandfonline.com/doi/abs/10.1080/00918369.2018.1511131?

délaissé par les fans au profit de nouveaux espaces d'expression comme Twitch ou bien Tik Tok. Par exemple, cette dernière plateforme a rassemblé les fans de la série Marvel *Wandavision* autour d'élaborations de théories. La diffusion hebdomadaire des épisodes, de façon traditionnelle, a permis la mise en place de réflexion et de débats au sein de la communauté des fans à la recherche d'indices.

Il est cependant indispensable de ne pas adopter une approche techno-déterministe ici : les technologies numériques ne constituent qu'un support qui permet d'accueillir les communautés, leurs pratiques et leurs activités. Ce ne sont pas les technologies qui sont participatives mais plutôt les cultures. Par contre les technologies peuvent être des éléments facilitateurs pour la communication, favoriser l'accessibilité aux contenus et de par leurs affordances, être interactives[220]. Toutefois, ce sont bien les cultures fans et ce qu'ils en font pour « faire vivre » leurs communautés qui sont à l'œuvre. Les fans déploient des tactiques pour se les approprier et pour cela ils opèrent dans des contextes culturels spécifiques qui favorisent une culture plus ou moins participative.

D'autres fans ont découvert les communautés par la pratique ou la lecture d'une activité créatrice particulière : la fanfiction. De nombreuses réponses mentionnent cette activité comme un déclencheur de l'affiliation à la communauté et comme une révélation du *fandom*[221]. La pratique consciente ou non d'une activité a favorisé pour ces fans la rencontre avec d'autres

journalCode=wjhm20.

220. Henry Jenkins, Mizuko Ito & danah boyd, 2016, *op. cit.*, p. 11-12.

221. «*J'ai fait partie d'une plus grande communauté de fans quand j'ai commencé à poster mes fanfictions Final Fantasy 7 sur fanfiction.net (dans les années 2000).*» / «*J'ai appris que ce que j'écrivais s'appeler des fanfic et que je n'étais pas seule.*»

pairs, qui pratiquaient la même activité. Mais c'est surtout par la lecture de fanfiction que la découverte s'effectue :

> «*J'ai lu une fanfiction par accident et j'ai découvert des milliers de personnes comme moi.*»
>
> «*Je consultais les fanfictions en ligne et je suis tombée sur A03, ce qui m'a permis de me rendre compte que cela existait.*»
>
> «*J'ai découvert le* fandom *Marvel grâce aux fanfictions.*»
>
> «*J'ai trouvé un forum sur AOL et j'ai été invitée à une* mailing list *d'auteurs de fanfic. C'était que des gamins de mon âge, et on s'éclatait à juste parler des jeux qu'on aimait et à partager des fics.*»

Les plateformes les plus utilisées dans ces cas précis sont des plateformes de partage d'œuvres telles que fanfiction.net ou Archives of our own, qui recensent toutes deux des travaux écrits.

Une fan résume à elle seule les astuces en ligne pour trouver la communauté dont ils vont devenir membre à part entière : «*J'avais l'habitude d'utiliser LiveJournal et j'y trouvais des com, puis sur Tumblr j'utilise les tags et je suis des personnes. C'est Twitter que j'utilise le plus souvent, où des groupes de gens vont créer des discussions pour débattre des textes. Mes amis locaux ont des pages Facebook dédiées à la discussion de différentes œuvres médiatiques – l'œuvre change en fonction de ce que les gens qui participent aux discussions aiment sur le moment. Je suis également inscrite sur A03 mais je ne m'en sers pas socialement : je poste juste des histoires et je réponds brièvement à des commentaires que l'on me laisse.* »

Les fans connaissent les fonctionnalités de chaque plateforme et savent les utiliser pour chercher la communauté qu'ils souhaitent : Tumblr pour suivre des personnes et leur créativité, Twitter pour les discussions, Facebook pour débattre de plusieurs œuvres suivant les intérêts du moment, A03 pour les fanfictions. Les affordances de chaque plateforme permettent aux fans de diversifier leurs supports et de trouver des membres de la communauté aux quatre coins d'Internet. Ils ne se cantonnent pas à un réseau social ou un blog ou un forum mais étendent leur communauté à plusieurs plateformes pour élargir leur visibilité et se faire connaître du plus grand nombre, développant ce que Scolari a nommé des *transmedia literacies*[222], des compétences et connaissances multiplateformes, qui impliquent donc une bonne connaissance de la culture numérique et des compétences techniques et technologiques.

Le mentorat : entre clivages et entraide

Selon Jenkins, Ito et boyd, le mentorat est un des points fondamentaux de la culture participative, dans laquelle se pratique « *une forme de mentorat informel où ce qui est connu des plus expérimentés se transmet aux novices.* »[223] Les connaissances, les pratiques, les codes, les règles détenus par les fans les plus anciens dans la communauté se transmettent aux nouveaux, qui en sont ensuite détenteurs pour accueillir les prochains membres. Une communauté n'est jamais fermée en termes d'adhérents et des fans peuvent entrer dans la communauté à n'importe quel moment[224]. Ce qui ressort surtout est que les fans les

---

222. https://transmedialiteracy.org.

223. Henry Jenkins, Mizuko Ito & danah boyd, 2016, *op. cit.*, p. 4.

224. Une fan nous dit : « *Clairement, c'est à nous d'inclure les petits nouveaux pour qu'ils se sentent bien et qu'ils connaissent les règles du* fandom. » Une autre : « *En général les fans expliquent les bases aux nouveaux quand ils le demandent (comportement, histoire, contenu iconique, blagues).* »

plus anciens sont garants de l'histoire du *fandom*, du langage commun, et qu'ils sont responsables de cette tradition[225].

Ces mentors possèdent également une connaissance plus encyclopédique de la série, qu'ils partagent avec plaisir : «*J'ai l'impression que c'est une tendance prédominante dans les* fandoms *Hannibal et Sherlock Holmes. Les deux communautés ont un grand nombre de fans plus anciens qui ont des connaissances spécifiques et des compétences pour répondre à des questions particulières sur les éléments de la narration.*» Les fans les plus anciens dans la communauté sont les plus légitimes du fait de leur investissement dans le *fandom* pour assurer la continuité avec les nouveaux et leur donner les bases culturelles, historiques, fonctionnelles et organisationnelles de la communauté. Ils jouent alors le rôle d'historiens d'une pratique culturelle qui se transmet au sein de la communauté à travers la création d'archives, de textes, de règles, de codes.

Au-delà de cette culture historique de *fandom* qui se crée, se construit, se consolide au fur et à mesure des générations de fans, les fans plus anciens guident également les plus jeunes dans la création de contenus, non seulement en les encourageant mais également en leur donnant des conseils et des informations[226].

Ce partage de connaissances techniques favorise et désinhibe la créativité de fans qui peut alors exploser dans la

---

225. «*Parfois des fans anciens ou des personnes qui ont plus d'expérience dans le fandom, ont tendance à expliquer l'histoire, la culture. Et les gens tendent à encourager les fans qui veulent créer des fics (fanfictions) ou de l'art.*»

226. «*Les fans s'entraident notamment à travers des conseils pour dessiner, mais également avec les relectures et l'écriture des fanfictions. Quand j'étais dans la communauté des Sims, il y avait énormément de mentorat. Les fans écrivaient des tutoriels pour aider les nouveaux à créer des personnages et de nouveaux objets pour le jeu : c'était des choses très techniques. Nous avions aussi des forums dans lesquels les créateurs les plus expérimentés aidaient les nouveaux créateurs. C'était génial.*»

communauté. «*La plupart du mentorat se passe quand les fans créent quelque chose et que le reste des fans propose des feedbacks. Quelques artistes fans ont des tutoriels et diffusent en vidéo leurs processus de création pour que les nouveaux fans puissent observer.*» Rebecca W. Black[227] a également analysé les effets du mentorat autour de la pratique du *beta-reading* (lecture des premiers jets) dans les communautés de fanfictions et comment cette pratique permettait d'améliorer les œuvres et de construire des œuvres collaboratives. Les barrières intergénérationnelles sont ici brisées grâce au mentorat et nous voyons apparaître un mouvement contraire à ce qui se passe hors ligne où les fractures générationnelles ont tendance à s'accentuer.

Cependant, tout n'est pas positif dans ces formes de mentorat, puisqu'elles créent des hiérarchies à l'intérieur des communautés (en termes d'investissement, de connaissance, d'appropriation de l'œuvre culturelle) qui ne plaisent pas à tous les fans. Comme le rappellent Jenkins, Ito et boyd, «*les fans plus anciens et les fans experts ont développé de nouvelles façons de poser un capital sous-culturel, de se différencier des fans nouveaux, plus jeunes et moins sophistiqués.*»[228] Des différences se créent alors, entretenues par les fans eux-mêmes, mettant en avant des hiérarchies ; ces fans populaires pour la plupart sont qualifiés de «super fans» par les autres membres de la communauté.

Mais ces hiérarchies posent problème car elles mettent en péril le bien-fondé de la communauté et les principes d'appartenance et d'harmonie qui maintiennent la cohérence et la cohésion du groupe social[229]. Ces super fans peuvent alors

227. Rebecca W. Black, *Adolescents and Online Fan Fiction*, Peter Lang, 2008.

228. Henry Jenkins, Mizuko Ito & danah boyd, 2016, *op. cit.*, p. 19.

229. Verbatim : «*il existe des fans qui ont beaucoup de followers dans chaque* fandom. *Mais j'ai appris à être méfiante. Certains laissent cette petite célébrité leur monter à la tête – en particulier quand ils ont eux-mêmes des fans – et cela devient*

devenir des leaders d'opinion et cliver la communauté comme l'explique cette fan qui a expérimenté ce phénomène dans ses *fandoms* : «*J'ai remarqué quelques phénomènes qui se répètent et notamment quand quelqu'un a un large public (façon de parler) et émet une opinion, certains s'empressent de le suivre et d'acquiescer, et du coup certains* fandoms *sont plus dans la division que d'autres, et en particulier parce que ces voix fortes aiment les conflits plus que l'intérêt commun du* fandom. *De toute façon, j'essaie de m'éloigner de ces personnes, car cela affaiblit l'expérience du* fandom.»

Ces comportements négatifs mettent en péril la communauté et la bonne entente des fans, comme lorsque des *ship wars* (les guerres autour des couples fictifs) apparaissent à l'intérieur des *fandoms*. Les différences que les fans créent entre les publics ordinaires et eux-mêmes, experts de l'œuvre médiatique, se répètent alors à l'intérieur du *fandom*, créant des différences entre les membres. Ce phénomène a été analysé par Corse et Hartless dans leur étude de la communauté des fans de *Star Trek* lors de la sortie du film *Star Trek Into Darkness.* Elles écrivent à propos des hiérarchies construites par les fans : «*Quelques secteurs de la culture populaire, comme les* fandoms, *cherchent à restreindre l'accès de la même façon que les gardiens de la culture noble. Une dynamique cruciale de ce processus consiste à tracer des frontières symboliques entre les consommateurs "ordinaires" de la culture populaire et les "vrais" fans qui possèdent une connaissance approfondie de cette culture – une connaissance qui peut se transformer en statut au sein de la communauté – et qui seraient les véritables gardiens de l'œuvre médiatique.* »[230]

problématique.»

230. Sarah M. Corse & Jaime Hartless, «Sci-fi and Skimpy Outfits. Making Boundaries and Staking Claims to *Star Trek: Into Darkness*», in Adrienne Trier-Bieniek, *Fan Girls and The Media. Creating Characters, Consuming Culture*, Rowman & Littlefield, 2015, p. 1-20.

De fait, parfois, l'accueil des nouveaux fans dans la communauté par les plus anciens se fait de façon violente et notamment lorsqu'il y a un *reboot* d'une série ou d'un film. C'est ce qu'a connu la série de science-fiction *Battlestar Galactica* pour laquelle Ronald D. Moore et David Eick ont proposé une version réimaginée pour la chaîne Syfy (2003-2009). *Battlestar Galactica* est à l'origine une série de la fin des années 1970 qui possède une solide base de fans. Par exemple, celle-ci n'a pas hésité à s'organiser pour envoyer des lettres à la chaîne ABC et tenter de sauver la série à l'annonce de l'annulation après deux saisons. La version réimaginée de 2004, qui reprend des thèmes politiques, philosophiques et technologiques post 11 septembre, a provoqué la colère des anciens fans qui l'ont qualifiée dès les premiers épisodes de GINO (*Galactica In Name Only*). Cette version était pour eux une trahison de l'originale sur bien des niveaux (notamment le fait que Starbuck, le pilote charmeur de la série originale, était une femme dans la version réimaginée) et les discussions entre anciens et nouveaux fans autour de ce *reboot* ont été plus qu'enflammées. William Proctor propose la notion de « nostalgie totémique », qui pour lui « *fait référence à un type de protectionnisme de fans, qui n'est pas toxique, mais est centré sur une relation affective avec une œuvre, généralement forgée dans l'enfance.* »[231]

Ici, dans ces débats houleux, émerge la question du « bon » ou du « mauvais » fan, qualificatifs que se donnent les fans eux-mêmes, le bon fan étant alors celui qui participe à la communauté depuis le début et qui apprécie la série originale plus que celle réimaginée au début des années 2000. Les fans peuvent être perçus comme « authentiques » vs faux, les fans

---

231. William Proctor, « "Bitches Ain't Gonna Hunt No Ghosts": Totemic Nostalgia, Toxic Fandom and the *Ghostbusters* Platonic », *Palabra Clave*, vol. 20, nº 4, 2017, p. 1105-1141.

authentiques étant les garants de la culture et de l'histoire de la communauté. Cependant, à la suite de Matt Hills, nous écartons ces notions de bons fans et mauvais fans car nous préférons aborder les contradictions des cultures fans comme des négociations culturelles essentielles et analyser les «*dynamiques culturelles des* fandoms.»[232]

Ces tensions, hiérarchies et clivages ont toujours existé dans les communautés de fans qui, faut-il le rappeler, opèrent comme des communautés en face-à-face, donc avec les mêmes fonctionnements et dysfonctionnements. Ce qui a changé, c'est qu'aujourd'hui avec Internet, les communautés et leurs interactions sont plus visibles, plus normales et plus *mainstream*. Internet amplifie les conversations des communautés de fans et agit comme une chambre d'écho, une caisse de résonance révélant au grand jour les bons côtés mais également les tensions et affrontements entre fans. Cette visibilité accrue a poussé Devin Farenci à écrire un article intitulé «Le *fandom* est cassé» dans lequel il met en avant le rôle des médias sociaux et l'ubiquité des médias numériques dans la révélation des parts les plus sombres des communautés de fans. Avec Internet, selon lui, les fans «*exigent d'obtenir ce qu'ils veulent, se foutent des logiques industrielles ou d'un quelconque obstacle sur leur chemin.*»[233] Les communautés de fans ne sont donc pas à appréhender comme des lieux homogènes, mais comme des espaces de négociations dans lesquels naissent, au milieu des affiliations et liens sociaux et des créations, des tensions et clivages.

Cependant, nous l'avons vu dans nos questionnaires, avec les fans interrogés ici et leurs communautés, nous sommes en

---

232. Matt Hills, 2002, *op. cit.*

233. Devin Farenci, «Fandom is Broken. Controversies and entitlement shine a light on a deeply troubling side of fandom», https://birthmoviesdeath.com/2016/05/30/fandom-is-broken.

présence d'affiliations que nous pouvons appeler, à la suite de Vincent Liquète et Karel Soumagnac, des « affiliations numériques »[234]. Ces affiliations favorisent un dialogue, une connaissance et une reconnaissance de et par la communauté. [Les affiliations numériques] «*contribuent à l'intégration généralisée des échanges sociaux et à la circulation des connaissances dans des modes globaux (au sens de MacLuhan) de communication. Au sein de ce monde numérique, les affiliations constituent une zone d'échange porteuse de significations symboliques et sociales. Leur multiplicité accroît l'importance d'une appartenance et d'une intégration, et façonne l'expérience de soi.*»[235]

Cette définition de Franc Morandi s'applique parfaitement aux communautés que nous analysons ici. Les réponses que nous avons reçues confirment l'importance du sentiment d'appartenance, le souhait d'une intégration à un groupe social et les interactions entre membres de la communauté qui peuvent se poursuivre lors d'événements réels (des conventions ou des rendez-vous pour visionner des épisodes ensemble). L'identité individuelle du fan, qui la vit comme une fierté si l'on en croit les fans interrogés conscients de leur propre statut, se complète par une identité collective qui renforce une expérience de soi et une expression de soi et de ses goûts. La communauté étant un lieu dans lequel le fan se sent en sécurité, les identités s'expriment pleinement et s'exposent sans fard.

Cependant, il est tout de même important de ne pas généraliser à toutes les communautés de fans ni à tous les fans. Il y a d'abord différents degrés d'implication dans un *fandom*

---

234. Vincent Liquète & Karel Soumagnac, *Les affiliations par et avec le numérique*, Éditions Hermann, 2017.

235. Franc Morandi, « Affiliation(s) et numérique : approche anthropologique », in Vincent Liquète & Karel Soumagnac, *Les affiliations par et avec le numérique*, Éditions Hermann, 2017, p. 5-19.

(accentués par le fait que les fans participent souvent à plusieurs *fandoms*), puis différentes activités et pratiques qui permettent de distinguer différents *fandoms*. Comme le souligne Matt Hills, les chercheurs doivent «*appréhender les* fandoms *pas seulement comme une "culture" cohérente et singulière (si tant est que nous puissions le faire) mais plutôt comme un réseau de réseaux, ou comme une affiliation de sous-cultures, toutes spécialisées dans différentes catégories d'activités de fans.*»[236] Les *fandoms* sont donc hétérogènes dans leurs objets mais également dans leurs pratiques et activités et c'est ce qui fait la richesse de ces cultures fans.

Les cultures fans sont diversifiées et peuvent faire apparaître des points communs mais également des tensions entre membres d'une même communauté ou avec les producteurs par exemple. Dans ce sens, Henrick et Sara Linden opposent une critique à la culture de la participation : «*Si la culture de la participation est une force positive, c'est peut-être parce que la valeur des* fandoms *comme entité transformative a été surestimée. Le monde entier est comme un jeu vidéo avec des options prédéterminées parmi lesquelles choisir. Elles peuvent paraître infinies mais elles sont en réalité limitées.*»[237]

Les pratiques de fans que nous allons analyser dans le prochain chapitre vont nous permettre de mettre en avant des activités positives mais également négatives des *fandoms* car «*Merde ! Le* fandom *n'est peut-être pas si beau*», à la différence de ce que suggérait la première vague d'études de fans. De plus, Internet agit comme une caisse de résonance des actions

---

236. Matt Hills, «From Fan Culture/Community to the Fan World: Possible Pathways and Ways of Having Done Fandom», *Palabra Clave*, vol. 20, nº 4, 2017, p. 856-883.

237. Sara Linden & Henrick Linden, *Fans and Fan Cultures. Tourism, Consumerism and Social Media*, Palgrave Macmillan, 2017, p. 50.

collectives positives mais également des revendications de fans, des tensions qui émergent dans les *fandoms*. Les chercheurs, Jenkins en tête, ont eu tendance à ne montrer que le côté positif et créatif des fans et des *fandoms*, les *fandoms* ont des côtés négatifs qu'il ne faut pas négliger pour autant. Il faut prendre plus au sérieux les différentes catégories de fans, entre les fans traditionnels qui correspondant pour une grande majorité aux fans qui ont répondu à nos questionnaires, et ceux qui sont plus attachés à établir une relation, positive ou négative, avec les producteurs.

CHAPITRE 2

Pratiques de fans et acquisitions de compétences

Nous l'avons vu, les fans se regroupent en communautés hétérogènes, dans lesquelles ils mettent en avant à la fois leur identité personnelle mais également leur identité en tant que groupe social (qui s'exprime par exemple par le choix d'un nom).

Nous allons maintenant nous pencher en détail sur leurs activités et pratiques dans ces lieux d'appartenance commune. En effet, un grand nombre d'études et de travaux s'est attaché à analyser les activités et les créations des fans et à souligner leur effet transformateur par rapport aux textes d'origine. Les technologies numériques ont contribué à la visibilité de ces activités, comme le rappelle Lucy Bennett : «*Le développement le plus marquant dans la culture fan et les études de fans a été le développement et l'appropriation des technologies numériques, dans le sens où cela a contribué "à donner et enlever du pouvoir, rendre poreuses les frontières entre consommation et production, créer des relations symbiotiques entre des sociétés puissantes et des fans individuels, et favoriser l'émergence de nouvelles formes de productions culturelles" (Pearson, 2010).*»[238] Il est important de rappeler que les communautés de fans ne sont pas nées avec l'avènement du numérique, mais que les technologies numériques, et en particulier Internet, ont aidé à amplifier le phénomène, le rendant plus visible, jouant comme une caisse de résonance dans la sphère publique, et permettant une facilité de rassemblement plus grande pour les fans, en brisant notamment les frontières physiques de la géographie.

Même si nous noterons, tout au long de ce chapitre, les similitudes et différences avec des pratiques pré-Internet, cette partie est consacrée aux créations et activités de fans dans une époque contemporaine, dominée par l'usage et l'appropriation des technologies numériques qui façonnent des pratiques et des «*communautés de fans actives.*»[239] Le terme «actif» regroupe ici de nombreuses autres notions telles que celle de culture participative, d'engagement dans des univers narratifs (transmédiatiques ou non), ou d'interactivité. Pour McCormick, le fait d'utiliser un seul terme témoigne non seulement de l'ampleur des activités de fans mais également de leurs pratiques et activités. Cela rejoint et vient confirmer ce que nous avons déjà montré au début de ce travail, à savoir que les fans sont un public expert, producteur de sens et de contenus, rassemblés dans une communauté, mettant en avant le caractère actif de la réception pour ces publics spécifiques. Nous aimerions toutefois souligner que ces publics experts et producteurs représentent une petite portion des publics dans leur globalité, que

---

238. Lucy Bennett, «Tracing Textual Poachers: reflections on the development of fan studies and digital fandom», *Journal of Fandom Studies*, vol. 2, nº 1, 2014, p. 5-20. https://doi.org/10.1386/jfs.2.1.5_1.

239. Casey J. McCormick, «Active Fandom: Labor and Love in the Whedonverse», in Paul Booth, *A Companion to Media Fandom and Fan Studies*, Wiley Blackwell, 2018, p. 369-384.

nous appelons les hyperfans, et que même si leurs créations et communautés sont visibles du fait de leur présence massive sur Internet et les médias sociaux, nous ne faisons pas l'amalgame entre les fans et les autres publics. Nous parlons bien ici d'un public particulier, qui possède des caractéristiques que nous avons déjà mises en avant plus haut dans ce livre.

Cette partie se concentrera sur des productions et créations spécifiques de fans et sera découpée en trois grandes sous-parties. La première analysera les activités d'archivage, de préservation de la mémoire fan et de création de bases de données.

Avec le cosplay, nous verrons ensuite une pratique qui se déplace du numérique vers le physique. Cette pratique de fan permettra également de mettre en avant le corps comme vecteur d'identités multiples et comme média. Puis, nous terminerons par une mise en perspective des compétences transmédiatiques afin de mieux comprendre les acquisitions de compétences globales et la constitution d'une littératie transmédiatique que nous pourrions qualifier de translittératie. Pour illustrer ces parties, nous prendrons à chaque fois des études de cas emblématiques qui viendront éclairer les pratiques de création des fans. Des entretiens avec des fans créateurs permettront de mieux comprendre leurs motivations.

Archivage, préservation et bases de données : la mémoire sérielle conservée par les fans

Parmi les activités de fans, il en est une qui n'a pas d'effet transformateur à proprement parler puisqu'elle ne va pas convoquer l'imagination ou la créativité des fans. Elle constitue cependant un travail essentiel pour la communauté : le recueil d'informations et de faits sur la série, souvent éditorialisés sous forme d'encyclopédies. Comme le souligne Benoît Berthou : «*Avec ces encyclopédies, nous sommes effectivement aux antipodes de l'invention : il est question d'information, c'est-à-dire d'un écrit ne se construisant pas autour d'une subjectivité, ni même autour d'une volonté d'expression quelle qu'elle soit.*»[240]

L'encyclopédie de fans peut prendre de nombreuses formes, allant de la simple liste des épisodes (*episode guide*), aux index, en passant par les exégèses ou encore les wikis. Quelle qu'en soit la forme, les fans jouent un rôle bien spécifique dans cette activité, celui d'archivistes mais également celui de curateurs, qui vont utiliser leurs compétences pour recruter d'autres personnes dans la communauté[241].

Nous avons déjà évoqué le rôle des mentors dans les communautés de fans, et comment ces fans plus anciens pouvaient guider les nouveaux fans dans la communauté et étaient souvent

240. Benoît Berthou, «Fictions et formes encyclopédiques : Wookieepedia, Dragon Ball Wiki et Cie.», *Strenae. Recherche sur les livres et objets culturels de l'enfance*, nº 2, 2011. https://journals.openedition.org/strenae/420.

241. Derek Kompare, «Fan Curators and the gateways into fandom», in Melissa A. Click & Suzanne Scott, *op. cit.*, 2018, p. 107-113.

les garants de la mémoire et de la généalogie du *fandom*. Les curateurs vont avoir pour objectif de faire connaître la fiction, et grâce à leur savoir encyclopédique, de la rendre visible en tant que telle au plus grand nombre. Et pour cela, ils mettent en avant une intelligence collective, ils mettent en commun leur savoir et leur expertise pour constituer des banques de données factuelles, consultables publiquement, que les fans éditent, alimentent et amendent eux-mêmes.

Dans son ouvrage sur l'intelligence collective, Pierre Lévy écrit : «*Mais si nous nous engagions sur la voie de l'intelligence collective, nous inventerions progressivement les techniques, les systèmes de signes, les formes d'organisation sociale et de régulation qui nous permettraient de penser ensemble, de concentrer nos forces intellectuelles et spirituelles, de multiplier nos imaginations et nos expériences, de négocier en temps réel et à toutes les échelles les solutions pratiques aux problèmes complexes que nous devons affronter.*»[242] Les propos de Pierre Lévy résonnent particulièrement lorsque nous étudions les communautés de fans à l'ère de la convergence technique, culturelle et participative. En effet, les communautés de fans représentent bien une organisation sociale avec ses règles, ses codes et ses sanctions, avec son propre langage, son travail collaboratif et sa possibilité de reconstituer ensemble des univers sériels, parfois dispersés sur plusieurs supports médiatiques. L'intelligence collective représente la mise en commun d'un travail humain collaboratif et collectif, partagé dans un monde connecté. Michael Lacey, administrateur du wiki de la série *Westworld* (HBO, 2017-présent) que nous avons interrogé, souligne l'importance de la communauté et du travail collaboratif dans la gestion d'un wiki de fans : «*Un*

---

242. Pierre Lévy, *L'intelligence collective. Pour une anthropologie du cyberspace*, La Découverte, 1994, p. 14.

wiki animé avec de nombreux éditeurs est mon but ; un environnement collaboratif, dans lequel des résultats inattendus viennent des contributions des autres membres, est ce qui m'intéresse » (Bourdaa, entretien personnel, 12 juillet 2018). Clairement, dans ce cas précis, l'émulation intellectuelle créée par la participation collective et la collaboration des membres d'une communauté à un projet commun participe à la richesse et la précision des contenus mis en ligne.

Afin de rassembler l'ensemble des éléments de la narration dispersés sur diverses plateformes médiatiques, les fans créent des wikis, véritables encyclopédies spécialisées reconstituant les univers sériels. Le système du wiki est principalement participatif et collaboratif par définition, comme en atteste le fonctionnement du plus connu d'entre eux, Wikipédia. Leur fonctionnement est similaire puisque ceux-ci mettent à jour, éditent et relient les informations éparses qu'ils ont collectées pour recréer la cohérence de l'univers de la narration. Ces encyclopédies constituent en réalité de véritables bases de données mais également de véritables archives de la narration sérielle, de l'univers narratif développé.

Bruno Bachimont met en avant deux propriétés des archives qui nous semblent correspondre à la constitution d'encyclopédies : la conservation de la trace matérielle de l'expression des contenus et la conservation de la lisibilité de ces traces[243]. Lorsqu'ils créent des wikis et des encyclopédies sérielles, les fans cherchent principalement à conserver les informations en un même lieu accessible à tous, tout en construisant une ergonomie de lecture et une architecture informationnelle simple. Tout comme les archives, ces encyclopédies évoluent,

---

243. Bruno Bachimont, « L'archive numérique : entre authenticité et interprétabilité », *Archives*, vol. 32, nº 1, 2000-2001, p. 3-15.

sont classées et catégorisées de façon spécifique et originale par les fans, elles sont publiques et facilement accessibles et elles portent en elles à la fois l'histoire et la mémoire factuelle de la série et son évolution dans le temps, et parfois dans l'espace.

Il est intéressant ici de faire un parallèle entre les wikis et encyclopédies sérielles et le caractère « archontique » des archives. En effet, Jacques Derrida[244] envisage les archives comme des inventaires en constante évolution, qui grandissent sans cesse. Les encyclopédies sérielles sont elles aussi sans cesse alimentées par les fans, constituant ainsi des archives en pleine expansion qui ne sont jamais figées, qui «*permettent, et même invitent, les auteurs à pénétrer, à sélectionner les éléments spécifiques qu'ils trouvent utiles, à créer de nouveaux artefacts en utilisant ces objets trouvés et à déposer le travail nouvellement créé dans les archives du texte source.* »[245]

Tout en participant à sa construction, Jason Mittell[246] a analysé le wiki de la série *Lost*, nommé par les fans le Lostpedia. Cette analyse montre que le wiki de série se présente comme un agrégateur des créations de fans et de leurs découvertes concernant l'univers. Le wiki va concentrer sur une même plateforme une reconstitution détaillée de la narration de la série et de ses extensions, tout en proposant des créations originales de fans et leurs propres extensions narratives sous forme de fanfictions par exemple. Les fans se servent du wiki comme d'une plateforme interactive leur permettant de collationner

244. Jacques Derrida, *Mal d'archive*, Galilée, 1995.

245. Abigail Derecho, « Archontic Literature: A Definition, a History and Several Theories of Fan Fictions », in Karen Hellekson & Kristina Busse, *Fan Fiction and Fan Communities in the Age of the Internet*, McFarland & Company, 2006, p. 61-78.

246. Jason Mittell, « Sites of participation: Wiki fandom and the case of Lostpedia », *Transformative Works and Cultures*, vol. 3, 2009.

leurs informations autour de la série. Paul Booth décrit la constitution d'un wiki par les fans comme la mise en place d'archives qui «*représentent la façon dont les fans se rassemblent autour d'une base de données narrative afin d'y inscrire l'objet médiatique existant lui-même.*»[247]

La mise en place d'un wiki va aider les fans à recréer l'univers de la série, à archiver leurs connaissances sur l'univers narratif et à présenter la série à de nouveaux fans potentiels. Ils vont jouer le double rôle d'archéologues (Mittell, 2009) et de cartographes. Ils sont des archéologues car ils doivent parcourir et «creuser» les différentes plateformes médiatiques, numériques ou non numériques, à la recherche d'indices sur l'univers. Ils sont également des cartographes car lorsqu'ils seront en possession de ces informations, de ces éléments complémentaires, ils vont tenter de reconstituer l'univers complet en le cartographiant.

Afin d'illustrer notre propos et de mieux saisir comment fonctionnent les communautés de fans lors de la création et de l'alimentation des encyclopédies sérielles, nous allons analyser en détail deux exemples : le Battlestar Galactica (BSG) Museum et le wiki de *Westworld*.

Nous avons choisi ces deux sites pour plusieurs raisons. La première est que les deux séries, de par leur genre (la science-fiction comme genre entendu au sens large) et leur narration complexe, offrent des potentialités sérielles vastes ouvrant ainsi la possibilité de construire, déconstruire et reconstruire leurs univers narratifs. Ces deux séries ont d'ailleurs augmenté leur narration en suivant les principes du *transmédia storytelling* sur d'autres supports médiatiques, en particulier des comic books pour *BSG*[248] et des sites Internet et parcs d'attractions pour

---

247. Paul Booth, *Digital Fandom*, *op. cit.*, p. 109.

248. Voir notre analyse sur les extensions transmédiatiques de *BSG* dans

Westworld. Ensuite, nous avons voulu étudier le site encyclopédique d'une série terminée (*BSG*) et le wiki d'une série en cours de production et de diffusion (*Westworld*). Nous précisons d'ores et déjà que ce sont les sites et wikis américains qui ont retenu notre attention parce qu'ils sont plus fournis que leurs homologues français. Nous n'avons pas participé, à la différence de Mittell par exemple, à la constitution d'un des deux wikis / sites ni à leur alimentation. Ayant été simple observatrice, ces wikis constituent pour nous une ressource fiable de l'univers sériel, non officielle et riche. Nous nous rendons régulièrement sur ces sites afin de trouver les informations essentielles sur les deux séries. Enfin, les deux sites fonctionnent de manière différente : l'un est administré et contrôlé par deux fans (BSG Museum) et l'autre est un espace collaboratif (Westworld Wiki). Cela nous permet de souligner le travail du fan (traduction de *fan labor*) comme un travail complexe dans lequel ceux-ci ne sont pas officiellement affiliés aux producteurs ou aux diffuseurs mais finissent par créer des liens grâce à leurs efforts et leur visibilité.

Dans son analyse sur les sites de fans autour de *Sherlock* et *Battlestar Galactica*, Bertha Chin pose la question de l'exploitation du travail des fans. En effet, les fans qui participent à ces collaborations ou qui gèrent des sites peuvent considérer leur travail comme ne produisant pas une exploitation mais plutôt un service rendu à la communauté des fans[249]. Ici, il sera intéressant de mettre en tension cette notion d'exploitation avec celle de

Mélanie Bourdaa, « Transmedia Storytelling. Character, Time and World – The case of *Battlestar Galactica* », in Matthew Freeman & Renira Rampazzo Gambarato, *The Routledge Companion to Transmedia Studies*, Routledge, 2018.

249. Bertha Chin, « Sherlockology and Galactica.tv: Fans sites as gifts or exploited labor? », *Transformative Works and Cultures*, nº 15, « Fandom and/as labor », conducted by Mel Stanfill & Megan Condis, 2014. http://journal.transformativeworks.org/index.php/twc/article/view/513/416.

cadeau offert à la communauté, et d'essayer de comprendre comment se positionnent les fans par rapport à ce phénomène.

D'un point de vue méthodologique, nous avons opté pour une analyse de contenus des sites et wikis afin de comprendre l'organisation interne, et une analyse textuelle et ergonomique afin de savoir quelles « narrations » les fans souhaitaient mettre en valeur. Nous avons également contacté les administrateurs et créateurs de ces sites pour mener des entretiens par mail afin de mettre en lumière leurs motivations.

Battlestar Galactica Museum : la construction d'un musée virtuel

Battlestar Galactica est une série de science-fiction qui a été diffusée entre 2003 (lancement de la mini-série) et 2009, sur la chaîne américaine Syfy. Cette série en quatre saisons raconte comment des Cylons, des robots créés et asservis par des hommes, se sont rebellés et ont commis un génocide. Les survivants humains, environ quarante-huit mille au début de la série, fuient à bord de vaisseaux, des Battlestars, à la recherche d'une nouvelle Terre, un nouveau lieu d'habitation promis par l'amiral Adama pour garder vivant l'espoir au sein de la flotte en détresse. La version diffusée de la série s'est achevée depuis longtemps mais sa narration continue de se développer sur de nouveaux supports médiatiques, notamment des comic books avec la série sur le personnage de Numéro 6 par exemple. Elle possède une solide base de fans[250] qui entretiennent encore un lien particulier avec la série et s'attachent à conserver sa

250. Mélanie Bourdaa, « Taking a break from all your worries : Battlestar Galactica et les nouvelles pratiques télévisuelles des fans », *Questions de Communication*, nº 22, 2012, p. 235-250. https://journals.openedition.org/questionsdecommunication/6917.

mémoire ou à la faire connaître. Elle est actuellement diffusée en intégralité sur Amazon Prime depuis 2020.

Pour mieux comprendre le fonctionnement et les enjeux du site que nous étudions, Battlestar Galactica Museum[251], il nous semble essentiel de poser une définition du musée, sur laquelle s'appuiera ensuite notre analyse. Si l'on se réfère à la définition de l'ICOM (International Council of Museums), «*le musée est une institution permanente à but non lucratif au service de la société et de son développement, ouverte au public, qui acquiert, conserve, étudie, expose et transmet le patrimoine matériel et immatériel de l'humanité et de son environnement à des fins d'études, d'éducation et de délectation.*»[252] Le musée est un lieu de conservation dans lequel se trouvent une ou des collections patrimoniales, exposées selon un parcours précis, à l'attention des visiteurs. En ce sens, les musées sont détenteurs de témoignages culturels et sociologiques essentiels à la conservation d'une mémoire voire d'une expérience. Jean Davallon, dans un article où il pose la question du musée en tant que média, situe le musée à l'intersection entre l'exposition et le patrimoine au sein d'une «matrice institutionnelle»[253].

Dans les pratiques de fans, l'acte de collectionner des objets matériels tels des figurines ou des maquettes par exemple s'apparente à la constitution d'une collection muséale, dans laquelle le fan acquiert, conserve et expose des objets. Pearse[254]

---

251. http://www.battlestargalacticamuseum.com/.

252. Source: Statuts de l'ICOM, adoptés par la 22e Assemblée générale de l'ICOM (Vienne, Autriche, 24 août 2007). http://archives.icom.museum/hist_def_fr.html.

253. Jean Davallon, «Le musée est-il vraiment un média ?», *Culture et Musées*, 1992, p. 99-123.

254. Susan Pearce, *Museums, Objects and Collections: A Cultural Study*, Leicester University Press, 1992.

distingue trois catégories de collections muséales que nous pouvons appliquer aux collections de fans : la collection souvenir qui est la plus personnelle car elle permet de relater et se référer à des événements de la vie du fan ; la collection fétichiste avec laquelle les fans entretiennent une relation complexe et quasi fusionnelle ; et la collection systémique qui se rapproche le plus des pratiques muséales. Même si elle fait partie intégrante de leurs pratiques et activités, Hoebink, Reijnders et Waysdorf mettent en avant l'ambivalence que les fans entretiennent avec les collections muséales. Pour eux, d'une part, «*la muséification de la culture fan peut résulter en une présentation trop catégorisée et distante des objets*». Et d'un autre côté, cette muséification «*peut augmenter le nombre de personnes qui ont accès à leurs objets d'intérêt.*»[255]

Jessica de Bideran[256] rappelle, à juste titre, qu'aujourd'hui la conservation de la mémoire et du patrimoine peut désormais se faire directement sur Internet dans ce que Geneviève Vidal a nommé l'«Internet muséal»[257]. Internet propose un espace de médiation pour les musées propice au déploiement des collections, des objets, afin de construire une mémoire vivante accessible à tous et non-figée dans l'espace ou le temps. Comme le note Roberta Pearson : «*Même si Internet n'est pas lui-même*

---

255. Dorus Hoebink, Stijn Reijnders & Abby Waysdorf, «Exhibiting fandom: A museological perspective», in «Materiality and Object-Oriented Fandom», edited by Bob Rehak, special issue, *Transformative Works and Cultures*, nº 16, 2014. https://journal.transformativeworks.org/index.php/twc/article/view/529/433.

256. Jessica de Bideran, «L'extension numérique du musée», in François Mairesse, *Définir le musée du XXIe siècle. Matériaux pour une discussion*, ICOFOM, 2017, p. 143-148.

257. Geneviève Vidal, «La médiation numérique muséale. Vers des formes renouvelées de participation des publics aux activités des musées», in Brigitte Chapelain, *Expression et pratiques créatives numériques en réseaux*, Éditions Hermann, 2015, p. 139-157.

une mémoire, son rôle de gardien de la mémoire des institutions, groupes, et individus, me mène à former l'hypothèse que cela peut servir d'indication sur les configurations actuelles de la mémoire populaire. »[258]

Il est intéressant d'envisager le BSG Museum comme un site qui retrace la mémoire de la série dans le sens où peu de travaux universitaires considèrent les cultures populaires et les séries télévisées comme des objets de mémoire. La constitution de cette mémoire populaire de la série, comme un musée virtuel, est rendue possible grâce aux pratiques de fans, à leurs compétences techniques, leur expertise, mais également leur envie de partager leur passion et d'agir comme des médiateurs culturels pour faire connaître la série. Les créatrices du site, des jumelles qui s'autoproclament fans de la version réimaginée de la série, insistent sur cet aspect de constitution de la mémoire et de partage lorsqu'elles expliquent pourquoi elles ont décidé de créer ce site : «*Nous avons décidé de revoir la série en 2014. À ce moment-là, il n'y avait rien en ligne pour informer les fans des informations du moment, pour mettre à jour et partager les derniers articles publiés, informer les fans sur les apparitions des acteurs dans les conventions et simplement connecter les fans en réalité*» (Bourdaa, entretien personnel, 17 juillet 2018). C'est à la fois l'envie d'honorer la mémoire de la série, de la faire connaître après sa diffusion et de créer un lien avec et entre les fans qui les a poussées à mettre en ligne ce site Internet, qu'elles considèrent comme un musée dédié à la série et à son univers.

En guise de bienvenue, lorsque les usagers arrivent sur le site, la page d'accueil du BSG Museum annonce :

---

258. Roberta Pearson, «Googling Sherlock Holmes. Popular memory, platforms, protocols and paratexts», in Sara Pesce & Paolo Noto, *The Politics of Ephemeral Digital Media. Permanence and Obsolescence in Paratexts*, Routledge, 2017, p. 77-98.

« Bienvenue au Battlestar Galactica Museum. Vous trouverez tout sur BSG. C'est une archive en ligne sur la série réimaginée par Ron D. Moore. Nous allons vous familiariser avec le monde de BSG, la vie à bord du Galactica, les 12 colonies, les franchises et bien plus. »

Les termes « musée » et « archives » côtoient ici les termes « séries » et « monde » (entendu dans ce contexte comme un monde narratif). La seconde page d'accueil, accessible automatiquement ou par un défilement vers la droite, précise que cette archive est en constante évolution. Les modératrices du site cherchent sans cesse de nouvelles informations complémentaires à ajouter à la collection existante. Nous sommes bien ici face à ce que Jacques Derrida appelait une archive « archontique », des éléments nouveaux venant enrichir le site Internet, le musée BSG.

D'emblée, lorsque l'usager se rend sur ce site web, il comprend qu'il est en présence d'une collection d'informations sur la série télévisée, envisagée ici à part entière comme une œuvre d'art, et agencée comme un musée virtuel. Les épisodes, la narration, les personnages, leurs relations sont autant d'objets et d'artefacts rassemblés et compilés selon une catégorisation spécifique au site et offerts au visiteur venu se renseigner sur la série ou au fan venu chercher des détails.

Les créatrices du site mettent en avant trois aspects qui rapprochent leur travail de celui d'un musée, leur conférant le rôle de curateur et commissaire d'exposition : l'aspect collection et exposition, l'aspect curation et médiation, et le lien avec l'univers fictionnel. Elles accomplissent un processus archivistique, de compilation et annotation de documents, qui se rapproche des constitutions d'archives et d'expositions muséales.

« Nous appelons le site le Battlestar Galactica Museum parce que, de notre point de vue, nous ajoutons sans cesse des matériaux sur un sujet spécifique (BSG) dans un lieu centralisé, un peu comme les expositions muséales. […] Tout comme les musées, nous accueillons les commentaires et partages de chacun. Quand les usagers partagent des informations avec nous, à la manière de curateurs, nous engageons un dialogue et nous demandons si cela correspond aux critères et politiques établis pour le site. C'est un processus de réflexion permanent, et même si maintenant nous sommes rodées, parfois c'est un processus difficile qui demande discussion. […] Une autre raison pour le choix de ce nom est, bien entendu, un clin d'œil à ce qui est à l'origine du projet : la mini-série Battlestar Galactica. Vous vous souvenez sûrement que le Galactica devait être transformé en musée, faisant de lui, vous l'aurez deviné, le Battlestar Galactica Museum ! » (Bourdaa, entretien personnel, 22 juillet 2018).

Le site propose des onglets dans lesquels les usagers trouvent des informations sur les saisons de la série, sur l'univers transmédiatique composé de comic books et de webisodes, sur les personnages (*personal records*), sur les Battlestars de la flotte, sur les colonies, puis sur les actualités des acteurs, sur les liens vers les entretiens, et sur les causes caritatives lancées par les acteurs ou les fans de la série. Les créatrices du site ont développé une politique stricte en matière de contenus, s'interdisant de publier des ragots, des informations d'ordre privé et personnel sur les acteurs ou les équipes de la série.

Concernant le moissonnage des informations, qui demandent une surveillance constante du web par les deux créatrices, elles ont élaboré et mis en place des stratégies pour être plus efficaces. Des alertes Google leur permettent de glaner des articles qu'elles trient ensuite. Elles recueillent des liens directs envoyés par les équipes ou les acteurs de la série (avec qui elles ont créé une relation de confiance due à leur position dans le *fandom* et leur expertise) ou par d'autres fans. Enfin les profils et comptes réseaux sociaux qu'elles suivent leur permettent d'avoir un compte rendu des dernières informations de manière instantanée.

La tenue du site Internet demande une grande organisation et un investissement important de la part des deux fans, qui sont seules à gérer ce projet. De leur propre aveu, elles passent entre une heure trente et deux heures par jour chacune à gérer le site et les médias sociaux (notamment leur compte Twitter qui est très actif et qui fonctionne comme relais du site) ou bien les contraintes administratives telles que les réponses aux mails par exemple. Cependant, ce travail leur a permis d'acquérir des compétences qu'elles réinvestissent dans leur vie quotidienne ou leurs études : le webdesign, le management d'information, et les relations publiques.

Dans l'entretien qu'elles nous ont accordé, elles insistent sur cette acquisition de compétences qui leur semble bénéfique et soulignent le fait qu'elles ne sont pas rémunérées pour ce travail et surtout qu'elles ne cherchent pas à l'être : « *Même si nous faisons beaucoup de travail sur ce site, notre objectif est que le site soit gratuit et facilement accessible pour tout le monde. En ce moment, même si nous pouvons, nous ne recevons aucune compensation monétaire parce que nous ne voulons pas nous sentir redevables de certaines entreprises* » (Bourdaa, entretien personnel, 22 juillet 2018). Les deux créatrices du site développent ainsi une éthique qui se retrouve souvent dans les *fandoms* et autour des activités de fans : le refus d'une rétribution monétaire pour le travail accompli et la volonté et le plaisir de partager sa passion même si cela demande un investissement personnel et temporel énorme à imbriquer avec les temporalités quotidiennes.

La construction collective du wiki de fans : l'exemple de Westworld

Westworld est, au même titre que *BSG*, une série de science-fiction diffusée depuis 2017 sur la chaîne américaine du câble HBO. Dans un futur qui semble proche, la compagnie Delos a créé des parcs d'attractions dans lesquels sont reconstituées des périodes historiques. Les visiteurs de ces parcs sont accueillis par des Hosts, des robots qui ressemblent parfaitement aux humains, jusqu'aux sentiments qu'ils peuvent exprimer. Tout comme dans *BSG*, les robots-hosts (attention spoiler !) se révoltent à la fin de la saison 1 et tuent les visiteurs, les administrateurs et les membres de la sécurité du parc, provoquant ainsi le chaos et un changement des rapports de pouvoir entre humains et robots.

Comme le souligne Hélène Bréda, « *Westworld est une fiction qui parle de la fiction* », une sorte de « méta-storytelling »[259] qui construit un univers narratif (le parc et ses faux-semblants) à l'intérieur d'un univers narratif (la série). La diégèse fabrique alors un univers narratif complet, et les personnages naviguent entre réalité et fiction (les narrations liées au parc d'attractions) à l'intérieur même de la fiction (la série). Le caractère méta-fictionnel et le méta-storytelling de la série la classent parmi les séries à narration complexe avec un fort potentiel sériel, avec des temporalités qui se chevauchent et des mystères qui planent sur l'identité des hosts puisqu'ils ressemblent à n'importe quel être humain. Ces éléments en font une série qui est

---

259. Hélène Bréda, « Les mondes possibles de *Westworld* : du méta-storytelling à l'immersion transmédia », *Synergies Italie*, nº 13 « Fragments d'un discours narratif : le storytelling dans tous ses états », dirigé par Mélanie Bourdaa & Maria Margherita Mattioda, 2017, p. 107-118. http://gerflint.fr/Base/Italie13/italie13.html.

particulièrement suivie et commentée par les fans, notamment sur la recherche d'indices, les spoilers ou bien sur l'énonciation et l'argumentation de théories.

Parmi les nombreuses activités de fans déployées autour de *Westworld*, la création du wiki agit comme la mise en ligne d'une ressource d'information non-officielle (car non affiliée à la chaîne de diffusion) pour la communauté. Le wiki se nomme Westworld Wiki[260] et a pour sous-titre « *better than real* » (mieux que la réalité), ce qui ancre le site dans un discours quasi métafictionnel lui aussi.

Sachant que « *les wikis sont des archives générées par les fans, que d'autres usagers peuvent lire, compléter, modifier, dans lesquelles ils peuvent ajouter des photos ou des liens, revenir à une forme précédente, ou même qu'ils peuvent effacer complètement* »[261], le Westworld Wiki propose de mettre à disposition des fans et des usagers un grand nombre d'informations factuelles sur la série (saisons, parcs, personnages, temporalités, lieux) mais également sur les paratextes (les références littéraires qui apparaissent dans la série) ou sur les extensions narratives transmédiatiques (les nombreux sites Internet qui ont émergé autour de la série, ou les expériences immersives et de récréation du parc en grandeur nature). Dans ce sens, le wiki fonctionne comme beaucoup d'autres wikis gérés et administrés par des fans, ce qui est confirmé par Michael Lacey, un des administrateurs : « *La structure architecturale du wiki est standard et basée sur la structure d'autres wikis. Sur certains aspects, il est mieux structuré que d'autres, par exemple sur l'usage des catégories, sur la génération automatique de galeries d'images* » (Bourdaa, entretien personnel, 12 juillet 2018).

---

260. http://westworld.wikia.com/wiki/Westworld_Wiki.

261. Paul Booth, *Digital Fandom*, *op. cit.*, p. 89.

Dans un entretien accordé à Deborah Kaplan, les administrateurs du wiki de *Supernatural* (The WB / The CW, 2005-2020) mettent également en avant cet aspect essentiel du wiki, son essence même : « *L'équipe d'administrateurs a son propre mode opératoire : notre objectif n'est pas de faire valoir notre point de vue, promouvoir un travail de fan ou un canon par rapport à un autre, être les arbitres des goûts et opinions. Notre objectif est de documenter de la façon la plus exhaustive possible.* »[262]

Les fans qui ont contribué à l'élaboration de ce wiki proposent une cartographie la plus complète possible du monde narratif de la série, et du monde narratif à l'intérieur de la série. Ils en réécrivent le parcours, les destinations, les points d'intérêts pour offrir aux autres fans et usagers une vue d'ensemble de la narration. Cette réécriture factuelle porte une empreinte multi-auctoriale, chaque fan étant à même de participer à cette écriture collaborative et à éditer les pages du wiki.

Dans l'entretien qu'il nous a accordé par mail, Michael Lacey explique qu'il était fan du film de 1973 et que, lorsqu'il a su qu'une série était en production, il a demandé à rejoindre le wiki du film : « *Le wiki était inactif ou du moins quasiment inactif, donc j'ai commencé à le changer pour l'accommoder à la série. J'ai également contacté le créateur du wiki (Roger Murdoch) pour connaître les plans qu'il avait pour une refonte éventuelle. Il était occupé par d'autres projets donc il m'a donné les droits d'administrateur* » (Bourdaa, entretien personnel, 12 juillet 2018). Les droits sur la gestion et l'organisation ont été ici transférés d'un fan à un autre plus disponible, témoignant d'une part de la confiance qui peut exister entre deux fans concernant la gestion de ressources

---

262. Deborah Kaplan, « Interview with the Super-wiki admin team », in « Saving People, Hunting things », dirigé par Catherine Tosenberger, , special issue, *Transformative Works and Cultures*, nº 4, 2010. https://journal.transformativeworks.org/index.php/twc/article/view/200/137.

et d'informations, et d'autre part de l'investissement personnel et temporel que cela peut engendrer.

Mais ce qui est surtout intéressant dans ce wiki, c'est l'organisation interne et les règles et règlements intérieurs mis en place par les fans eux-mêmes. Une page intitulée *Policies, guidelines and parent filter* détaille les politiques du site en matière d'écriture de contenu et d'utilisation d'images. Pour cette dernière option, les administrateurs expliquent comment les images doivent être utilisées sur le site, taguées, surtout si elles sont la propriété de HBO, selon un système de catégories richement pourvu. Des sanctions sont prévues pour les usagers qui ne respecteraient pas ces règles de bonne conduite et de bonne rédaction du wiki : trois étapes d'avertissement existent qui, si elles ne sont pas suivies, conduisent à une exclusion du site pour une durée minimum de trois mois. Ces « punitions » édictées par les fans eux-mêmes permettent de maintenir une bonne entente, les administrateurs rappelant que « *tout le monde est là pour s'amuser, et nous ne souhaitons sanctionner personne* ».

Lorsque des usagers du site téléchargent des images sans se référer au guide proposé, ils reçoivent de la part des administrateurs un message avec une icône signifiant l'avertissement. Tout cela est rappelé dans la section *user behaviour* qui liste les comportements interdits sur le site sous peine de se faire exclure temporairement ou définitivement : le vandalisme, l'impolitesse et l'irrespect envers les autres fans, l'expression d'opinions religieuses et politiques. Il est également précisé que lorsque deux fans entrent en confrontation sur le wiki, il leur est conseillé de déplacer la conversation sur leur espace de messagerie privée pour ne pas entacher le bon déroulement du site et les bonnes relations entre les autres membres de la communauté. Si aucun arrangement au conflit n'est trouvé, les administrateurs tranchent et jugent le cas.

L'autre page intéressante est celle sur les rôles et les organisations à l'intérieur de la communauté gérant et administrant le wiki[263]. Ces rôles réinjectent une forme de hiérarchie dans le *fandom*, en assignant des places, des fonctions et des droits à certains membres de la communauté. Certains fans sont simplement à la recherche d'une forme de pouvoir au sein de leur communauté, ce qui semble aller à l'encontre de la déontologie et du fonctionnement des *fandoms*. C'est pourtant ce que nous confirme Michael Lacey lors de l'entretien : « *C'est compliqué de choisir des administrateurs. J'ai découvert que pas mal de personnes qui expriment un intérêt pour cette tâche sont attirées par le titre de la fonction et l'autorité leur permettant de donner des ordres aux autres. Éviter ces personnes et créer un environnement collaboratif peut parfois être compliqué* » (Bourdaa, entretien personnel, 12 juillet 2018).

Dans cette organisation, qui fonctionne d'ailleurs comme n'importe quelle organisation de travail, il existe trois fonctions principales. Les employés (*staff*) ont accès au wiki dans son intégralité. C'est le premier échelon dans la hiérarchie établie. Les administrateurs, second échelon, ont des fonctions spécifiques liées à leur statut : effacer les pages, les historiques et télécharger des fichiers, bloquer une page pour qu'elle reste figée, bloquer des adresses IP en réponse à des sanctions, éditer l'interface ou changer l'ergonomie du wiki. Pour obtenir ce rang, les fans doivent avoir prouvé leur efficacité et leur productivité sur le site. Le bureaucrate, qui est en général le créateur du site, a le pouvoir de nommer les administrateurs et d'autres bureaucrates pour gérer le site à ses côtés.

Toutes ces tâches administratives sont bien entendu chronophages comme le souligne Michael Lacey : « *Pendant les saisons*

---

263. http://westworld.wikia.com/wiki/Westworld_Wiki:Administrators.

de Westworld, *je travaille sur le wiki entre une et deux heures par jour. Pendant les hiatus, je travaille chaque mois dessus. Les règles de la plateforme permettent aux éditeurs de prendre le contrôle du wiki lorsqu'aucun administrateur n'a été actif pendant six jours. Je recruterais bien des administrateurs mais pas ceux qui veulent juste faire le minimum de travail nécessaire pour obtenir le titre d'administrateur*» (Bourdaa, entretien personnel, 12 juillet 2018). Le fan confirme ici que ce travail demande un investissement personnel et temporel important puisque même les règles et l'ergonomie de la plateforme prévoient des «sanctions» contre une certaine inactivité. Le fan est alors obligé, s'il veut garder son statut, de continuer à fournir un travail pour la communauté.

Travail de fans vs cadeau à la communauté

Toute activité de fan peut être considérée à la fois comme un travail, qui prend du temps et dans lequel le fan s'investit émotionnellement, techniquement et intellectuellement, et comme un cadeau fait à la communauté, et parfois à la production. Ces travaux peuvent prendre plusieurs formes, comme la collecte et l'archivage d'informations par exemple. Tisha Turk rappelle d'ailleurs que «*les communautés de fans constituées autour de textes médiatiques se construisent autour de la production de contenus, mais la majeure partie de ce que les fans produisent n'est pas de l'art, mais de l'information, des discussions, des architectures, des ressources, des métadonnées.*»[264]

La création et le maintien de ces sites posent la question d'un travail gratuit des fans, car non rémunéré, par rapport

264. Tisha Turk, «Fan work: Labor, work and participation in fandom's gift economy», *Transformative Works and Cultures*, nº 15, «Fandom and/as labor», dirigé par Mel Stanfill & Megan Condis, 2014. http://journal.transformativeworks.org/index.php/twc/article/view/518/428.

à l'industrie qui peut se réapproprier ces créations[265], mais également entre les fans eux-mêmes. Il est question ici de la valeur (ajoutée) des productions et du travail des fans. «*Les communautés de fans vivent grâce au travail des fans, et ce travail produit du plaisir, de la collectivité et divers biens matériels et immatériels qui donnent au* fandom *la forme d'une communauté de pratique ou d'une culture.*»[266] Ici revient la notion de bonheur qui était déjà apparue lors de nos enquêtes sur l'appartenance à la communauté.

Dans les deux exemples que nous avons choisi d'analyser, les créateurs et administrateurs des sites et wikis produisent un travail qui leur demande un investissement temporel (recherche d'informations, architecture du site, administration, gestion) et qu'ils vont offrir à la communauté des deux séries, sans demander de contrepartie financière. Pour Paul Booth, ces activités des fans dans une communauté relèvent de ce qu'il a qualifié d'«économie numérique gratuite» (*digi-gratis economy*), qui représente une «*nouvelle forme d'économie du Web Commons par les fans.*»[267] Booth explique que les fans créent et partagent des contenus sans attendre d'argent ou de récompense en retour, si ce n'est de contribuer à leur rôle de fan et d'appartenir à une communauté de pratiques.

Pour les fans qui participent à divers degrés d'implication et d'engagement dans ces activités, la notion de récompense

---

265. Nous avons déjà travaillé sur cette notion de réappropriation des productions de fans par la production dans Mélanie Bourdaa, «La promotion par la création des fans. Une réappropriation du travail des fans par les producteurs», *Raisons Politiques*, nº 62, «Pop et populaire. Politiques du mainstream», dirigé par Keivan Djavadzadeh & Pierre Raboud, 2016, p. 101-114.

266. Mel Stanfill & Megan Condis, «Fandom and/as labor», *Transformative Works and Cultures*, nº 15, 2014. http://journal.transformativeworks.org/index.php/twc/article/view/593/421.

267. Paul Booth, *op. cit.*

l'emporte sur celle de rétribution financière : «*Cela ressemble parfois plus à un travail qu'à un passe-temps, mais les Nolans [les créateurs de la série, NDLR] travaillent dur pour proposer une série fascinante, donc cela récompense les efforts que nous faisons pour décrire et documenter la série*» (Bourdaa, entretien personnel avec Michael Lacey, 12 juillet 2018). Il existe également une forme d'hommage de la part des fans, qui par leur activité et leur travail, remercient d'une certaine façon la créativité des équipes de la série. Les scénaristes travaillent pour proposer une narration complexe et satisfaisante, il est donc normal pour les fans de leur rendre la pareille, en investissant du temps personnel dans un travail autour et pour la série. Dans ce sens, pour les fans, le travail gratuit n'est pas forcément du travail exploité parce que la compensation se situe souvent dans l'échange et le partage des communications.

Mais ne serait-ce pas utopique de penser que le travail des fans ne leur apporte que du plaisir ? Ne serions-nous pas, en réalité, face à du *digital labor* avec ces travaux et productions de fans ? Ce travail numérique est, selon Antonio Casilli, «*la réduction de nos liaisons numériques à un moment du rapport de production, la subsomption du social sous le marchand dans le contexte de nos usages numériques,* [...] *les activités numériques quotidiennes des usagers des plateformes sociales, d'objets connectés ou d'applications mobiles.*»[268] À l'inverse du web social et participatif, qui fait la part belle aux activités des publics médiatiques et donc des fans, le *digital labor* relativise ce point et postule que les productions des publics, visibles grâce aux traces numériques laissées (commentaires, annotations, discussions, critiques, tweets), relèvent d'un réel travail symbolisé entre autres

268. Antonio Casilli, «Digital Labor : travail, technologies et conflictualité», in Antonio Casilli & Dominique Cardon, *Qu'est-ce que le digital labor ?*, INA, 2015, p. 10-42.

par un investissement temporel et personnel dans l'activité. Ici, la rétribution financière est remplacée par « la monnaie affective »[269], qui se matérialise par les nombreux commentaires laissés par la communauté sur le site et sur le wiki, par les remerciements des autres fans pour le travail fourni, par les partages du travail par les autres fans.

Nous pensons que le *digital labor* est une notion qui s'appliquerait plus aux usagers d'Internet qui fournissent un travail gratuit pour des plateformes commerciales telles Amazon, Uber ou Airbnb par exemple. La relation qu'entretient le fan avec son travail de production de contenu est plus réflexive, les fans ayant conscience de travailler gratuitement mais le faisant pour le bien de la communauté, afin de partager des savoirs, des informations, des discussions, des contenus. C'est ce que nous a signalé Michael Lacey lorsqu'il nous disait avoir conscience de faire un travail mais qu'il était content de le faire pour remercier les producteurs de la série et partager et créer en commun avec les autres membres de la communauté. Une nouvelle organisation de travail se met en place dans laquelle les fans produisent collectivement des contenus, des ressources, des banques de données, des archives, des bibliothèques, des encyclopédies, des index, pour valoriser leurs séries et partager avec la communauté. La rétribution financière n'est pas le but recherché par ces fans, et le plaisir (de créer, partager, produire, commenter, discuter) se substitue à une gratification monétaire. En réalité, plutôt que de fournir un travail au sens économique du terme, les fans producteurs agissent comme des intermédiaires entre la communauté et les producteurs officiels, acquièrent un statut à l'intérieur de la communauté. De leur côté, les producteurs

269. Trebor Scholz (ed.), *Digital Labor: The Internet as Playground and Factory*, Routledge, 2013.

entretiennent ce lien et valorisent les productions des fans afin de construire la marque de leur série[270].

Les fans se fabriquent plutôt un capital social et symbolique dans une économie qui semble de plus en plus « hybride »[271]. Bertha Chin parle quant à elle de capital social reposant sur le statut et la réputation[272]. Elle précise : « *Plutôt que de supposer que les fans sont exploités par l'industrie médiatique lorsqu'ils collaborent avec les producteurs de médias, il est important de reconnaître leur voix dans cette collaboration, et qu'il existe d'autres motivations en jeu.* »[273] Une nouvelle économie du don / contre-don, une économie façonnée par le dialogue entre fans et producteurs médiatiques dans laquelle ils produisent mais sont reconnus socialement pour cette production, se met en place. Plus que d'être aliénés par un système de travail et commercial qui les exploiterait, les fans participent à la construction d'une économie médiatique en acquérant un capital social et une réputation dans la communauté mais également dans la sphère publique.

---

270. Nous avons déjà traité de ce lien entre fans et producteurs dans un texte paru dans *Raisons Politiques*. Il est quand même important de noter que tous les producteurs ne valorisent pas les productions de fans. Par exemple, G.R.R. Martin considère les fanfictions autour de *Game of Thrones* comme une atteinte à l'œuvre qu'il a créée.

271. Nele Noppe, « Why we should talk about commodifying fan work », *Transformative Works and Cultures*, nº 8, 2011. http://journal.transformativeworks.org/index.php/twc/article/view/369/240.

272. Bertha Chin, *op. cit.*, 2014

273. Bertha Chin, *ibid.*

Le cosplay : performance et corps comme vecteur de l'activité de fans

Nous avons décidé d'analyser la pratique du cosplay (*costume + play*), et ce pour plusieurs raisons : cela va nous permettre d'aborder une activité de fans qui touche à la fois à l'identité, à l'affect et aux compétences techniques. Le cosplay positionne le corps comme une expression de l'identité du fan qui se donne alors à voir, et s'inscrit dans une dynamique collective au sein d'une communauté. La pratique du cosplay comme activité de fans a été relativement peu étudiée et quasiment pas en France, parce que «*les études de fans, en tant que champs théoriques, se sont focalisées historiquement sur la production textuelle transformative des fans femmes à travers la création et la circulation de fanfictions, fan arts et vidéos. Le cosplay, au contraire, se présente comme une forme de production de fans mimétique.*»[274] En effet, la plupart des activités de fans s'attachent à retravailler et transformer des œuvres culturelles, ou des parties d'œuvres culturelles, afin de (re)produire du sens (ce que les Anglo-saxons appellent *transformative works*). Avec le cosplay, les fans vont imiter ou retravailler, à travers la création d'un costume, leur personnage préféré afin de le personnifier au maximum, lui donner corps et vie dans l'espace collectif du *fandom*. La pratique du cosplay relève donc d'une création identitaire pour le fan : il réécrit des personnages ou des œuvres culturelles, il s'insère dans une œuvre à la manière des fanfictions dites *Mary Sue*, il négocie et croise plusieurs identités, il évolue dans plusieurs espaces réels

---

274. Suzanne Scott, «"Cosplay Is Serious Business": Gendering Material Fan Labor on *Heroes of Cosplay*», *Cinema Journal*, vol. 54, nº3, 2015, p. 146-154. https://muse.jhu.edu/article/579663/pdf.

(telles des conventions) et en ligne (les forums, les tutoriels YouTube), et il participe grâce à sa créativité à la construction de la communauté de fans.

Le cosplay n'est pas une pratique de fans nouvelle. Il trouve ses origines dans les communautés de fans de science-fiction et dans les communautés d'*otakus* japonais qui apprécient les manga (dessins) et les animes (dessins animés). Le terme cosplay a été proposé pour la première fois en 1980 par Takahashi Noboyuki, un créateur de jeux vidéo japonais, lorsqu'il a participé à une convention de fans aux États-Unis et observé les pratiques de déguisement de certains. La pratique du cosplay est plus développée au Japon, pays dans lequel des manifestations spontanées prennent vie dans les parcs de la ville de Tokyo où se rassemblent les cosplayers, où des bars organisent des concours et des magasins vendent des articles et tenues complètes. En Occident, avant et en parallèle de la visibilité des conventions de fans et par extension des pratiques qui y sont associées, le cosplay permettait et permet toujours aux fans d'Histoire de reconstituer des batailles célèbres ou des périodes historiques entières. Le phénomène « Grandeurs Nature » rentre également dans ce cadre.

Quelle que soit l'œuvre de départ, le cosplay revêt, selon Nicolle Lamerichs, quatre éléments fondamentaux : une histoire, des habits, une performance devant des spectateurs, et un sujet ou joueur[275]. Merey Cosplay, que nous avons interrogée, confirme l'importance du personnage et son histoire et du lien que le cosplayer entretient avec lui : « *Je choisis des personnages auxquels je suis particulièrement attachée, qui ont pour moi une résonance particulière. Je ne me vois pas choisir un personnage*

---

275. Nicolle Lamerichs, « Stranger than fiction: Fan Identity in Cosplay », *Transformative Works and Cultures*, vol. 7, 2011. https://journal.transformativeworks.org/index.php/twc/article/view/246.

uniquement pour son design sans apprécier son caractère, son histoire, etc. » (Bourdaa, entretien personnel, 7 octobre 2018). Le lien qu'elle tisse avec le personnage et son histoire permet à la cosplayer de créer une authenticité à la fois dans le costume mais également dans l'incarnation du personnage. Toutefois, les cosplayers ne choisissent pas toujours des personnages qu'ils affectionnent, mais ce qui revient toujours, c'est la connaissance approfondie de l'univers narratif et de la psychologie du personnage.

Le cosplay est effectivement bien plus que le simple fait de s'habiller comme son personnage favori et provoque un affect chez le fan. Les fans s'inscrivent forcément dans un univers narratif lorsqu'ils endossent le costume qu'ils ont créé ; ils personnifient le personnage. Mais ils racontent aussi leur propre histoire, de la même façon que les auteurs de fanfictions, qui s'approprient des personnages pour refaçonner un contexte, des relations, des intrigues. Le fan met forcément de son identité dans son interprétation du personnage, et plus que de vouloir « être lui/elle » le temps d'une convention ou d'un photo shoot, il joue avec les caractéristiques physiques et psychologiques du personnage pour se l'approprier. Le fan utilise alors son corps pour montrer à voir l'affection et la relation qu'il entretient avec les univers fictionnels. Le fan revêt des habits qu'il s'est confectionnés ou qu'il a achetés dans un magasin spécialisé. Enfin, le fan va mettre en scène son personnage devant un public, en particulier lors des conventions. Souvent, des concours de cosplay ou des déambulations permettent aux cosplayers de se « donner en spectacle » devant un public qui va juger leur performance et leur costume. Nicolle Lamerichs souligne que cette dynamique entre le cosplayer et le/son public garantit l'authenticité du costume et de la performance[276]. Cette authenticité est d'autant plus importante lorsqu'un capital culturel, et notamment historique, entre en jeu. Dans son ouvrage, Brigid Cherry[277] explique que les fans qui produisent des tricots ou des vêtements en rapport avec des périodes historiques précises (comme les fans de la série *Downton Abbey* ou de Jane Austen par exemple) ont le souci de l'authenticité culturelle et historique, qu'ils souhaitent mettre en avant dans leurs créations.

Lorsqu'ils font du cosplay, les fans fabriquent la plupart du temps les costumes qu'ils portent. Cet acte de création, qui passe par des compétences en couture et en fabrication d'objets, puis par une mise en évidence et en scène du corps comme média de soi, participe du plaisir de s'engager dans cette production quasi artistique voire parfois professionnelle. Cette notion du corps comme média peut également se donner à voir dans les productions artistiques d'Orlan dans lesquelles elle n'hésite pas à faire de son corps le support artistique de ses créations. Par-là, elle se crée des personnages qu'elle incarne ensuite sur plusieurs plateformes médiatiques dans un mouvement transmédiatique. Tout comme les cosplayers, le corps d'Orlan participe d'une création d'art, devient média, et incarnation d'un personnage fictionnel.

Sur la page Facebook de Cosplay France, Lisa Tasha Roman lance une discussion dans laquelle elle écrit : «*Parce que c'est pas toujours facile de s'assumer. Le cosplay m'y a grandement aidé (sic). Et vous en quoi ça vous a aidé le cosplay ?*». Son message est accompagné de deux photographies d'elle-même en cosplayer, portant le costume de Wonder Woman avec pour légende «*Avec*

---

276. *Ibid*.

277. Brigid Cherry, *Cult Media, Fandom and Textiles. Handcrafting as fan art*, Bloomsbury, 2016.

un peu de rondeurs et fière. S'accepter telle que l'on est n'est pas toujours facile de nos jours. Avec un gros travail sur moi-même j'ai réussi.» Plusieurs commentaires de cosplayers suite à ce message mettent en avant l'importance du corps dans cette pratique et le fait que le cosplay les a aidés à s'assumer, à aimer leur corps. Le corps se fait alors vecteur de la narration, incarnation du personnage et devient une aide physique et psychologique pour le cosplayer.

Cependant, il est important de noter que la pratique du cosplay fait se rencontrer plusieurs corps : le propre corps du cosplayer, le corps du personnage incarné, le corps perçu par les publics et les autres fans. Si l'on reprend Monk et Lamerichs, nous pouvons parler de corps esthétique qui est façonné par des codes visuels, de corps incarné qui est le corps de référence du personnage, et de corps travaillé qui est la somme des deux corps précédents. À cette intersection, nous ajoutons un corps assumé ou non par le cosplayer, un corps propre qui rentre en conflit avec le corps du personnage. Mais, «*les multiples corps révélés par les costumes eux-mêmes donnent une signification et favorisent l'engagement des publics dans la pratique culturelle.*»[278]

D'ailleurs, les espaces en ligne (comme les forums et les pages Facebook) et hors ligne (comme les conventions) peuvent être l'occasion de *backlash* envers des cosplayers. Dans ces cas-là, le corps et l'identité sont souvent visés par les publics. Les pairs et publics décrètent alors, sous couvert d'authenticité, que les cosplayers ne peuvent pas incarner tel ou tel personnage à cause de leur couleur de peau ou de leur poids par exemple. C'est ici le corps même du cosplayer qui est mis en cause, et qui ne produit plus l'authenticité fantasmée et attendue.

---

278. Nicolle Lamerichs, «Costuming as Subculture: The Multiple Bodies of Cosplay», *Scene*, vol. 2, nº 1 & 2, 2014, p. 113-125.

Dans ce lien entre corps du cosplayer et corps incarné, qui entraîne parfois un paradoxe ou un mal-être, certains fans choisissent d'incarner un personnage dont le genre est différent du leur. Cette pratique spécifique se nomme *crossplay*, et dévoile ou crée des identités nouvelles. Le cosplayer donne à voir l'incarnation de son double genré, et joue ainsi avec les codes normatifs du genre, tout en restant fidèle au personnage et en mettant en avant l'authenticité dans l'incarnation.

Nous aimerions analyser maintenant le phénomène de création et de mise en scène, les compétences qu'il faut acquérir ou exploiter, les tutoriels et les mentorats qui existent sur les plateformes vidéo et l'entraide qui en découle.

En effet, les cosplayers partagent énormément d'informations, de conseils de création, de vidéos explicatives, pour montrer le résultat de leurs œuvres mais également pour montrer le processus de fabrication et offrir à d'autres membres de la communauté des conseils pour utiliser leurs techniques. «*Je ne savais pas faire grand-chose de mes dix doigts avant de commencer le cosplay ! Je suis encore très amateur mais tout ce que j'ai appris (craft de mousse, sculpture, moulage, travail du bois, couture, peinture…), c'était via des livres, des tutos, des ateliers, des groupes d'entraide. Et surtout beaucoup de temps de recherche sur Internet !*» (Bourdaa, entretien personnel, 7 octobre 2018). L'aspect numérique, l'apprentissage, les dispositifs de tutoriels en ligne sont autant d'éléments fondamentaux dans la pratique du cosplay, qui créent une émulation et un partage de techniques au sein de la communauté.

Et pour les cosplayers, tout cela passe par des dispositifs numériques et techniques et en particulier par la création de pages Facebook et de chaînes YouTube. Comme le précise Nicolle Lamerichs, « *les forums et communautés en ligne sont dévolus à l'entraide focalisée sur des difficultés telles que les perruques stylisées ; les tutoriels réalisés par d'autres fans et les forums de discussions créent une culture dans laquelle les fans s'aident les uns les autres et agissent comme des pairs.* »[279]

Penchons-nous sur la page Facebook « Cosplay France », car Facebook est le média le plus populaire pour les groupes de cosplayers[280]. Par son nombre de membres et son extension, cette page prouve le dynamisme de cette discipline en France et le souhait des fans de se regrouper en communauté et de se retrouver sur des plateformes numériques pour échanger, partager des bonnes pratiques et vivre pleinement leur « art ». Ce groupe Facebook a été créé en 2016 sous le régime d'association de loi 1901 avec donc un bureau composé de cinq membres, également administrateurs et modérateurs de la page. Cela crée une certaine hiérarchie dans la communauté : « *les structures d'adhésion favorisent la formation de hiérarchies à l'intérieur de la communauté, de la même façon que cela encourage les membres à endosser des rôles et des comportement particuliers.* »[281] L'administration de la page Facebook de Cosplay France reprend le même fonctionnement que le Westworld Wiki dans le sens où certains fans prennent en charge des fonctions qui les placent au-dessus des autres fans / membres de la communauté.

Pour devenir membre, il faut en faire la demande via l'interface de la page Facebook et répondre à deux questions sur l'intérêt pour le cosplay et sa pratique. Ce filtre permet aux administrateurs d'avoir la possibilité de rejeter les demandes

---

279. Nicolle Lamerichs, *op. cit.*, 2011, p. 5.

280. Ed Hoff, « Digital Cosplay and Postmodern Constructs of Community », *The Phoenix Papers*, vol. 3, nº 1, août 2017, p. 357-372.

281. Joshua J. Zimmerman, « Computer Game Fan Communities, Community Management, and Structures of Membership », *Games and Culture*, 2017, p. 1-21.

fallacieuses et ainsi éviter des conflits ou une mauvaise ambiance dans le groupe. Lorsque le fan devient membre, il doit accepter les conditions d'utilisation, le règlement intérieur en quelque sorte, rédigées par l'équipe administrative. Cette « charte » édicte les règles de respect et de bienséance, les consignes de publication (sujets, fréquences, spams, contenus diffamatoires). Il est précisé que tout manquement à une des règles donne lieu à des sanctions «*allant de l'avertissement jusqu'au bannissement définitif*» par l'équipe modératrice. Cette organisation prouve que la communauté des fans fonctionne comme une association ou comme une entreprise avec des hiérarchies, une équipe managériale (les modérateurs et administrateurs), un sujet bien précis (ici le cosplay), des règles et des codes (la charte) et des sanctions (avertissement, bannissement).

Concernant le contenu des messages sur la page, nous pouvons les classer en deux catégories : les conseils, et les mises en scènes par le biais de photographies.

Tout d'abord, de nombreux fans sur la page postent des demandes de conseils pour réaliser leurs costumes et notamment sur les matières à utiliser pour telle ou telle partie de la création. Par exemple, le 1er octobre 2018, un nouveau membre, RuiFilipe Do Carmo Junqueira vient chercher de l'aide pour la confection de son costume du Soldat de l'hiver (Winter Soldier), personnage de Marvel : «*Bonjour, j'ai commencé mon deuxième cosplay (Winter Soldier), avec la création du bras. Après avoir regardé plusieurs tutos sur YouTube, j'ai fait la technique du pepakura et du cellophane mais après plusieurs essais, je n'arrive toujours pas à avoir un moule de mon bras correct. Les patrons sont soit trop petits soit trop grands. Est-ce qu'il y aurait quelqu'un sur Tours qui puisse m'enseigner la bonne technique pour avoir un patron sur mesure à mon bras.*» Ce cosplayer n'en est pas à son premier essai de création de costume mais, devant les difficultés qu'il rencontre, décide de solliciter l'aide de la communauté Facebook.

Ce qui est en filigrane ici, c'est la culture *DIY* du cosplay, où les fans cherchent les meilleures solutions pour réaliser leurs costumes et partagent leurs découvertes et leurs bonnes pratiques avec les autres membres de la communauté. Il n'existe aucune compétition entre ces fans, mais plutôt une entraide communautaire. Les cosplayers qui débutent sont plutôt à la recherche de conseils simples et de matériaux faciles à trouver et à travailler alors que les plus aguerris, semi-professionnels, préfèrent pour leurs costumes des matériaux et matières plus complexes et luxueuses.

Les informations et les conseils circulent au gré des demandes d'aide des membres ou des partages des fans qui dévoilent leurs secrets de fabrication. Par exemple, répondant aux demandes de plusieurs membres de la communauté suite à sa photographie en costume de Zora, Llewellyn poste le 30 septembre 2018 un tutoriel rédigé sous forme de document de travail, pour réaliser une combinaison en tissu. Ce tutoriel complet décrit les étapes pour la réalisation du costume, propose des patrons similaires à ceux que l'on peut trouver dans des magazines professionnels de couture et des explications techniques pour imprimer un motif sur un tissu en utilisant un logiciel et un site Internet spécialisé. Le tutoriel se termine par les remerciements de la cosplayer à ceux qui lui ont donné des conseils qu'elle (re)partage, et précise avoir réalisé ce document de travail après avoir été questionnée plusieurs fois en conventions sur son costume. Le plaisir du partage, des sentiments du fan pour son personnage incarné dans son costume ainsi que ses compétences techniques numériques mais également en couture, s'expriment pleinement ici.

Ensuite, de nombreuses annonces de concours, de conventions ou de photoshoot sont également disponibles sur la page de la communauté Cosplay France.

Les fans en costume, seul ou à plusieurs, se prennent en photo ou se font prendre en photo par des photographes professionnels, mettant en avant à la fois leurs costumes mais également leurs corps, qui va être le support de leur créativité et un vecteur d'identité. Comme le note Ellen Kirkpatrick, «*les cosplayers utilisent la visualité de leur corps pour réviser leur positionnement culturel et leur identité.*»[282] Mais surtout, les nouvelles technologies ont bouleversé le rapport à la mise en scène des cosplayers qui voient dans Internet et les médias sociaux un moyen de promouvoir leurs personnages et leurs costumes, notamment à travers la photographie.

Il existe trois façons d'utiliser les photographies comme mise en scène dans la pratique du cosplay : par l'intermédiaire des WIP, pour *Work In Progress* ; des *Takucos*, un terme japonais signifiant «faire du cosplay en dehors des conventions et photoshoots» ; et des photographies contextualisées.

Les photographies WIP, nombreuses sur la page Facebook Cosplay France, permettent aux cosplayers de montrer à la communauté le développement et les étapes de la réalisation d'un costume jusqu'au dévoilement du produit final. Cette pratique favorise un engagement de la part de la communauté et une expectative quant au produit final du cosplayer, puisque les membres et pairs assistent par l'intermédiaire de photographies postées régulièrement sur le site à l'évolution du costume et parfois aux questionnements du cosplayer. De

---

282. Ellen Kirkpatrick, «Towards new horizons: Cosplay (re)imagined through the superhero genre, authenticity and transformation», *Transformative Works and Cultures*, nº 18, 2015. https://journal.transformativeworks.org/index.php/twc/article/view/613/502.

plus, les commentaires et encouragements de la communauté peuvent entraîner une motivation supplémentaire pour le cosplayer à compléter et terminer son costume.

Ed Hoff souligne l'importance de cette pratique dans la construction identitaire du cosplayer qui se dévoile ainsi à la communauté à travers son personnage et ses compétences : «*Les images du travail en cours qui sont partagées publiquement signalent aux fans et aux pairs que le cosplayer non seulement aime son personnage et éprouve le désir de devenir ce personnage dont il porte le costume, mais cela démontre aussi qu'il possède les compétences pour fabriquer lui-même le costume.* »[283]

Sur la page Facebook Cosplay France, un cosplayer prénommé Dorian Dessolin a partagé son album photo intitulé «WIP Iron Man 'Mark 69' Armor (aluminium)»[284] qui détaille en 99 photos le travail qu'il a effectué pour fabriquer son armure du personnage de comic book Marvel, Iron Man. Chaque photo est accompagnée d'un commentaire du cosplayer qui détaille son projet, son évolution, ses difficultés et victoires, sa technique et les matériaux utilisés. Il propose également des photos et vidéos où il essaye son costume, les fans et pairs pouvant voir le costume se monter sous leurs yeux, jusqu'à l'assemblage final des deux cents pièces en aluminium qui vont constituer le costume. Ici, le cosplayer met en avant ses compétences en soudure, donc des compétences plus industrielles qui lui permettent de créer une armure, semblable à celle que porte Tony Stark lorsqu'il se transforme en Iron Man. Son travail témoigne également de sa grande connaissance du personnage puisqu'il crée une armure précise de Iron Man (celle du film),

---

283. Ed Hoff, *op. cit.*, 2017, p. 363-364.

284. https://www.facebook.com/profile.php?id=100007253836061&sk=photos&collection_token=100007253836061%3A2305272732%3A69&set=a.2112308832354224&type=3.

sachant que l'armure a évolué depuis la première apparition du personnage dans les comic books, et a également changé entre le premier film *Iron Man* (Marvel Studios, 2008) et *Avengers: Endgame* (Marvel Studios, 2019).

La deuxième catégorie de mise en scène photographique est appelée *Takucos* ; elle présente les cosplayers en costume dans un environnement totalement décontextualisé. «*Les* Takucos *sont une première manière simple d'entrer dans le monde du cosplay en essayant différents looks et en regardant les réactions des amis à travers les réseaux sociaux, créant une forme unique de communauté qui n'existait pas avant l'avènement des pratiques numériques du cosplay.*»[285]

Sur la page Facebook Cosplay France, le cosplayer Alex Vassal se prend en selfie dans sa salle de bains devant son miroir, dans un lieu intime, qui n'a aucun lien avec son costume, pour voir si la communauté approuve son incarnation de Power Ranger. Il écrit le 1er octobre 2018 : «*Actuellement dans ma salle de bains en plein surkiff total (ça se dit ?). Je suis en train de tester mes nouvelles tenues. Je fais le Power Ranger rouge et le noir pour le Comic-Con. Je ferais (sic) un live sur Instagram plus tard dans la soirée avec tous les accessoires rassemblés.*» Souvent, ces photos ont lieu dans l'espace privé de l'appartement ou de la maison (la chambre, la salle de bains, le salon), le cosplayer voulant tester son costume avant de le porter pour un événement de plus grande envergure et donc le rendre public (ici ce sera pour Comic-Con Paris par exemple). Dans cette catégorie, il n'y a aucune mise en scène de la part du cosplayer qui n'a pas encore tout à fait «apprivoisé» son personnage et son costume et qui préfère passer par une phase d'approbation par les pairs. Il y a tout de même un paradoxe entre les lieux intimes choisis

---

285. Ed Hoff, *op. cit.*, 2017, p. 366.

pour ses photos et le fait de les rendre publiques dans une communauté, même si celle-ci représente un endroit sûr pour les cosplayers. D'un côté, le cosplayer reste dans l'intime ; de l'autre, il se dévoile publiquement.

La dernière catégorie relève des photographies contextualisées dans lesquelles le cosplayer se met en scène dans son costume dans des lieux spécifiques qui font écho au personnage incarné. Généralement, ces photographies sont prises par des photographes professionnels qui sont systématiquement crédités dans les commentaires du cosplayer et sur la photographie éditée. Par exemple, le photographe professionnel, spécialisé dans les portraits de cosplayers et les conventions de fans, met en scène la cosplayer Merey Cosplay en costume de Wonder Woman, dans plusieurs postures et poses : adossée à un mur de pierre, pour recréer l'atmosphère de fin de bataille du no man's land du film, ou tenant son lasso de vérité (avec un effet spécial rajouté en postproduction), ou sortant d'une forêt. De façon intéressante, cette séance photo a eu lieu à Hartmannswillerkopf, un site historique de la Première Guerre mondiale situé en Alsace. Le choix de ce site n'est évidemment pas anodin puisque l'action du film *Wonder Woman* (Warner Bros, 2017) se passe lors de la Première Guerre mondiale, permettant ici de recréer un lien fort entre le contexte du lieu et la fiction incarnée dans le personnage de la cosplayer. L'authenticité du costume passe ici par le contexte du lieu et la mise en scène choisie par le photographe pour mettre en valeur la cosplayer. Selon Merey Cosplay, elle a «*discuté en amont du jour du shoot (avec le photographe) pour choisir ensemble un lieu, un style*» (Bourdaa, entretien personnel, 7 octobre 2018). Ces photoshoots sont donc un travail collaboratif et de négociation interprétative entre la cosplayer et le photographe. Car même si parfois les photographes peuvent diriger les cosplayers, un dialogue entre les deux parties permet de mieux mettre en avant le costume, le personnage, le cosplayer et le travail du photographe en contextualisant la séance par un lieu, un objet, une pose.

Si nous regardons la page professionnelle du photographe, nous découvrons de nombreuses photographies de cosplayers dans différentes mises en scène suivant les personnages incarnés (dans une pièce de château près d'un chandelier pour Belle, près d'un lac pour le thème Petite Sirène, par exemple). Le photographe propose également des photographies de cosplayers seuls ou en groupe lors de convention sur un fond noir, laissant les cosplayers libres sur leur positionnement face à l'appareil. À travers ces mises en scènes, une relation de confiance s'établit entre le photographe et ses modèles, qui cherche à sublimer et mettre en valeur à la fois une double identité, celle du cosplayer en lui-même et celle du personnage qu'il incarne à travers le costume.

Une autre façon pour les cosplayers de partager leur art, leurs compétences et leur créativité avec une communauté passe par la création de chaînes YouTube proposant des tutoriels sous forme de vidéo. La mise en scène du cosplayer est là aussi importante puisque cela passe par l'image et le son, mais elle répond plus à une logique d'apprentissage et de transmission de compétences que de mise en valeur du corps et du costume comme ce que nous avions pu observer pour les photographies sur Facebook. Ces vidéos constituent un exemple de créations et productions amateurs qui parfois se rapprochent de créations professionnelles, dans lesquelles les fonctionnalités même du principe *How-To* croisent des problématiques esthétiques et de divertissement.

Dans ces cas-ci, les cosplayers, qui endossent également le rôle de YouTubers, partagent leurs connaissances et leurs techniques et élaborent une sorte de mentorat pour les autres membres de la communauté de fans. Ce mentorat est un des éléments clés de ce que Jenkins a qualifié de « culture participative ». Mizuko Ito souligne l'importance du partage de connaissances et le rôle joué par les médias numériques dans cette circulation de la connaissance : « *Je suis toujours émerveillée de voir comment les jeunes fans s'approprient la connaissance et des compétences en s'engageant avec d'autres fans autour d'une passion commune, et comment ils utilisent les médias numériques pour créer de nouvelles formes de production créative.* »[286] Les vidéos de tutoriels cosplay sur YouTube répondent aux mêmes logiques de partage de connaissances et bonnes pratiques. Elles mettent également en avant les compétences techniques en termes de scénarisation, réalisation et montage vidéo du cosplayer, et proposent des tutoriels pour créer des costumes ou des objets voire un cours gratuit en ligne de deux semaines intitulé « How to Cosplay for beginners – The Foam Forge ».

La mise en scène des vidéos est assez stéréotypée. Tout d'abord, le cosplayer apparaît à l'écran face caméra et annonce dans une courte introduction l'objet ou la partie du costume qu'il va réaliser. Il dévoile le produit final à la caméra pour ensuite mieux en montrer les étapes de fabrication. Pour cette partie, le cosplayer peut se mettre en costume et utiliser l'objet qu'il a fabriqué, comme pour la vidéo du sabre laser de Luke Skywalker (*Star Wars*) où, habillé en Jedi, il agite le sabre qu'il a construit en faisant les bruits emblématiques de la saga. Puis le générique s'affiche avec le logo de la chaîne YouTube, donnant clairement une identité visuelle, s'apparentant à un travail quasi professionnel. Ensuite commence réellement le tutoriel avec les explications et les conseils sur la fabrication en voix off et une caméra qui filme en gros plan les matières, les patrons, les découpages, les

286. Henry Jenkins, Mizuko Ito & danah boyd, *op. cit.*, p. 93.

formatages, les assemblages. Puis le produit final est montré à l'écran en situation. Par exemple, l'armure de Wonder Woman est portée par une cosplayer lors d'une convention pour signifier que le costume est bien réel et que les conseils du tutoriel permettent d'aboutir à la création d'un costume portable.

Ces vidéos ne demandent pas de grandes compétences en réalisation et montage ni du matériel technique de professionnel et sont assez courtes (elles ne dépassent pas dix minutes). Elles ont pour objectif principal de fournir des guides de bonnes pratiques aux autres cosplayers pour réaliser leurs costumes. Ces tutoriels vidéo, qui attirent de nombreuses vues et commentaires, peuvent être envisagés comme des formes de résistance des publics face aux costumes prêts à être achetés (souvent franchisés par les industries culturelles) et permettent d'exacerber la créativité des fans cosplayers en érigeant cet art au rang d'expérience[287].

La page Facebook Cosplay Apprentice offre un cours en ligne entièrement consacré aux bases du cosplay avec là encore des conseils de fabrication, de matières à utiliser, ou de modèles à dessiner. Dans les vidéos de présentation, à plusieurs reprises, le cosplayer utilise des termes ayant trait à la confiance en soi, à la sociabilisation : «*Ces costumes géniaux vous donneront la confiance dont vous avez besoin pour sortir de vous-mêmes, parler à d'autres et vous faire des amis avec des fans qui aiment les mêmes communautés que vous.*» Le costume devient ici moteur de la mise en avant de son identité de fan, et de son identité de cosplayer. Le cosplayer offre à sa communauté, grâce à des conseils efficaces et simples à suivre, l'opportunité d'acquérir les compétences nécessaires pour se créer ses propres costumes et d'intégrer la communauté des cosplayers.

---

287. John Dewey, *Art as Experience*, Perigee, 1934.

Ce sens de la communauté est fondamental pour les cosplayers. Sur la présentation de sa chaîne YouTube de cosplayer, MangoSirene écrit : «*Je fais du cosplay depuis 2007, et j'aime à penser que j'ai appris un truc ou deux en 9 ans ! Je vais faire de mon mieux pour donner des conseils et des tuyaux pour les plus jeunes cosplayers alors qu'ils entrent dans l'univers fou des gens déguisés – ce qui peut être étouffant pour les nouveaux venus. J'espère aider les nouveaux cosplayers et les accueillir comme il se doit dans la communauté.* »[288]

Tout comme au sein des communautés de fans en ligne, les membres des communautés de cosplayers partagent des intérêts communs, des codes, et construisent des interactions sociales sur une plateforme sociale. Dans ce contexte, la définition de la communauté en ligne proposée par Rotman et Preece s'applique bien aux phénomènes des chaînes YouTube de cosplay : «*Une communauté en ligne est un groupe (ou des sous-groupes variés) de gens, rassemblés autour d'un intérêt commun, utilisant une plateforme virtuelle, pour interagir et créer des contenus accessibles à tous les membres de la communauté, tout en cultivant une culture commune et adhérant à des normes spécifiques.* »[289] À cette définition, nous ajouterons le mentorat et la transmission de compétences qui se mettent en place à travers les tutoriels vidéo et le sentiment d'appartenance et d'affiliation qui se construit dans les échanges entre les membres de la communauté et avec le cosplayer qui poste les vidéos et tutoriels.

La pratique du cosplay apporte donc «*beaucoup d'épanouissement personnel, le fait d'apprendre autant de choses, de créer un projet et de le mener jusqu'au bout est très enrichissant et me*

---

288. https://www.youtube.com/user/MangoSirene/about.

289. Dana Rotman & Jennifer Preece, «The "WeTube" in YouTube – Creating an Online Community through Video Sharing», *International Journal of Web Based Communities*, vol. 6, nº 3, 2010, p. 317-333.

permet de gagner en confiance en moi. Cela permet aussi de créer des relations avec des gens qui partagent les mêmes passions que moi, d'autant que la communauté cosplay, de mon point de vue de petite cosplayer a toujours été très solidaire et sympa » (Bourdaa, entretien personnel, 7 octobre 2018). Cette activité fait partie des activités créatives des fans, au même titre que l'écriture de fanfiction, la création de fan arts ou le montage vidéo par exemple, et elle met en avant des compétences spécifiques, une imagination importante et un désir de partage. Seulement, ici, avec le cosplay, le corps devient média et porteur de la créativité. En réalité, le corps participe d'un réseau médiatique plus large[290], entrelacé avec des pratiques numériques, photographiques et vidéos, fournissant aux fans une façon de s'accepter à travers l'incarnation d'un personnage. Il existe d'autres manières d'utiliser le corps comme démonstration d'une pratique fanique, notamment à travers les tatouages[291]. Mais avec le cosplay, plusieurs éléments rentrent en jeu : des questions identitaires, une mise en perspective narrative de soi et du personnage, et enfin un hommage à la culture populaire et aux univers sériels.

Le cosplay est une activité de fans, qui se donne principalement à voir comme un spectacle. Il est intéressant de l'analyser au prisme des études sur la performance (*performance studies*), entendues ici dans un contexte de spectacle. Le terme de « performance » a été proposé par John Austin[292] qui le rattachait alors au langage et au faire. Pour lui, les phrases sont des

---

290. Mike Featherstone, « Body, Image and Affect in Consumer Culture », *Body and Culture*, vol. 16, nº 1, 2010, p. 193-221.

291. Bethan Jones, « Written on the body: Experiencing affect and identity in my fannish tattoos », *Transformative Works and Cultures*, vol. 16, 2014. https://journal.transformativeworks.org/index.php/twc/article/view/527/443.

292. John Langshaw Austin, *How to Do Things with Words*, Harvard University Press, 1962 [*Quand dire, c'est faire*, Seuil, 1970].

performances dans le sens où elles font ce qu'elles disent. Le mot *to perform* peut alors être traduit par « faire, réaliser, accomplir », ou encore plus intéressant pour notre contexte, « jouer ». C'est ensuite Judith Butler qui a repensé le terme de performativité. Elle envisage la performativité comme une pratique réitérative et citationnelle par laquelle le discours produit les effets qu'il nomme[293]. En réalité, ce que Butler perçoit, c'est que le sujet construit son identité par la répétition et le pouvoir des discours. Ce sont ces deux éléments, répétition et récitation, qui façonne le sujet, et notamment dans son genre et son sexe.

Kunert et Greco[294] analysent dans leur travail la rencontre entre les pratiques de drag et la performance, entendue comme spectacle. Selon eux, la culture drag fait « *du corps un espace de création artistique et de contestation de l'ordre social* »[295]. Le corps devient l'expression de l'identité et agit comme un média, tout comme pour le cosplay.

D'ordinaire la culture drag est plus facilement rapprochée de la pratique du *crossplay*, dans le sens où les deux envisagent un changement de genre symbolique et parfois politique qui passe par le choix du personnage et des vêtements ou costumes. La pratique du *crossplay* se donne à voir lorsque le fan choisit un personnage du genre opposé qui lui plaît pour son esthétique ou ses caractéristiques. Comme le souligne Nicolle Lamerichs, « *certains* crossplayers *aiment le défi de se comporter comme un personnage du genre opposé, alors que d'autres envisagent par la pratique de mettre en avant la fluidité du genre.* »[296]

---

293. Judith Butler, *Ces corps qui comptent*, Éditions Amsterdam, 2009.

294. Luca Greco & Stéphanie Kunert, « Drag et performance », *Encyclopédie critique du genre. Corps, sexualité et rapports sociaux*, La Découverte, 2016, p. 222-231.

295. Luca Greco & Stéphanie Kunert, *ibid* (https://hal.archives-ouvertes.fr/hal-01612233).

296. Nicolle Lamerichs, *Productive Fandom. Intermediality and Affective*

Toutefois, le point de convergence entre la culture *drag* et la pratique du cosplay par les fans se fait, à notre sens, autour de la mise en relief d'une identité qui passe par le jeu et la performance. Le corps et le vêtement, en sont les éléments fondamentaux, qui permettent aux fans de se révéler et de révéler leur personnage. Tout comme pour la culture *drag*, le cosplay met en scène le corps, exacerbe les gestes, les postures, les mouvements, en particulier lors des défilés des conventions ou des photoshoots. De la même façon pour la culture *drag* comme pour la performance du cosplay, « *les ateliers de fabrication d'un personnage sont de véritables laboratoires de fabrication collective, corporelle et historique, d'un soi.* »[297] Il y a donc, dans la performance du cosplayer, un sentiment de jeu, de performance, tout comme un sentiment d'identité qui opèrent.

Créations de fans et construction d'un univers commun

Pour conclure cette partie, il nous semble important de revenir sur le lien entre les productions de fans et la production officielle, canonique, des œuvres culturelles.

Mais avant cela, le terme « canon » doit être analysé afin de mieux comprendre les imbrications entre les productions canoniques et les productions de fans. Par canonicité ou « canon », nous entendons la production de textes officiels autour d'un contenu culturel donné, donc en quelque sorte l'œuvre officielle telle qu'elle a été produite par les équipes de scénaristes, et la

Reception in Fan Studies, Amsterdam University Press, 2018.

297. Luca Greco & Stéphanie Kunert, *ibid*.

chaîne qui diffuse dans le cas des séries télévisées. Cela englobe également les extensions transmédiatiques officielles qui peuvent enrichir et augmenter la narration et l'univers narratif.

La plupart du temps, canon et fanon sont deux concepts opposables dans le sens où, du point de vue narratif et esthétique de la production mais également du point de vue de la propriété intellectuelle, les créations qui relèvent du fan ne font pas toujours référence à la cohérence de l'histoire et des personnages officiels : «*Le canon représente les événements présents dans la source médiatique qui fournit l'univers narratif, les lieux, les personnages ; le fanon est constitué des productions créées par les fans dans une communauté spécifique et qui se répètent de productions de fans en productions de fans. Le fanon crée souvent des détails particuliers ou des lectures alors même que le canon ne le soutient pas complètement – ou que la propriété intellectuelle l'empêche d'exister.*»[298] Les deux auteurs continuent en proposant l'utilisation du terme «folksonomie» pour souligner comment les fans décident collectivement, souvent à travers l'écriture de fanfictions, de dessiner les traits psychologiques des personnages ou bien les orientations scénaristiques de leurs productions faniques. Il est moins question ici de proposer des tags mais plutôt de souligner les points saillants de tel ou tel personnage ou intrigue. Cette construction d'un univers narratif fanique s'appuie sur des «*schémas cognitifs qui fabriquent leurs propres systèmes de croyances et connaissances.*»[299] Les fans créent en quelque sorte leur propre bible, leur propre document de travail des univers.

---

298. Keidra Chaney & Raizel Liebler, «Canon vs. Fanon: Folksonomies in Fan Culture», *Media in Transition 5: Creativity, Ownership and Collaboration in the Digital Age*, MIT, 2007.

299. Janet H. Murray, *Hamlet on the Holodeck. The Future of Narrative in Cyberspace*, MIT Press, 1998, p. 101.

Dans le livre que nous avons coordonné avec Benjamin W.L.Derhy Kurtz[300], nous essayons d'apporter une réponse aux débats entre canon et fanon en proposant le terme « transtexts », « *une tentative qui permet de repenser le Transmedia Storytelling en réinjectant l'agentivité des publics actifs dans la notion.* »[301] La dichotomie entre les deux types de textes est donc atténuée puisqu'à la fois les textes canoniques officiels et les textes faniques sont envisagés comme faisant partie du même univers narratif. Néanmoins, dans les stratégies de production transmédia, la canonicité est difficile à évaluer car « *peu de séries télévisées ont tenté de créer des extensions transmédiatiques offrant une telle intégration (de haut niveau) canonique, qui entremêlent des événements qui doivent être consommés à travers plusieurs médias pour une compréhension complète.* »[302] Il existe deux extensions transmédiatiques possibles basées sur une perspective canonique : les extensions qui prolongent le monde narratif de manière cohérente, et celles qui offrent des possibilités hypothétiques plutôt que des certitudes canoniques. Elles invitent les spectateurs à imaginer des histoires et des approches alternatives à la narration qui ne doivent clairement pas être traitées comme des contenus canoniques potentiels.

Mark Wolf fait référence au terme « croissance » pour qualifier des matériaux canoniques qui vont permettre de développer un univers narratif donné et qui nourrissent les histoires. Comme le soulignent Gabriel *et al.*, la définition de *croissance* par Wolf indique clairement que, pour lui, un produit transmédiatique ne peut être considéré comme contribuant à la

---

300. Benjamin W.L. Derhy Kurtz & Mélanie Bourdaa, *The Rise of Transtexts. Challenges et opportunities*, Routledge, 2016.

301. Benjamin W.L. Derhy Kurtz & Mélanie Bourdaa, *ibid.*

302. Jason Mittell, *Complex TV. The poetics of Contemporary Television Storytelling*, NYU Press, 2015, p. 298.

croissance du monde sériel que s'il ajoute de nouveaux matériaux canoniques, c'est-à-dire des informations qui sont «vraies» pour le monde fictif[303]. Cette notion de «vérité» de la diégèse, produite par la production officielle, peut être opposée dans ce contexte à la notion d'histoires alternatives et de versions alternatives des personnages, qui sont écrites et travaillées par les fans. Or, ce qui est intéressant est de voir comment les deux types de productions peuvent s'entrelacer et créer un univers narratif commun, des *transtexts*.

La connexion entre textes officiels et productions, œuvres, textes faniques est essentielle pour comprendre le paysage médiatique contemporain, en particulier autour de la culture populaire. La rencontre des deux formes de textes crée un monde narratif augmenté, riche, qui s'alimente mutuellement. Cette richesse ne serait pas possible sans deux éléments fondamentaux : d'un côté, les béances narratives et «espaces négatifs» laissés par la production officielle ; et de l'autre, la créativité des fans dont nous avons vu de nombreux exemples dans ce livre.

En effet, «*la richesse des matériaux produits par les fans, riches en détails et en imagination, vient remplir les interstices des intrigues officielles, pour suggérer de nouvelles directions, développer des personnages secondaires et construire ou détruire le cadre imposé par la production officielle.*»[304] Ces béances narratives sont autant d'invitations, ouvertes ou obscures (Murray, 1998 ; Ross, 2008 ;

---

303. Nicole Gabriel, Bogna Kazur & Kai Matuszkiewicz, «Reconsidering Transmedia(l) Worlds», in Claudia Georgi & Brigitte Johanna Glaser, *Convergence Culture Reconsidered. Media – Participation – Environments*, Universitätsverlag Göttingen, 2015, p. 163-194.

304. Will Brooker, «Internet Fandom and the Continuing Narratives of *Star Wars*, *Blade Runner* and *Alien*», in Annette Kuhn, *Alien Zone II: The Spaces of Science-Fiction Cinema*, Verso, 1999, p. 50-74.

Bourdaa, 2009), pour les fans à créer, produire des contenus qui viendront enrichir l'univers narratif officiel.

Dans ce sens, la créativité des fans est essentielle à toute œuvre car elle favorise une certaine réflexivité sur les personnages, une meilleure compréhension des intrigues et met à contribution une forme d'intelligence collective pour cartographier ces univers sériels. Ce qui se crée ici est donc une culture commune entre les fans et les producteurs, qui se développe en dehors de toute considération économique pour les fans : «*Les communautés de fans existent toujours en lien avec une culture commerciale ; elle n'est jamais clairement autonome, dans le sens où elle se construit en réponse à des œuvres commerciales, mais il existe une valeur importante accordée à une culture de la création et du partage parmi les membres d'une communauté pour élargir le bien commun et non en vue d'un profit personnel.*»[305]

Notons également deux éléments importants de ces constructions (ou de ces refus de construction) d'univers narratif commun. Premièrement, les productions et chaînes n'hésitent pas à se servir des créations de fans pour promouvoir gratuitement leurs séries. Nous en avons déjà parlé, mais il est important de souligner que ce phénomène de «fanadvertising»[306] instaure une nouvelle relation narrative mais également économique entre production et réception. Javier Lozano Delmar précise dans un entretien pour la revue *Participations*,

---

305. Henry Jenkins, Mizuko Ito & danah boyd, *op. cit.*, p. 141.

306. «*Le terme* fanadvertising *implique la création de contenus non canoniques par les fans. C'est-à-dire que l'émetteur des contenus doit être le fan, indépendamment des initiatives propres à la chaîne de télévision. De la sorte, et à titre d'exemple, le fanadvertising se manifeste tantôt dans la création d'une campagne promotionnelle dirigée par la chaîne qui diffuse le programme (comme le concours de la chaîne ABC pour la série* Lost *invitant les fans de la série à concevoir la promotion de l'épisode final), comme la création de fanvidéos visant à étendre, élargir l'univers de la série.*»

que ces contenus promotionnels générés par les fans «*contribuent à développer et renforcer l'image d'une marque ou d'un produit déterminé*»[307], ici donc des séries télévisées.

Cet usage des contenus officiels à des fins de créations non officielles mais circulant dans la sphère médiatique a parfois créé des tensions entre production et réception, notamment des tensions juridiques. En effet, les producteurs et la chaîne peuvent invoquer le principe juridique de propriété intellectuelle ou copyright pour empêcher les fans d'utiliser leurs créations et univers narratif[308]. Par exemple, le département juridique de la chaîne du câble américaine AMC a demandé à des fans de la série *Mad Men* de fermer les comptes Twitter incarnant des personnages à l'époque de la diffusion de la série. Quelques jours plus tard, les départements web et marketing de la chaîne ont demandé leur réouverture, voyant le potentiel promotionnel de cette activité de fans auprès du *fandom* de la série mais également de téléspectateurs potentiels usagers du réseau social. Cette tension entre les producteurs et les fans de la série a provoqué une certaine consternation dans les communautés de fans[309], qui envisagent ces créations comme des hommages à la série et comme des activités de partage dans la communauté, comme nous l'avons vu précédemment.

---

307. Maria Ramos, Javier Lozano Delmar & Victor Hernández-Santaolalla, «Fandon-generated content: an approach to the concept of fanadvertising», *Participations*, vol. 10, nº 1, 2013. http://www.participations.org/Volume%2010/Issue%201/18%20Delmar%20et%20al%2010.1.pdf.

308. Un exemple célèbre a eu lieu autour de la saga *Harry Potter*, lorsque Warner Bros, détenteur des droits cinématographiques, a demandé aux fans de fermer les sites et blogs qui utilisaient les personnages, iconographies ou univers du film. Cela a déclenché la *Potter War*.

309. Henry Jenkins, Sam Ford & Joshua Green, *op. cit.*, p. 34.

La mise en place de transtexts, dans un dialogue fructueux entre production et réception, sans mise en demeure ou exploitation de la créativité, conduit à des univers narratifs enrichis, envisageant un nouvel écosystème médiatique et économique, que nous avons déjà évoqué plus haut.

CHAPITRE 3

Earpers : le « famdom », la communauté comme famille

Comment l'ensemble des idées développées dans ce livre se retrouvent-elles dans une communauté de fans ? Regardons de plus près, à titre d'exemple, la communauté de fans de la série télévisée *Wynonna Earp* (Syfy, 2016-2021). Cette série de genre, qui allie western et fantastique, met en scène Wynonna Earp, descendante du célèbre Wyatt Earp, aux prises avec des revenants, des démons qui ont juré la perte de la famille Earp. En tant qu'héritière et élue, elle seule peut les éliminer et les renvoyer en enfer grâce à un pistolet appelé Peacemaker. Cette série est diffusée sur la chaîne du câble Syfy et est une adaptation par Emily Andras du comic book de Beau Smith pour l'éditeur IDW.

Comme le soulignait Maureen Ryan dans un article paru dans le *New York Times* la veille de la diffusion du premier épisode de la saison 3, « Wynonna Earp *est la preuve qu'une histoire différente, des fans passionnés, et une équipe créative qui respecte et entretient cet enthousiasme peuvent aider une série à se développer dans un paysage télévisuel cruel même avec les séries les plus acclamées par la critique.* »[310]

Dans un contexte de *peak TV*[311], *Wynonna Earp* a acquis le statut de série télévisée culte en trois ans de diffusion, ce qui a assuré un renouvellement pour une quatrième saison[312]. Selon Gwenllian-Jones et Pearson, « *le terme culte est souvent attribué assez librement à un programme télévisuel considéré comme marginal, qui attire des publics de niche, possède un caractère nostalgique, est considéré comme emblématique pour une sous-culture spécifique ou comme à la mode.* »[313] Mais surtout, ce sont les publics, et en particulier les fans, qui font qu'une série télévisée devient un objet culturel culte, en la positionnant en général en opposition avec des produits culturels plus *mainstream*. Typiquement, les fans de *Wynonna Earp* considèrent la série comme une production à part (donc à la marge) dans le paysage télévisuel, en opposition aux autres séries diffusées au même moment. Emily Andras, la productrice exécutive de la série, dans un entretien donné au *New York Times* précise d'ailleurs : « *Cela fait tellement de bien de ne pas faire une série pour tous les publics. Dans un monde où sont diffusées 500 séries*

---

310. Maureen Ryan, « A Cult's Show Recipe for Success: Whiskey, Twitter and Complex Women », *The New York Times*, 6 juillet 2018. https://www.nytimes.com/2018/07/06/arts/television/wynonna-earp-syfy.html.

311. Il y a aux États-Unis un phénomène qui se nomme *peak TV* qui a vu apparaître 487 séries télévisées en 2017 sur les chaînes américaines, *network* et câble confondus. Dans un tel contexte, il est compliqué pour les séries de survivre.

312. La saison 4 pourtant annoncée par Syfy a longtemps été attendue. En effet, IDW qui produit la série cherchait les financements nécessaires à sa production. Les fans se sont mobilisées dès cette annonce avec le hashtag #FightForWynonna et en achetant des panneaux publicitaires interactifs dans Time Square à New York pour montrer leur mobilisation pour la série.

313. Sara Gwenllian-Jones & Roberta E. Pearson, (eds.), *Cult Television*, University of Minnesota Press, 2004.

télévisées, il est important de pouvoir dire que vous n'avez jamais vu cela auparavant. »[314]

En regard de cette série, nous adoptons une position d'ethno-fan plutôt que d'aca-fan. Nous connaissons les mécanismes, langages, rites et codes de ce *fandom* et encore plus du *fandom* WayHaught mais nous n'avons pas d'activité spécifique. Comme beaucoup, nous avons découvert cette série après la colère des fans suite à la mort de Lexa dans la série *The 100*. À l'époque, lors de l'écriture d'un article sur cet événement et sur les activités de ce *fandom*[315], nous avons suivi plusieurs conseils de fans et commencé à regarder la série. Nous avons alors été attirée par l'écriture des personnages féminins, les représentations des minorités, et par l'esthétique *camp* (dans le sens où l'entend Susan Sontag) totalement assumée.

Enfin, c'est une série de genre mais nous ne voulions pas analyser les séries les plus populaires (en nombre de téléspectateurs) telles que *Game of Thrones* ou *Westworld* par exemple pour lesquelles il y a naturellement de nombreuses activités de fans et une énorme communauté. *Wynonna Earp* va nous permettre de constater qu'une série d'audience modeste peut néanmoins générer des interactions nombreuses dans une communauté et contribuer à l'exacerbation d'une créativité importante de la part de ses fans.

Le recueil des données auprès des fans s'est appuyé sur un questionnaire diffusé sur notre fil Twitter et sur notre propre Tumblr le 28 août 2018 en utilisant les hashtags de la communauté (#WynonnaEarp, #Earpers, #Wayhaught) et en taguant des fans spécifiques que nous avions repérés lors de nos déambulations

314. Maureen Ryan, *op. cit.*

315. Mélanie Bourdaa, « "May we meet again": Social bonds, Activities, and Identities in the #Clexa fandom », in Paul Booth, *A Companion to Media Fandom and Fan Studies*, Wiley Blackwell, 2018, p. 385-400.

numériques dans la communauté. 52 fans ont alors répondu au questionnaire. Puis nous avons de nouveau posté le même questionnaire le 3 septembre 2018 sur Twitter uniquement cette fois-ci. Ce tweet spécifique a alors été repris par un fan influent de la communauté. En moins d'un jour, nous avons collecté 263 répondants au questionnaire. Si l'on se réfère aux statistiques du tweet disponibles sur l'interface du réseau social, nous pouvons constater l'importance de l'impact de ce fan (@WynonnaFans) : il y a eu 1 398 engagements autour de ce tweet, 110 likes, et 65 retweets faisant ainsi circuler le message dans le *fandom* mais également au-delà dans la sphère publique.

Nous retrouvons ici une certaine hiérarchie qui s'établit implicitement dans la communauté, que nous avons déjà évoquée dans le cas du wiki et des rôles que s'attribuent ou que s'auto-attribuent les fans dans sa gestion. Ici, nous sommes face à une « hiérarchie sociale. »[316] Ces fans détiennent un pouvoir au sein de la communauté parce que, d'une part, ils ont un savoir important sur la série et son environnement, et que, d'autre part, ils se servent de ce savoir pour créer des activités. Ce statut leur donne également accès aux équipes de la série (*showrunneuse*, acteurs et actrices), ce qui leur confère un certain prestige auprès des autres fans.

Nous avons ensuite analysé les traces numériques laissées par les fans sur différentes plateformes de médias sociaux (Twitter, Tumblr) mais également sur des sites en lien avec la série. L'objectif était de proposer une typologie des activités du *fandom* et de savoir comment les fans rendaient hommage à la série à travers leur créativité.

---

316. Matt Hills, *Fan Cultures*, Routledge, 2002.

Enfin, nous avons mené des entretiens par échange de mails avec des fans qui avaient des activités spécifiques dans le *fandom* :

Bonnie Ferrar et Kevin Bacheldar, créateurs du podcast *Tales of the Black Badge* ;

Bridget Liszewski, rédactrice du site *TV Junkie*, fan de la série, et initiatrice des campagnes de levée de fonds.

Ainsi, nous pourrons saisir les motivations derrière l'investissement personnel et temporel et l'engagement dans une communauté spécifique, mais également la volonté de partager la passion, la création et le savoir avec les autres membres de la communauté. Nous avons pris le parti d'analyser des activités originales puisque nous avons dans la partie précédente abordé l'archivage et le cosplay. Nous voulions mettre en avant les spécificités du *fandom* et mesurer l'éventail des créations spécifiques de celui-ci (si nous avions choisi un autre *fandom*, nous aurions trouvé d'autres créations spécifiques[317]).

Identités numériques des fans et de la communauté des fans de la série

«*La représentation de soi et les identités numériques du web 2.0 se caractérisent à la fois par une composition visuelle, graphique, sémiotique et parfois sonore. Cette mise en visibilité de soi transparaît à travers les contenus, les propos, les images, mais aussi les idées*

---

317. Nous pensons par exemple aux créations cartographiques qui visualisent l'univers géographique de *Game of Thrones*, ou bien au projet audiovisuel «Star Wars Uncut» qui voit le film *A New Hope* entièrement recréé par les fans.

et les parcours de navigation. »[318] Cette construction identitaire numérique peut s'appliquer à l'analyse des fans et de leurs communautés, qui se présentent sur des espaces numériques (médias sociaux ou communautés en ligne) et ont recours à une mise en visibilité de cette identité, qui peut jongler entre une identité réelle ou une identité performée.

L'identité collective de la communauté des fans de *Wynonna Earp* passe dans un premier temps par le choix d'un nom commun qui permet aux membres de s'auto-qualifier et de se repérer. Un Earper (nom que les fans se sont choisi) est « *un fan de la série* Wynonna Earp. *La communauté Earper est connue pour son acceptation et son amour pour chaque membre, ainsi que pour son obsession excessive pour l'équipe de la série et pour WayHaught.* »[319]

Cette définition proposée par les fans eux-mêmes comprend plusieurs éléments qu'il est intéressant de décortiquer pour saisir cette construction identitaire. Il est nécessaire de noter une certaine autodérision sur son identité hystérique, que les fans n'hésitent pas à mettre en avant pour s'en moquer. Le nom bien entendu symbolise une « *existence (qui) passe par une capacité à s'auto-imaginer, par des modes de représentation du collectif, par des ratifications de l'appartenance.* »[320] Lorsque les fans se déclarent Earper, ils affirment à la fois appartenir à la communauté des fans de la série, et ils revendiquent un acte identitaire : « *Je suis un Earper donc je suis et j'en suis.* »

Cette identité collective se retrouve dans les biographies individuelles des fans qui ont répondu à notre questionnaire.

---

318. Nawell Chaouni, *Les fans ds séries télévisées sur les réseaux socionumériques*, L'Harmattan, 2017.

319. https://www.urbandictionary.com/define.php?term=Earper.

320. Daniel Dayan, « Télévision : le presque public », *Réseaux*, vol. 18, nº 100, 2000, p. 427-456.

Nous avons récolté des indications sur les profils individuels des membres de la communauté, grâce à leur présentation biographique mais également à leur choix d'images pour illustrer leur profil.

Ce qu'il est intéressant de noter d'emblée, c'est qu'en s'identifiant comme Earper, le fan développe une identité qu'il se choisit. De plus, cette présentation de soi qui passe donc par une identité choisie va ensuite «*servir de support aux échanges avec les personnes qui partagent le même amour de la pratique.*»[321] Cela est d'autant plus vrai avec le dévoilement d'une identité numérique qui se met en scène sur les médias sociaux et est ainsi rendue visible dans la sphère publique du web. Là aussi, c'est un choix de la part du fan d'exposer cette identité afin de s'affirmer mais également de rencontrer d'autres membres de la communauté par un phénomène de reconnaissance sociale.

Lorsque nous consultons les profils Twitter des fans qui ont participé au sondage et qui l'ont partagé dans leurs réseaux, nous constatons que beaucoup utilisent le terme #earper dans leur biographie, affirmant leur identité de fan à la place d'une autre identité plus conventionnelle. Parfois cette identité est couplée à un lieu géographique pour montrer un phénomène mondial mais également pour créer des sous-communautés géolocalisées. Certains fans précisent que la série est leur obsession du moment, ou un travail actuel à plein temps, démontrant que les fans circulent de *fandom* en *fandom* et que cette identité de Earper est donc mouvante, éphémère parfois, et peut être amenée à changer ou à évoluer au gré des déambulations numériques du fan ou au gré des décisions scénaristiques qui touchent la série[322].

---

321. François de Singly, *Les uns avec les autres : quand l'individualisme crée du lien*, Hachette, 2005, p. 122.

322. Plusieurs fans de la série *Wynonna Earp* faisaient partie de la communauté Clexa et ont migré suite à la mort de Lexa et à la trahison du *showrunner* dont

D'autres fans se déclarent « die-hard Earper » ou « Earper for life », ancrant ainsi cette identité dans leur ADN.

danah boyd parle d'« audience imaginée » par les usagers des médias sociaux, lorsqu'ils se présentent à travers leur profil : « *Les sites de réseaux sociaux exigent des participants qu'ils établissent publiquement des liens, ce qui leur permet d'écrire leur public.* »[323] Clairement l'audience imaginée est dans le cas qui nous intéresse ici celle de la série télévisée *Wynonna Earp* et les fans vont construire leur identité numérique en fonction de ce public dont ils font également partie.

Mais surtout, cette « identité déclarative »[324] est renforcée la plupart du temps par une identité visuelle et graphique, qui passe par le choix de la photographie de profil et/ou par le choix de la bannière qui présente alors des images de la série ou des équipes de la série. Ainsi, un « design de la visibilité »[325] fonctionne comme une injonction auprès des fans qui, grâce à leur présentation numérique et leur représentation de soi, se déclarent comme appartenant à une communauté. Cette identité numérique favorise une réécriture de soi, et une réécriture de sa biographie. Mais surtout, la présentation de soi en ligne repose sur plusieurs aspects qui croisent biographie classique ou fantasmée ici et contenus numériques. La projection identitaire qui souligne un élément de l'identité affective du fan est

nous avons parlé dans la partie précédente.

323. Alice E. Marwick & danah boyd, « I tweet honestly, I tweet passionately: Twitter users, context collapse, and the imagined audience », *New Media and Society*, vol. 1, nº 13, 2010, p. 114-133.

324. Fanny Georges, « Représentation de soi et identité numérique. Une approche sémiotique et quantitative de l'emprise culturelle du web 2.0 », *Réseaux*, vol. 2, nº 154, 2009, p. 165-193.

325. Dominique Cardon, « Le design de la visibilité : un essai de cartographie du web 2.0 », *Réseaux*, nº 152, 2008, p. 93-137.

marquée par le choix du nom. Le contenu numérique permet quant à lui d'étoffer, de renforcer l'identité numérique que se construit le fan.

Pour les fans, il y a trois façons d'utiliser les contenus numériques sous forme de photographies :

– Les fans postent à la place d'une photographie de soi une photographie des personnages de la série ou des actrices, pour renforcer leur identité de fan et leur intégration dans la communauté. Se construit alors une identité fantasmée, dans laquelle le fan s'identifie au personnage qui s'incarne dans la présentation de soi sur le réseau social.

– Les fans postent une photographie d'eux entouré des actrices et/ou équipe de la série qu'ils ont prise lors d'une convention. Ici, se joue une idée de position privilégiée dans la communauté : j'en suis et d'autant plus que j'ai pu interagir « pour de vrai » avec les équipes. Cela n'enlève rien au fait que le *fandom* est inclusif et accueillant bien entendu.

– Les fans postent une photographie de la série (qui est souvent déployée en bannière), la manière finalement la plus neutre de présenter son engagement dans la communauté mais qui montre combien la série est importante pour la personne.

Le deuxième élément à souligner est le sentiment d'inclusion exprimé dans la définition même du Earper. Cela est mis en avant à chaque fois que le terme Earper est expliqué : « *Être un Earper signifie respecter tout le monde quelles que soient les circonstances même si cela ne se passe pas comme vous l'auriez souhaité* » (@WynonnaEarpPod, tweet du 5 août 2017). Dans un contexte où les phénomènes et les pratiques de « toxic fandom » se multiplient[326], il paraît important aux fans de souligner le

326. Nous pensons au #GamerGate durant lequel des gameuses ont été

caractère pacifique de leur communauté. Les pratiques toxiques de fans ne sont bien entendu pas un phénomène nouveau mais elles ont été amplifiées par les possibilités offertes en termes de visibilité, rassemblement, écho et partage d'Internet. Pour Kelsey Cameron, les pratiques toxiques sont «*des attaques* ad hominem *vers les producteurs médiatiques qui vont au-delà d'une colère qui pourrait être justifiée ou des formes d'interactions entre fans et producteurs que plusieurs dans la communauté des fans aimeraient désavouer.* »[327]

Il est intéressant de noter que ces pratiques tournent souvent autour de sujets sociétaux importants comme la misogynie, le harcèlement, le racisme, l'homophobie, la transphobie ou «*d'autres attaques basées sur des politiques identitaires ou les idéologies progressistes.* »[328] À cela, nous pouvons rajouter les objets culturels qui relèvent de la nostalgie et dont les reprises, ou *reboot*, sont souvent l'objet d'attaques toxiques de la part des fans. Par exemple, à l'annonce de la production d'un nouveau *Ghostbusters* entièrement féminin, les Ghostheads (les fans de la première heure de la franchise) s'en sont pris au réalisateur et aux actrices sur les réseaux sociaux en déclarant qu'ils avaient «*ruiné leur enfance*». William Proctor[329] parle dans ce contexte

menacées de mort par les gamers, et au #BlackStormtrooper qui a émergé après la diffusion de la bande-annonce de *The Force Awakens* qui présentait le premier stormtrooper noir de l'univers de la saga. Ou encore au fait que Kelly Marie Tran, actrice du *Star Wars 8* ait dû quitter Twitter et les réseaux sociaux, victime de menaces racistes de la part des fans de la saga.

327. Kelsey Cameron, «Toxic regulations: From TV's code of practices to #BuryYourGays», *Participations. Journal of Audience and Reception Studies*, vol. 15, nº 1, 2018. http://www.participations.org/Volume%2015/Issue%201/contents.htm.

328. William Proctor & Bridget Kies, «Editors' introduction: on toxic fan practices and the new culture wars», *Participations. Journal of audience and reception studies*, vol. 15, nº 1, 2018, p. 127-142.

329. William Proctor, «"Bitches Ain't Gonna Hunt No Ghosts": Totemic

de nostalgie totémique, qui au départ n'est pas toxique, mais peut, par des pratiques et des discours de fans agressifs, se transformer en attaques virulentes et contraindre les producteurs et/ou actrices à quitter les réseaux sociaux, victimes de harcèlement numérique.

Dans ce climat de violences textuelles et d'« incivilités numériques », la communauté des Earpers marque sa différence positive en s'autoproclamant communauté respectueuse et inclusive pour tous ses membres. En témoignent les réponses à un tweet posté par une journaliste le 13 juin 2018 qui demandait en quoi les fans de *Wynonna Earp* participaient à un mouvement de communauté saine[330]. Ce qui ressort en premier, c'est l'adéquation entre la narration et les personnages de la série et l'envie des fans de faire ce qui leur paraît juste[331].

La deuxième raison selon les fans de la série est le respect pour la communauté de la part de la *showrunner* Emily Andras et de l'équipe qui l'entoure. Pour Christinedras : « *Ça commence en haut avec Emily Andras. Elle nous montre l'exemple. Être ouvert, compréhensif, avoir de la compassion. Ça part de là vers les acteurs et l'équipe qui ont les mêmes valeurs. Les Earpers s'en inspirent et l'appliquent à la vie de tous les jours sur les réseaux sociaux ou en vrai.* » Répondant 82 ajoute : « *Twitter*

Nostalgia, Toxic Fandom and the *Ghostbusters* Platonic », *Palabra Clave*, vol. 20, nº 4, 2017, p. 1105-1141.

330. https://twitter.com/kaytiburt/status/1007067444240842752.

331. Exemples de tweets : Laura Florez : « *Je pense que nous nous sentons tous proches de la série dans sa représentation positive des interactions humaines et de ce qui construit une famille, l'amitié et l'amour. Donc, les fans sont émus par cela et veulent faire partie de ces interactions positives, basées sur le respect et l'égalité, et l'entraide* ». / CT/Caroline : « *Les Earpers ouvrent leur cœur et accueillent les autres dans leur vie avec une passion dont Wynonna serait fière. La communauté fait un travail énorme en étant un espace de réconfort, communications (positives et négatives mais avec un dialogue ouvert), inclusion et créativité.* »

eſt un endroit affreux et il y a tellement de choses qui peuvent me déprimer. La communauté Wynonna Earp n'a rien de ce côté affreux et c'eſt ce qui la qualifie pour moi. »

Les équipes entretiennent des relations de respect avec leurs fans, ce qui bien entendu satisfait pleinement les fans et les motive pour interagir encore plus et promouvoir la série[332]. Les termes qui reviennent le plus souvent dans notre enquête sont « respect », « authentique » et « attachement / intérêt » (la traduction du verbe anglais *to care* ici). Le terme authentique est intéressant dans un contexte d'interactions qui peuvent paraître contrôlées de la part des acteurs et producteurs de la série, mais qui, par leurs contenus et fréquences, vont paraître réelles pour les fans. boyd et Marwick parlent d'une « pratique performative » des célébrités sur les réseaux sociaux qui inclut « *une geſtion de la base des fans, une intimité performée, un accès et une authenticité et la conſtruction d'une persona consommable.* »[333]

Dans les interactions et les échanges entre les fans de *Wynonna Earp* et les équipes de la série se joue effectivement une pratique performative dans laquelle les équipes vont entretenir une affiliation en utilisant les codes de langages et les symboles culturels de la communauté, entraînant ainsi une connexion publique, et une intimité. Cette intimité est renforcée par la création d'un sentiment de familiarité avec les fans lorsque les équipes se dévoilent à travers des selfies

---

332. Parmi les réponses reçues, nous pouvons noter celles-ci : « *Cela semble drôle et plein de compassion. Particulièrement dans la façon dont Emily et le caſt interagissent sur Twitter avec les fans. On dirait une grande famille.* » / « *Exceptionnel. Je n'ai jamais vu ça. Les équipes sont ouvertes et donnent de leur personne.* »

333. Alice E. Marwick & danad boyd, « To See and Be Seen: Celebrity Practice on Twitter », *Convergence. The International Journal of Research in New Media Technologies*, vol. 17, nº 2, 2011, p. 139-158.

ou des photographies *behind the scenes* par exemple. Emily Andras n'hésite pas à tweeter des détails de sa vie privée qu'elle partage sur les réseaux sociaux, ce qui la rend ainsi accessible pour les fans et rajoute une couche d'authenticité, contrôlée, à ses interactions[334].

Ces interactions sont qualifiées dans notre sondage de « purement drôles et incroyables », dans le sens où les fans sont étonnés de pouvoir échanger de façon récurrente et quasi familière avec la *showrunneuse*. Comme Lucy Bennett et Bertha Chin le rappellent : « *L'arrivée et l'usage des réseaux sociaux ont offert de nouveaux moyens de connecter les fans et les producteurs, permettant des communications directes qui outrepassent les filtres traditionnels, à savoir le manager et le PR.* »[335] Emily Andras et les équipes déploient cette intimité sur le terrain de jeu des fans, à savoir Twitter, qui est le réseau social le plus utilisé par les Earpers. Cela renforce le côté intime et familier des échanges, en instituant une réciprocité qui est vécue comme des échanges amicaux par les fans. Ces interactions ont été qualifiées par Horton et Whol de relations parasociales, ce qui entraîne une « intense admiration » de la part des fans.

Cette authenticité et cette intimité qui se donnent à voir (à travers des images) et à lire sont couplées au *care* dont parlaient les fans. Ce qui fait dire à un répondant à notre sondage : « *Ils sont tellement attentionnés. C'est comme si on était une seule équipe, sans séparation entre les téléspectateurs et les créateurs.* » Par exemple, le 8 septembre, pendant la session de live-tweet de l'épisode, Emily Andras a posté : « *J'aime tellement les Earpers.*

---

334. https://twitter.com/emtothea?lang=fr.

335. Lucy Bennett & Bertha Chin, « Exploring Fandom, Social Media, and Producer/Fan Interactions: An interview with Sleepy Hollow's Orlando Jones », *Transformative Works and Cultures*, nº 17, 2014. http://journal.transformativeworks.org/index.php/twc/article/view/601/436.

J'intègre ce tweet au milieu du live-tweet pour pas qu'ils sachent que je craque pour eux. »

Les acteurs et actrices de la série jouent également sur ce sentiment d'affiliation, cette intimité et cette authenticité avec les membres de la communauté des fans de la série. Ils n'hésitent pas à se dévoiler, à dévoiler les coulisses de la série et à interagir avec les fans. Par exemple, Kat Barrell, qui joue Nicole Haught, retweete les créations de fans qui mettent en scène son personnage avec Waverly Earp, rendant ainsi visible le travail des fans et cautionnant par là même cette créativité. Tout comme elle utilise pour sa photo de profil un fan art qu'elle crédite dans un de ses tweets.

Mais surtout, elle partage de nombreuses photographies des tournages des épisodes de la série, faisant rentrer les fans dans l'intimité de l'équipe, une intimité qui est une nouvelle fois contrôlée. Pour les fans cependant, cela représente une sorte de Graal, une plongée dans la vie des célébrités, les rendant ainsi plus proches et authentiques.

Un des répondants à notre sondage résume bien ce sentiment d'affiliation et d'authenticité qui anime la communauté des fans et les interactions entre les fans et les équipes : « *Incroyable. Les acteur·rices et l'équipe sont authentiques et attentionnés. C'est tellement rare sur les réseaux sociaux. Ils parviennent chacun à trouver une façon authentique d'être eux-mêmes dans l'esprit Earper de gentillesse et d'inclusion. Et les fans, pour la plupart, sont très respectueux de leur vie privée et se concentrent sur la série et les personnages.* »

Ces échanges et ces interactions sur Twitter entre fans et membres de l'équipe de la série tendent à brouiller les frontières entre relations imaginées et réelles. Ce brouillage est délibérément entretenu par l'équipe qui se dévoile à travers des tweets de la vie quotidienne ou des photographies sur le réseau social.

Toutes les réponses sont positives et mettent en avant le fait que les interactions respectueuses entre l'équipe et les fans participent de ce climat apaisé dans la communauté. De plus, l'acceptation de tous les fans dans la communauté est le reflet à la fois de la narration de la série, dans laquelle les personnages sont des marginaux qui ont trouvé une famille d'adoption faite d'ami·es, et de l'équipe qui montre l'exemple à suivre lors des conventions ou sur les réseaux sociaux.

L'identité collective de la communauté passe donc également par les interactions avec les équipes de la série qui tracent une feuille de route des comportements des fans et qui permettent de façonner leur spécificité et leur définition. Mais comme le soulignent Click, Lee et Holladay, «*alors que les médias sociaux continuent de permettre et d'approfondir l'interactivité possible dans les relations entre fans et célébrités, de nouvelles caractéristiques de la relation sont susceptibles d'évoluer, ce qui rend plus important que jamais de comprendre comment les relations avec les objets contribuent à l'identité des fans et quel impact elles ont sur le plan social et culturel.*»[336] Cela peut être vérifié avec les initiatives d'engagement civique et d'activisme social que les fans mettent en place au sein de leur communauté, comme nous allons le voir par la suite.

La communauté, une famille choisie

La communauté agit pour les fans comme une famille choisie, un refuge souvent, dans lequel ils se sentent libres de s'exprimer.

---

336. Melissa A. Click, Hyunji Lee & Holly Willson Holladay, «Making Monsters: Lady Gaga, Fan Identification, and Social Media», *Popular Music and Society*, vol. 36, nº 3, 2013, p. 360-379.

La définition même du Earper est de soutenir les membres de la communauté et d'être accueillant. Les fans ont eux-mêmes créé un hashtag spécifique #EarperGreet qui permet aux nouveaux membres de la communauté de se présenter et d'intégrer la communauté. Quelques exemples de tweets montrent à quel point le sentiment d'appartenance à un groupe est fondamental pour ces fans, tout comme le fait de partager à la fois une passion mais également une expérience commune[337].

Date	Identifiant	Tweet
10 sept. 2018	Shelby White @swhitewrites	« *Salut les Earpers ! Je suis ici depuis pas mal de temps, depuis le début. Je ne connais aucun* #Earpers *dans la vraie vie (même si j'essaie de convertir des amis lol), mais j'aimerais discuter avec tout le monde sur Twitter de la série. Suivons-nous et discutons !* #earpergreet. »
1er sept. 2018	Waverly's Blazer @BlazerWaverly	« *Marie du Texas. J'ai créé ce compte pour tweeter sur notre série favorite. Je ne connais personne au Texas qui regarde. Donc venez et dites bonjour !* #earpergreet. »
23 août 2018	Iris @WhayHaugherTho	« *J'ai ce compte depuis maintenant une semaine et j'adore être capable de faire du fangirl sur Wynonna Earp et WayHaught avec d'autres Earpers ! Il n'y a pas de meilleure famille que celle-ci !* #earpergreet. »

337. Les tweets sélectionnés sont ceux qui paraissaient les plus pertinents dans la masse des tweets postés avec cet hashtag. Selon l'outil Keyhole, sur la semaine du 4 au 13 septembre 2018, le hashtag #earpergreet a été utilisé 127 fois par 88 usagers entrainant 566 engagements. L'outil nous précise également que la plateforme la plus utilisée par les fans est Twitter. Ceci montre que de nouveaux fans arrivent sans cesse dans la communauté.

La communauté se construit sur Internet et plus spécifiquement sur Twitter, les fans se créant des comptes spécialement pour intégrer la communauté, rencontrer et interagir avec les autres fans. Comme le résume bien Nancy Baym : « *Le sentiment d'un espace partagé, les rituels d'une expérience commune, des échanges de soutiens sociaux, tout cela contribue à créer un sentiment de communauté dans des environnements numériques.* »[338]

Cependant, il est intéressant de noter qu'il s'opère un glissement de cette communauté façonnée en ligne vers un désir de la matérialiser par des rencontres physiques. Ainsi, une organisation se met en place à l'initiative et gérée par les fans eux-mêmes afin de créer des événements locaux, nationaux et internationaux favorisant les rencontres entre Earpers. Dans ce sens, le site WynonnaEarpFans collecte et recense via Twitter toutes les initiatives de rencontres rassemblées sous la bannière #MeetUp et relaie chacun des profils Twitter par localisation géographique[339] afin de faciliter les rencontres. À travers ces comptes, les fans organisent des sessions de visionnage des épisodes en commun ou des dîners pour se retrouver en dehors d'événements spécifiquement consacrés à la série. Ces comptes sont également l'occasion de mettre en place des aides pour se rendre aux conventions, comme par exemple des bourses de partage de chambres dans les hôtels ou des échanges de billets. La communauté se vit alors comme un espace numérique mais également comme un espace physique dans lequel les fans se rencontrent, partagent, s'organisent et se créent et recréent des expériences communes et collectives. La communauté devient

---

338. Nancy K. Baym, *Personal Connections in the Digital Age*, Polity Press, 2010, p. 86.

339. Nous avons déjà abordé les conventions créées par les fans pour les fans, qui sont des lieux de rencontre physiques, car nous considérons que ce sont également des activités créatives, notamment à travers la pratique du cosplay.

une entité hybride entre numérique et physique, dans laquelle circulent les fans. L'aspect de la rencontre physique reste tout de même fondamental[340]. Tom Phillips avait déjà observé un phénomène similaire dans la communauté des fans du cinéaste Kevin Smith. Il soulignait d'ailleurs à cet égard que les fans se construisaient un « capital social »[341] dans leurs échanges en ligne et hors ligne.

Ce capital social se donne à voir également dans la nature même de cette communauté. Ce qui motive les fans à rejoindre la communauté est tout d'abord l'amour pour la série ou pour les personnages (le couple WayHaught revient dans plus d'un tiers des réponses) mais également l'envie de partager cet amour avec d'autres personnes.

Par exemple, le répondant 42 nous dit avoir rejoint la communauté «*pour avoir des gens avec qui parler de la série*», le répondant 84 «*pour trouver des gens comme moi*», ou encore le répondant 98 «*pour trouver des gens qui aiment la série et qui veulent en parler.*» À l'intérieur de la communauté se nouent alors des liens sociaux forts. La communauté devient alors un lieu d'échappatoire pour ses fans, un refuge numérique dans lequel ils se retrouvent et surtout ils se comprennent : «*C'est rassurant, c'est un lieu sûr où chacun peut être lui-même. C'est comme un foyer.*» (répondant 61).

---

340. Comme nous l'expliquent ces répondantes à notre questionnaire : «*Je suis récemment entrée en contact avec un groupe local et j'ai l'intention d'assister au prochain meet-up. Discuter et tweeter autour de la série est super, mais je voudrais rencontrer d'autres fans qui aiment la série tout autant que moi.*» (répondante 33) / «*Les Earpers de Vegas se retrouvent toutes les semaines pour regarder la série ensemble et nous essayons de nous voir autant que possible, presque toutes les semaines depuis que je suis dans le groupe.*» (répondante 50).

341. Tom Phillips, «When Film Fans Become Fan Family: Kevin Smith Fandom and Communal Experience», *Participations. Journal of Audience and Reception Studies*, vol. 8, nº 2, 2011, p. 478-496.

Dans ce refuge qu'ils se construisent, les fans nous déclarent pouvoir être eux-mêmes, leur identité réelle se dévoilant finalement aux autres membres de la communauté : «*C'est un endroit sûr et accueillant. C'est important parce que vous pouvez être totalement VOUS-MÊME.*» (répondant 94). Cette communauté construite prend la place d'une famille pour les fans ; une famille qu'ils se sont choisie et dans laquelle ils se sentent eux-mêmes, dans laquelle ils n'ont pas de rôle à jouer et où les enjeux de pouvoir qui peuvent exister dans une famille «réelle» n'ont pas lieu d'être[342].

Ici, en filigrane dans les réponses des fans, nous pouvons sentir que la communauté remplace la famille réelle dans le soutien. Ces structures familiales que se construisent les fans à travers la communauté agissent comme des structures sociales alternatives qui correspondent aux besoins des participants. La communauté des fans se substitue à la communauté réelle.

De plus, les fans n'hésitent pas à dévoiler cette communauté choisie sur les médias sociaux également.

Ces liens d'amitié sont liés au sentiment d'appartenance particulièrement fort et à l'importance du partage et de l'entraide. Sharon Marie Ross soutient que «*le partage implique une réciprocité de l'écoute, permettant aux spectateurs de prendre conscience*

---

342. Exemples de verbatims : «*Cette communauté est composée de gens vraiment incroyables. Je me suis fait des amies pour la vie et j'ai trouvé ma seconde famille. Sans la famille Earper, je serais perdue. Et maintenant, à chaque fois que je me sens seule, je me souviens qu'il y a des gens dans tous les coins du monde qui sont là pour moi, qui m'accueillent et m'acceptent à bras ouverts. Je ne suis plus seule, j'aime cette famille. Je me sens aimée tous les jours, plus que je ne l'ai jamais été.*» (répondant 226) / «*La communauté n'est pas juste importante pour moi. C'est un vrai mode de vie. Tout le monde me donne de l'espoir pour des jours meilleurs et un meilleur futur. Cette communauté est un rappel constant que le monde n'est pas si merdique : les gens sont attentionnés, les gens ont du cœur, les gens cherchent à faire le bien. C'est inspirant.*» (répondant 260).

de faire partie d'un collectif – un public social – qui apporte ses propres plaisirs.»[343] Les fans peuvent donc être considérés à la fois comme une «communauté interprétative» (Radway, 1984) dans le sens où les fans décoderont ensemble les significations du récit et comme une communauté sociale dans le sens où ils partagent un lien social. Dans les propos que nous avons relevés, il apparaît clairement que la création de liens sociaux est ce qui forge la communauté dans un premier temps. Certes, les fans de *Wynonna Earp* rejoignent la communauté pour partager leur passion commune avec d'autres fans, mais ils restent dans cette communauté parce que des amitiés se nouent, des soutiens émergent, une identité collective prend forme. Ce qui est flagrant, c'est le passage d'une rencontre en ligne à une rencontre physique qui consolide la construction de la communauté des fans de la série. La répondante 188 résume bien l'état d'esprit de la communauté et les valeurs qui la composent :

> *«La communauté est exceptionnellement accueillante et aimante. Il n'y a pas de "Oh tu aimes la série ? Prouve-le par x ou y", pas d'impression d'être un moindre fan si tu n'es pas fan depuis aussi longtemps que les autres. De plus, en ce qui concerne les couples (de la série) – la majorité des fans, qu'ils aient ou non un ship favori (pour Wynonna, il n'y a pas de véritable débat autour de WayHaught) veulent juste que les personnages soient heureux. Il n'y a pas de malveillance. Encore une fois, l'enthousiasme pour des femmes dans des rôles de pouvoir crée une ambiance incroyable. C'est comme une famille étendue – je n'en ai pas une très grande avec beaucoup de cousins par exemple mais je connais des gens du monde entier avec qui je suis amie*

---

343. Sharon Marie Ross, *Beyond The Box. Television and The Internet*, Blackwell, 2008, p. 74.

grâce à notre passion commune pour cette série. Donc, pour moi, la communauté est ma famille.»

Dans l'entretien qu'elle nous a accordé, Bonnie Ferrar, fan de la série et co-présentatrice du podcast *Tales of the Black Badge*, met en avant l'importance que revêt cette communauté choisie, cette famille, qui s'avère fondamentale pour les Earpers : «*C'est comme si nous nous étions tous trouvés à ce moment critique de la vie. On peut se rassembler autour de la série mais c'est tellement plus que cela. Nous avions tous besoin d'un endroit protégé, accueillant, aimant. Twitter peut être cruel, et il apparaît que, la plupart du temps, la communauté Wynonna Earp est cette lumière dans la nuit*» (Bourdaa, entretien personnel par mail, 2018). Elle poursuit en listant des façons dont les membres de la communauté peuvent s'entraider notamment autour de questions matérielles et d'identité sexuelle grâce au hashtag #EarperSupport. La positivité qui transparaît dans les échanges incite les fans à continuer à travailler ensemble pour faire le bien, et notamment dans la mise en place d'un engagement social.

L'activisme et l'engagement civique des Earpers

Outre la création de ces liens sociaux et d'amitié, les fans vont faire éclore dans la communauté des discussions autour de sujets sociaux ou politiques en lien avec les thématiques de la série, ou qui leur tiennent à cœur en tant que groupe partageant des valeurs communes. Dans ces contextes, la fiction et/ou les personnages servent de levier d'engagement pour les fans qui s'engouffrent ainsi dans une lutte sociale et politique commune et collaborative. Nous allons voir comment les Earpers s'emparent de la narration de la série et s'organisent pour mener à bien des actions dans la sphère publique.

Les exemples que nous avions donnés, notamment autour de la série *The 100*, émanaient d'un sentiment d'injustice de la part des fans qui s'étaient senties trahies par le *showrunner* et son *queerbaiting*. L'utilisation de cette technique d'interaction avec les fans avait été couplée à la mise en scène d'un trope scénaristique dévastateur, le *Bury Your Gays* (également connu sous le nom *The Dead Lesbian Syndrome*). La mauvaise représentation du couple lesbien dans la série, un exemple de plus dans une année fertile en mauvaise représentation des minorités sexuelles à l'écran, avait alimenté le désir des fans d'agir et de s'engager pour des causes culturelles, sociales et politiques qui leur semblaient importantes.

Dans notre questionnaire en ligne auprès des Earpers, nous avons posé une question sur la représentation afin de comprendre l'importance de la série dans le contexte de résurgence du trope *Bury Your Gays* à la télévision américaine mais également dans le contexte politique et social nord-américain.

La totalité des réponses que nous avons reçues mettent en avant la bonne représentation des minorités sexuelles LGBTQ+ dans la série, représentation positive qui fait défaut à la plupart des séries télévisées diffusées au moment de l'enquête[344].

Les fans montrent dans leurs réponses qu'elles connaissent le contexte culturel de la représentation des personnages LGBTQ+

---

344. Exemple de verbatim : «*En 2018, on pourrait penser que nous avons un grand nombre de bonnes représentations LGBTQ. Oui il y a quelques représentations LGBTQ mais toutes ne sont pas positives. La plupart sont toxiques et créent des personnages simplement pour cocher une case positive et beaucoup utilisent pour cela le queerbaiting. La représentation POSITIVE de la série est l'un de ses aspects les plus importants*» (répondant 11).

dans les séries et qu'elles ont probablement été victimes d'un *queerbaiting* de la part d'une équipe d'une autre série. La répondante 64 confirme cela : «*La série souligne des aspects qui sont sous-représentés mais qui sont importants, particulièrement pour la communauté LGBTQ. En ne tuant pas Nicole par balle, la série prouve que le trope BYG n'a plus lieu d'être.*»[345]

Les réponses tendent à prouver que les fans sont des publics qui circulent de communauté en communauté, comme nous l'avons montré avec le phénomène de la migration gay : «*Cela fait du bien d'avoir une si bonne représentation. En tant que personne queer, j'ai trop souvent été déçue à cause de séries trop mal écrites (avec des personnages LGBTQ+ que l'on tue) donc* Wynonna Earp *est exactement ce que j'attendais et même plus.*» (répondant 126).

Cette représentation positive que les fans mettent en avant souvent en comparaison à d'autres mauvaises expériences, touche à l'identité même de certains membres de la communauté. Selon eux, les personnages sont bien écrits car ils vivent les mêmes choses qu'eux et livrent les mêmes combats. De plus, à la lecture des réponses, il apparaît que la communauté des fans de la série est composée de jeunes fans et de fans plus âgées qui se rassemblent autour de questions de représentation et d'identité individuelle et commune. Les fans plus âgées apprécient également le fait que la série aide les plus jeunes, là où elles n'ont pas eu de représentation positive pour les accompagner dans leur découverte d'identité[346].

---

345. Dans le dernier épisode de la saison 1, Nicole Haught est touchée par une balle en plein cœur. Les fans ont craint une nouvelle mort d'un personnage LGBTQ+ mais la scène suivante montre Nicole dans les bras de Waverly, sonnée mais bien vivante, protégée par son gilet pare-balles.

346. Exemples de verbatims : «*Cela aide de se voir représentées de façon positive et de voir un monde où l'orientation sexuelle n'est pas un problème. Comme cela devrait être dans la vraie vie en fait.*» (répondant 42) / «*En tant que femme queer*

Les fans louent le fait que la représentation du couple Waverly Earp – Nicole Haught est réaliste, car elles le mettent en miroir de ce qu'elles vivent dans leur vie et dans leur identité parce que les fans «*méritent de voir sur leurs écrans des personnages qui nous ressemblent. C'est une des façons de créer un monde qui accepte plus les différences.*» (répondant 226).

Pour soutenir cette représentation positive d'un couple LGBTQ+, les fans ont décidé de mener à bien des actions politiques et de s'organiser pour soutenir des causes caritatives. À l'initiative de trois fans (Bridget, Kevin et Bonnie), la communauté *Wynonna Earp* a lancé une levée de fonds pour venir en aide à l'association GLAAD (*Gay and Lesbian Alliance Against Diffamation*) afin de lutter contre le harcèlement des jeunes gens LGBTQ+. Cette campagne avait lieu pour le *Spirit Day*, une journée de soutien qui est consacrée à ces problématiques sociales et sociétales. Cette journée annuelle de sensibilisation a été créée en 2010 suite à une vague de suicides très médiatisés de jeunes personnes LGBTQ+. C'est donc un sujet social et politique qui touche particulièrement les fans de la série,

qui ne l'a réalisé qu'à 20 ans, voir le parcours de Waverly et l'amour que Nicole lui porte est très important pour moi. La façon dont les traumatismes sont traités entre les personnages est également très importante. La petite fille que j'étais avait besoin de modèles comme Waverly, Nicole et Wynonna et je suis reconnaissante qu'elles existent.» (137) / «*Je fais partie de ces personnes gays plus vieilles dont Kat a parlé plus tôt dans l'année. J'avais très peu de représentation quand j'ai découvert que j'étais gay. Je lisais de la littérature gay et j'écoutais de la musique de femmes dans les années 1980. Mon icône gay était Martina Navratilova.* WE *m'a aidée à trouver ma tribu, pour ainsi dire, et me sentir soutenue dans mon identité.*» (144) / «*J'ai seulement 15 ans et la série a fait plus pour moi que n'importe quelle autre série que j'ai regardée. Sans la représentation dans la série, je n'aurais pas eu le courage de faire mon coming out à mes amis. Et maintenant je pense faire mon coming out à mes parents grâce à Waverly. Ils montrent à la communauté LGBTQ que nous n'avons pas à avoir honte de qui nous sommes, que c'est ok d'être qui nous sommes, que nous sommes beaux.*» (162).

qui, pour la plupart, font partie de la communauté LGBTQ+. Comme l'expliquent les organisateurs du mouvement au sein du *fandom* : « *Nous avons lancé la campagne Spirit Day 2017 pour GLAAD afin d'utiliser le pouvoir de la communauté pour une bonne cause. […] L'inclusion et la bienveillance sont deux des valeurs de la communauté Earpers, et étant donné que plusieurs fans de Wynonna Earp appartiennent à la communauté LGBTQ, nous avons choisi cette campagne Spirit Day dans l'espoir de lever des fonds pour une cause à laquelle nous pouvons nous identifier.* »[347]

Cette campagne activiste a été une initiative construite sur le moment, en capitalisant sur l'opportunité que présentait la journée *Spirit Day* et sa signification pour la communauté des Earpers. Selon Bridget Liszewski, l'organisation de la campagne s'est faite rapidement dans la communauté : « *Quand nous avons lancé la campagne, nous avons simplement utilisé Twitter pour en faire la promotion et dire aux autres de partager et faire circuler l'information même s'ils ne pouvaient pas donner de l'argent.* »[348] (Bourdaa, correspondance personnelle, 2018). Une fois de plus, la mise en place de l'action, sa promotion et le recrutement passent par les médias sociaux, et en particulier par Twitter, réseau le plus utilisé par les Earpers.

Cette campagne de levée de fonds en appelle aux valeurs des fans qui puisent leur inspiration dans les personnages de la série. Ici, clairement, la fiction sert de levier d'engagement et va jouer comme un moteur à l'action civique des fans qui se reconnaissent à la fois dans la représentation positive véhiculée par la série et dans la cause qu'ils décident de défendre.

347. Carly Lane, « Wynonna Earp fans raise over 12 000 dollars for GLAAD Spirit Day Campaign », *Syfy Wire*, 25 octobre 2017. https://www.syfy.com/syfywire/wynonna-earp-fans-raise-over-12k-for-glaad-spirit-day-campaign.

348. Mélanie Bourdaa, « Les Earpers, une communauté active et activiste », *Hypothèses*, https://fandoms.hypotheses.org/60.

Cela est confirmé dans l'entretien que nous a accordé Bridget, lorsqu'elle nous dit que les fans se sont clairement inspirés de la série pour lancer ces campagnes.

Les personnages LGBTQ+ ne sont pas les seuls à provoquer un engagement de la part des fans dans un activisme politique et social. En effet, dans plusieurs réponses que les fans nous ont envoyées, il apparaît que la force du personnage principal féminin est également source d'inspiration, tout comme le féminisme qui en découle[349].

En s'appuyant sur la représentation de femmes fortes et l'exaltation d'une forme de féminisme dans la série, les fans ont lancé une seconde campagne de levée de fonds pour le *National Women's Law Center* basé aux États-Unis et pour le Fonds d'action et d'éducation juridiques pour les femmes basé au Canada, pays d'origine de la série.

Sur la page Internet de l'action, que l'on peut trouver sur le site WynonnaEarpFans[350], nous pouvons lire cette justification de la part des fans qui ont lancé le mouvement : «*Nous voulons rassembler le pouvoir collectif de la communauté Earper pour livrer les mêmes combats dans la vraie vie. Notre communauté est une équipe et une famille, tout comme celle de Wynonna. Nous voulons*

349. Exemples de verbatims : «*Une des représentations les plus importantes à laquelle je pense est le féminisme et la féminité avec un personnage principal féminin qui accomplit ce que fait un homme d'habitude.*» (répondant 142) / «*La série est portée par des femmes fortes et imparfaites et par des hommes qui ne se sentent pas menacés par des femmes fortes.*» (répondant 247) / «*Les personnages féminins sont toutes des femmes indépendantes, pas parfaites, et pourtant belles malgré leurs imperfections.*» (répondant 30) / «*La représentation du personnage principal féminin est excellente, elle n'a pas besoin des hommes pour faire avancer les choses et nous avons eu droit à une superhéroïne enceinte. Quand cela est-il arrivé pour la dernière fois ?*» (répondant 194).

350. https://wynonnaearpfans.com/2018/07/05/wynonna-earp-season-3-fundraising-campaign/.

soutenir des œuvres caritatives qui travaillent pour défendre les femmes et les enfants, particulièrement lorsque les femmes et les enfants peuvent obtenir des droits équivalent.s »

Ce qui est intéressant, c'est que les fans précisent que le choix des organisations à soutenir s'est imposé à eux car la série possède un personnage principal féminin qui se bat pour le bien-être des autres. Les propos de Bridget viennent une nouvelle fois confirmer cette adéquation entre les représentations dans la série et la volonté de s'engager : « *Nous avons regardé la série pour guider notre choix et savoir quelles causes soutenir et l'*empowerment *des femmes est le thème central de* Wynonna Earp – *devant et derrière la caméra. Wynonna elle-même se bat pour ceux qui ne peuvent pas le faire et maintenant qu'elle est une mère elle se rend compte qu'elle n'est pas seule dans ses combats. Donc nous avons sélectionné des organisations caritatives qui font la même chose : se battre pour soutenir les femmes.* » (Bourdaa, correspondance personnelle, 2018). Ces fans se servent des motivations du personnage et de la narration de la série pour s'engager dans des combats sociaux qu'elles jugent correspondre aux valeurs de la série et par extension à leurs valeurs de fans : faire le bien, donner du pouvoir aux femmes et se battre pour le bien commun.

L'organisation a visiblement été plus complexe et réfléchie que pour la première campagne de levée de fonds. La mise en place de la campagne s'est faite un mois avant le début de la saison 3, et il n'y avait pas de date butoir comme pour le *Spirit Day*. Cette fois-ci, Bridget, Kevin et Bonnie ont collaboré avec Sally Heaven, la créatrice de Fangirl Shirts, qui vend des t-shirts. Le plus compliqué, selon Bridget, a été de trouver les bonnes plateformes et les bons supports médiatiques pour poster les explications et les directives de la campagne. Par contre, la promotion et le recrutement ont fonctionné de la même façon en relayant les informations sur Twitter et en allant chercher les fans sur leur terrain de jeu numérique.

Les deux exemples que nous venons de décrire, développés par les fans de *Wynonna Earp*, sont ce que nous pourrions qualifier, à la suite de Ratto et Boler, de citoyenneté *Do-It-Yourself*. En effet, les fans s'organisent entre eux, en dehors de toute affiliation à un média *mainstream*, et vont choisir ensemble quelles causes défendre et de quelle manière. Selon Jenkins, par ces actions et les tactiques mobilisées, les fans acquièrent les compétences nécessaires à tout activisme[351]. De plus, ces actions renforcent le sentiment d'appartenance qui peut exister dans une communauté : «*En sélectionnant des causes caritatives qui parlent à un grand nombre de la communauté Earpers, je pense que cela aide certains dans la communauté à voir que d'autres fans les soutiennent d'une façon tangible. En donnant la somme d'argent qu'ils peuvent, ils déclarent "je te vois, je te soutiens".*» (Bourdaa, correspondance personnelle, 2018).

L'organisation en interne dans la communauté, la mise en lumière de problématiques communes souvent en lien avec la série ou ses personnages, le recrutement et la visibilité de l'action via l'usage des médias sociaux et la circulation des messages dans la sphère publique, sont autant d'ingrédients qui façonnent un activisme politique chez les fans et un engagement public et collectif pour défendre des causes qui leur tiennent à cœur. Ce type d'actions sociales rassemble les fans dans un objectif commun et leur donne la force collective de réparer des injustices et de proposer des actions positives pour la communauté mais également au-delà pour la société. Selon Bridget, les campagnes de levée de fonds représentent

351. Henry Jenkins, «Fan Activism as Participatory Politics: The Case of the Harry Potter Alliance», in Matt Ratto & Megan Boler, *DIY Citizenship. Critical Making and Social Media*, MIT Press, 2014, p. 65-74.

un moment privilégié de rassemblement autour d'un objectif commun. De plus, ces campagnes permettent aux fans d'agir pour créer du changement, tout en travaillant en équipe.

Pour ces actions, ce qui inspire les fans c'est à la fois le contenu narratif de la série, les personnages, mais également les valeurs de la série et, par extension, les valeurs prônées par la *showrunneuse* Emily Andras et les acteurs et actrices de la série. Tout comme Lucy Bennett dans son analyse des interactions entre Lady Gaga et les Little Monsters[352], nous pouvons souligner que les célébrités, tout comme les œuvres culturelles, au lieu de dépolitiser les fans, encouragent au contraire des formes d'engagement citoyen.

Activités et créativité des fans de la série

Outre leur activisme et leur engagement civique, les fans de la communauté Earpers créent et produisent des contenus originaux via des activités de création qu'ils font ensuite circuler dans la communauté et dans la sphère publique. Ce phénomène permet de rendre visible des contenus non-visibles et de promouvoir une œuvre culturelle en agissant comme médiateurs culturels.

Nous avons posé une question sur les créations pour mesurer le degré d'engagement dans la communauté et pour savoir de quelle manière la créativité était mise à profit. Lors de nos précédentes recherches, lorsque nous abordions le sujet des

352. Lucy Bennett, « If we stick together we can do anything: Lady Gaga fandom, philanthropy, and activism through social media », *Celebrity Studies*, vol. 5, nº 1-2, 2014, p. 138-152.

productions, très peu de fans répondaient s'adonner à des pratiques de création au sein de leur communauté mais ils admettaient volontiers «consommer» et partager les productions des autres membres du *fandom*.

Ici, au contraire, il apparaît une nouvelle fois que les Earpers sont des récepteurs particulièrement actifs et qu'ils produisent des contenus en s'inspirant de la série et/ou des personnages, et en particulier du couple WayHaught. Soixante-quinze fans (c'est-à-dire plus d'un quart des répondants au questionnaire) nous ont confirmé pratiquer une ou plusieurs activités de création et de production de contenus dans le cadre de leur engagement dans la communauté *Wynonna Earp*.

Les activités sont variées et prouvent encore une fois que les fans possèdent ou acquièrent dans le *fandom* des compétences intellectuelles et techniques qu'ils mettent ensuite à profit pour participer, partager et promouvoir la série. Certains fans questionnés écrivent des fanfictions parce que «*je suis écrivain donc pour moi, bien évidemment, cela va être des activités d'écriture. J'écris des fanfictions, c'est bon pour moi d'améliorer mon écriture en anglais et en plus c'est drôle à faire.*» (répondant 180). Parce qu'ils ont une formation en musique (répondant 110), certains produisent des arrangements sonores pour les vidéos d'autres fans. Pour ces fans, les compétences techniques qu'ils développent dans leur vie quotidienne ou professionnelle sont réinvesties et servent à produire des contenus originaux qu'ils partagent ensuite avec le reste de la communauté.

Les trois activités qui sont les plus citées dans les réponses au questionnaire sont les activités que l'on retrouve le plus souvent dans les communautés de fans actives : l'écriture de fanfiction, l'édition et le montage de fan arts et vidéos et le cosplay. Ce qui est intéressant, c'est qu'il semble exister une réelle connexion, un réel lien entre les auteurs et autrices et les autres fans, qui établissent un échange dans un système commun de valeurs. D'un côté, celles et ceux qui produisent sont heureux de partager leurs créations avec les membres de la communauté, permettant une meilleure interprétation de l'œuvre ou des personnages. «*La communauté des fans crée une interprétation commune (mais également contradictoire) dans laquelle un grand nombre de significations, directions et fins potentielles coexistent.*»[353] Les fans auteurs contribuent au développement de l'univers, à la (ré)interprétation des contenus et des personnages, tout en procurant de la joie aux autres membres de la communauté[354].

De l'autre côté, les fans vont s'encourager mutuellement et faire progresser la création et la créativité tout en appréciant les productions des fans créateurs[355].

---

353. Karen Hellekson & Kristina Busse, *Fan Fiction and Fan Communities in the Age of the Internet*, McFarland & Company, 2006.

354. Exemples de verbatims : «*Je vais travailler sur des fan arts durant mon temps libre. Je veux le faire car cela m'apporte de la joie quand les Earpers peuvent apprécier encore plus la série et l'équipe avec ce que j'ai créé. De plus, c'est ma façon de montrer mon appréciation à l'équipe de la série qui a travaillé si durement pour nous proposer la série qui est la nôtre. C'est un sentiment exceptionnel.*» (répondant 34) / «*J'ai fait une vidéo (pour le moment), écrit deux fanfictions, et je vais faire du cosplay en Earp dans deux semaines. La série apporte de la joie à beaucoup de personnes, donc quand je dessine ou que j'écris ou que je crée des choses à partir de la série, ça rend les gens heureux. Et quand je fais du cosplay, le visage des gens s'illumine quand ils le reconnaissent – c'est la seule fois où j'ai assez d'assurance pour approcher des gens et leur parler parce que je sais que nous avons quelque chose en commun. J'adore partager tout ça.*» (répondant 188).

355. Exemples de verbatims : «*En ce moment, je profite des fan arts, vidéos de réactions, fanfictions des autres Earpers. J'ai plusieurs artistes et écrivains favoris. Ils m'inspirent et j'envisage de me lancer dans la créativité aussi.*» (répondant 103) / «*Je ne crée pas pour ma part mais j'adore lire les fanfictions et regarder toutes les façons créatives avec lesquelles les fans expriment leur amour pour la série, l'équipe et les acteur·rices.*» (répondant 127) / «*Je ne suis pas super créative. Et je ne pourrais jamais produire les magnifiques œuvres que font les autres Earpers. J'utilise parfois leurs œuvres et je lis beaucoup de fanfictions.*» (répondant 171) / «*J'adore voir ce que les autres fans produisent. J'ai participé à des levées de fonds, acheté les*

Que ce soit du côté des fans producteurs ou du côté de ceux qui encouragent ces productions, nous pouvons constater que les termes utilisés pour s'exprimer appartiennent au lexique de la joie, l'inspiration et le bonheur. Il existe une réelle émulation intellectuelle, créatrice et émotionnelle dans la communauté Earpers, qui façonne la création d'un univers narratif enrichi par les créations et productions des fans. Les créations façonnent une culture commune, ainsi qu'un écosystème médiatique propre dans lequel les interprétations sont construites par la communauté elle-même. Cela permet par exemple d'introduire des lectures variées du texte médiatique, et par là même d'enrichir l'œuvre médiatique de départ. Comme le souligne Louisa Stein : «*Le transtext encourage la création de communautés critiques, dont la plupart offrent des interventions queer et féministes à l'intérieur des limitations des médias commerciaux.*»[356] La création fanique crée des interprétations multiples et invite ainsi les publics à des découvertes et des lectures variées, encourageant le partage d'un champ des possibles du texte médiatique.

Dans le cas de *Wynonna Earp*, nous avons vu que ce qui avait attiré les fans était en particulier les personnages et notamment la représentation du couple lesbien et la force du personnage féminin principal. C'est ce qui va inspirer les fans et exacerber leur créativité, leur donnant envie de développer encore plus les personnages ou ces aspects de la série[357].

créations d'autres Earpers, et lu des fanfictions. Ça m'apporte beaucoup de joie de voir la créativité des autres, et avoir la chance de pouvoir les aider de quelque façon que ce soit.» (répondant 239).

356. Louisa Ellen Stein, «Fandom and the Transtext», in Benjamin L.W. Derhy Kurtz & Mélanie Bourdaa, *The Rise Of Transtexts. Challenges and Opportunities*, Routledge, 2017, p. 71-89.

357. Exemples de verbatims : «*J'écris des fanfictions parce que j'adore ces*

Les personnages vont être retravaillés par les fans, leur psychologie explorée, leurs relations changées ou poussées à leur maximum. Selon Pierre Glaudes et Yves Reuter, le personnage «*est ainsi investi par les systèmes de représentations, par les valeurs des individus et de la société.*»[358] Cette écriture ou cette réécriture de la part des fans demandent un haut niveau d'interprétation du personnage, du contexte, des valeurs comme le souligne Deborah Kaplan : «*Réécrire des personnages pour une fanfiction est un acte d'interprétation, dans lequel le texte offre une possibilité de compréhension du personnage.*»[359] En réalité, l'écriture des personnages va émerger de trois notions : la compréhension par l'auteur ou l'autrice, l'interprétation personnelle des éléments canoniques et des caractéristiques du personnage, l'interprétation collective par la communauté. De fait, les fans interrogés précisent à chaque fois que c'est leur amour ou leur admiration pour le ou les personnages qui les poussent à créer.

Sur le site Archive of Our Own[360], qui centralise les productions écrites des fans, nous pouvons recenser 6373 fanfictions autour de l'univers de la série *Wynonna Earp* dont 5316

personnages et les placer sans s'excuser dans des situations surréalistes et folles est génial.» (répondant 124) / «*J'écris des fanfictions parce que c'est génial de prendre les personnages et de les mettre dans des situations que même la série n'avait pas envisagées.*» (répondant 97) / «*Je crée des fan arts pour* Wynonna Earp *parce que les personnages et les histoires sont tellement inspirants, et j'aime créer des contenus.*» (répondant 206).

358. Pierre Glaudes & Yves Reuter, *Personnage et didactique du récit*, Centre d'analyse syntaxique de l'Université de Metz, 1996, p. 105.

359. Deborah Kaplan, «Construction of Fan Fiction Character Through Narrative», in Karen Hellekson & Kristina Busse, *op. cit.*, p. 134-152.

360. Nous avons choisi *Archive of Our Own*, et non le site *fanfiction.net*, car il constitue un site d'archivages des œuvres fait par les fans pour les fans. De plus, le système de tags et de classification des textes est mieux construit que celui de *fanfiction.net* qui par exemple ne propose pas l'option *femslash*.

explorent la relation amoureuse et/ou physique entre Waverly Earp et Nicole Haught, relation qui est devenue canonique dans la série. Lorsque l'on regarde les catégorisations des fanfictions sur ce site, nous constatons que certaines s'attachent à décrire une relation incestueuse entre les sœurs Waverly et Wynonna Earp, que les fans ont nommé Earpcest, allant dans ce cas précis totalement à l'encontre de l'œuvre canonique. Si l'on se réfère au site WattPad, un site entièrement consacré à l'écriture et l'édition de textes écrits par des amateurs, les 94 fanfictions postées autour de l'univers *Wynonna Earp*[361] sont toutes centrées sur les personnages féminins de la série. Quarante-cinq sont entièrement consacrées au couple Waverly-Nicole, montrant bien la popularité des deux personnages au sein de la communauté Earpers. Par exemple, WayHaught Story, un texte composé de 167 paragraphes, a déjà été lu par 43 000 usagers de la plateforme.

Quels que soient le contexte ou le point de départ de la fanfiction, les auteurs et autrices se servent des personnages et de leur expertise sur les personnages pour continuer des scènes qui ne sont pas visibles dans la série, pour raconter la vie familiale ou sexuelle des personnages en dehors des épisodes, pour développer une vie alternative dans des univers imaginés (*alternate universe*).

Dans la littérature académique sur le sujet, les fanfictions sur les relations *femslah* sont peu étudiées au profit des fanfictions centrées sur des relations hétérosexuelles qui répondent alors à des normes de genre, ou sur des relations *slash*, entre deux hommes, genre qui a pris de l'ampleur avec *Star Trek*. Cependant, il s'avère que les *femslah*[362] sont le genre le plus

361. https://www.wattpad.com/stories/wynonnaearp/hot.

362. Ce genre est ensuite subdivisé dans les écrits proposés en sous-genres tels

développé dans la communauté *Wynonna Earp*, probablement en raison d'une représentation positive du couple lesbien qui encourage la créativité des fans et leur donne envie d'explorer plus en profondeur la relation de ce couple. Cependant, la fanfiction reste majoritairement un acte d'écriture féminin, qui assure de fait une visibilité des lectures féminines de la série et des personnages.

Afin de mieux comprendre cette créativité et ce désir de partage, nous avons interrogé des fans producteurs sur une création spécifique : le podcast d'analyse.

Le podcast est une forme médiatique qui combine une forme traditionnelle, à savoir la radio et les capacités que peut amener le numérique, notamment la diffusion et l'abolition des contraintes d'une grille de programmation. En réalité, «*le podcast offre l'accessibilité et la linéarité d'un contenu audio, mais parce qu'il est sélectionné par les auditeurs et non offert par les producteurs, il attire des publics de niches qui choisissent des contenus en fonction de leurs intérêts.*»[363] Le podcast en tant que forme médiatique libère les auditeurs de certaines contraintes et leur permet de se créer une playlist personnalisée centrée sur leurs goûts musicaux ou culturels spécifiques. Les créateurs et producteurs peuvent alors cibler un public en particulier et ainsi adapter leur contenu et langage.

Créé par Kevin Bachelder et Bonnie Ferrar pendant la diffusion de la première saison de *Wynonna Earp*, le podcast *Tales of the Black Badge* représente une ressource essentielle d'informations pour les fans de la série et présente des critiques sous forme de résumés commentés des épisodes, des

que les *fluff* ou les *smut* (textes érotiques) par exemple.

363. Kyle Wrather, « Making 'Maximum Fun' for fans: Examining podcast listener participation online », *The Radio Journal: International Studies in Broadcast and Audio Media*, vol. 14, nº 1, 2016, p. 43-63.

couvertures des conventions de fans et des entretiens avec les équipes et acteurs. Sur un rythme hebdomadaire, Bonnie et Kevin analysent ensemble la série avec des invités, d'autres fans ou parfois des membres de l'équipe de la série ou proposent des informations et contenus en lien avec la série, son univers ou son environnement.

Le podcast est ici envisagé comme une forme réfléchie de critique dans le sens où les créateurs peuvent préparer leurs émissions, leurs sujets et les discuter ensuite dans un podcast qui est édité et non proposé en direct. De leur côté, les fans, grâce à la portabilité du média, peuvent en profiter quand ils le souhaitent et où ils le souhaitent comme en témoigne par exemple ce tweet : «*J'écoute le (toujours génial) podcast tout en cuisinant. (pourquoi je me sens adulte tout à coup. C'est bizarre). LOL* #WynonnaEarp» (Alex McLeod, 22 septembre 2018). Cette fan termine son tweet en exprimant sa gratitude aux deux créateurs du podcast, parce qu'ils lui donnent des clés de lecture et de compréhension supplémentaires des épisodes de la série.

L'objectif premier de ce podcast est d'«*offrir tout ce que nous pouvons à la communauté des fans. Nous avons compris que si nous pouvions avoir l'équipe dans notre émission, nous pouvions atteindre la communauté des fans. Aucun Earper ne devait être lésé. Le podcast nous permet de garder une certaine cohésion dans la communauté tout en apportant des contenus et informations à tout le monde*» (Ferrar, correspondance personnelle, 2018). Mais les deux créateurs insistent sur le fait qu'ils n'avaient en aucun cas prévu le succès du podcast et qu'ils avaient simplement envie de se faire plaisir et de faire plaisir à la communauté dans une forme de don. Les deux créateurs sont deux fans de la *showrunneuse* Emily Andras, qu'ils ont connue en suivant sa précédente série *Lost Girl*. Ils se sont rencontrés lors d'une convention Dragon Con, pour lancer leur podcast consacré à *Wynonna Earp*.

Depuis, ils sont «*devenus des amis proches grâce à cela*» (Bourdaa, correspondance personnelle, 2018) confirmant le fait que la communauté des fans et ses activités inhérentes permettent de tisser des liens sociaux et des relations amicales fortes.

Kevin Bachelder avait déjà une compétence dans la production de podcasts puisqu'il en crée depuis 2005, pour la plupart sur la thématique des séries télévisées de genre, thème dans lequel s'inscrit également *Wynonna Earp*. Son savoir-faire, allié aux compétences d'éditeur d'un de ses amis, a donc été mis à contribution ici ; il a été moteur en ce qui concerne la facette technique de la mise en place du podcast. Pour lui le podcast «*est une manière amusante de discuter d'une série avec d'autres fans, et d'atteindre des gens et de transmettre une émotion à travers la voix.*» (Bachelder, correspondance personnelle, 2018). Pour Kevin, la voix est un moyen intéressant d'exprimer ses sentiments et le podcast, par ses affordances et la nature même du média audio, permet de mettre en avant cet aspect intime de la relation entre le podcasteur et son public. De son côté, Bonnie nous signale que c'est la première fois qu'elle produit un podcast mais elle a utilisé ses compétences professionnelles de rédactrice web pour lancer des comptes Twitter et le site Internet qui centralise les informations sur la série et archive les podcasts.

Kevin et Bonnie n'hésitent pas à parler d'une véritable construction d'une expérience collective qui se forme entre eux et les fans de la communauté à travers le podcast. Pour exprimer ce phénomène, Matt Hills parle d'«*intimité à travers la distance*». Dans ce contexte, les producteurs de contenus possèdent des connaissances qu'ils partagent, ce qui leur permet d'entretenir des relations sociales avec leurs publics et fans[364].

---

364. Matt Hills, «Subcultural celebrity», in Stacey Abbott, *The Cult TV Book*, Taurus, 2010, p. 233-239.

C'est ce qui se passe avec le podcast *Tales of the Black Badge* : Kevin et Bonnie sont des (res)sources légitimes d'information sur la série grâce à leur expertise et les recherches qu'ils font avant l'enregistrement des émissions et, en même temps ils construisent, grâce à leurs interactions avec les fans dans leur podcast et à travers les médias sociaux, une expérience commune et partageable. Cela est d'autant plus possible que le podcast est accompagné de comptes Twitter qui posent une intimité et une relation immédiate entre les créateurs et les fans. Kevin et Bonnie s'en servent pour promouvoir leurs propres contenus tout comme la créativité des autres membres de la communauté. Pour eux, le podcast a été à la fois le point de départ de la construction collective d'une communauté, et l'inspiration pour donner davantage à cette communauté de fans. Il représente un « travail d'amour » (Bourdaa, correspondance personnelle, 2018) dans lequel l'admiration pour la série, les équipes et la communauté peut pleinement s'exprimer et se donner à entendre. Nous retrouvons ici ce qui fait l'essence même des communautés de fans et encore plus de la communauté Earpers : le *fandom* comme famille choisie. De plus, le podcast, qui digère et réintègre tous les éléments positifs de la série selon ses créateurs, représente un espace numérique protégé, une façon d'échapper au monde extérieur.

Tout comme Bridget soulignait l'usage des médias sociaux pour promouvoir les actions d'engagement activiste et recruter dans la communauté, Kevin et Bonnie pointent l'importance de Twitter dans la constitution de la communauté, les fans se rassemblant sur la plateforme pour discuter, partager, échanger. Au-delà d'une certaine notoriété qui se mesure en nombre de followers, les deux créateurs du podcast souhaitent avant tout rassembler : « *Je voulais que nous soyons tous ensemble. Et maintenant, tous ceux qui nous ont rejoints, euh, chacun apporte sa valeur. Chacun a fait quelque chose pour rendre la communauté encore meilleure. Et c'est ce qui rend la communauté si spéciale. Chaque Earper se sent responsable de la série et des autres membres de la communauté.* » (Bourdaa, correspondance personnelle, 2018). De façon intéressante, les deux créateurs du podcast ne se placent pas au-dessus des autres fans, malgré leur expertise, mais plutôt au même niveau, participant à une expérience commune, apportant de la valeur ajoutée grâce à leur activité.

Kevin et Bonnie proposaient également des vidéos en direct sur *Hangout* après chaque épisode qui permettaient aux fans de se retrouver en simultané pour discuter « à chaud » de l'épisode. Ces vidéos « en direct » n'étaient pas ensuite archivées à la différence des podcasts qui peuvent être réécoutés plusieurs fois par les fans. L'objectif de ces vidéos était d'offrir aux Earpers une immédiateté, une occasion de se voir et de parler des épisodes d'une façon différente de ce que propose le live-tweet. Les sentiments sont ainsi plus exacerbés. Sur *Hangout* chaque fan qui y participait se créait une identité, ce qui permettait une forme d'intimité à la différence de Twitter. Kevin précise que les vidéos « *rendent les interactions plus réelles entre les fans car ils peuvent se voir, et c'est important pour les fans qui ne peuvent pas se rendre à des conventions, et voir leurs expressions faciales en réaction aux épisodes.* » (Bourdaa, correspondance personnelle, 2018).

La difficulté pour les deux créateurs était de ne pas empiéter sur le podcast et de faire du *Hangout* une sorte de club de visionnage, rassemblant encore une fois des membres d'une communauté et prolongeant le visionnage de l'épisode hebdomadaire. La série est construite de telle manière que chaque épisode se termine sur un *cliffhanger*, une mise en suspense, qui va provoquer chez les fans à la fois un sentiment de frustration et d'attente mais également une envie immédiate d'en discuter. Les séances vidéos *Hangout* offraient ainsi la possibilité de commenter l'épisode en allant plus en profondeur que Twitter. Cette nouvelle forme médiatique rallonge le temps de visionnage de la série et la transforme en une véritable expérience collective : « *Ce n'est pas le simple fait de regarder la série pendant une heure chaque semaine. C'est devenu un style de vie. Vous regardez l'épisode le vendredi soir, vous allez sur le Hangout vidéo, vous voyez les autres fans et vous discutez avec eux, et deux jours plus tard, notre podcast est en ligne et vous l'écoutez, et vous attendez que les autres podcasts d'autres fans sortent. Les fans postent des résumés. Le lundi matin, vous vous réveillez pour aller au travail, et vous lisez les entretiens de* TV Junkies, *les résumés de* Autostraddle, *et vous allez sur Twitter. Ce n'est plus juste une heure de télévision. C'est un mouvement.* » (Bourdaa, correspondance personnelle, 2018).

Les activités de fans et les interactions autour de ces activités participent à la construction d'un espace-temps singulier. Ce mode de vie, comme le décrivent Kevin et Bonnie, immerge les fans dans une expérience transmédiatique qui à la fois prolonge la série, et propose une balade numérique multiplateforme aux fans, à travers des médias sociaux, des vidéos, des expériences audio, des sites internet. Le podcast et les vidéos *Hangout* sont des éléments essentiels de ces déambulations numériques dans le sens où ces formes médiatiques proposent des informations sur la série, des interactions et des échanges entre fans et contribuent à un renforcement de la communauté et du sentiment d'appartenance. Ce qui se joue ici est, au-delà d'un travail numérique que les fans identifient très bien, une forme de don – contre don dans laquelle les fans qui créent les activités le font pour la communauté et en ayant en tête le positif qui va en émaner, et dans laquelle les fans construisent ensemble une expérience unique de partage (d'informations, de sentiments, d'activisme) autour de la série.

Les entretiens avec Kevin et Bonnie nous ont fait ressentir leur fierté de faire partie de cette « famille » de fans comme ils la qualifient et d'avoir la responsabilité de soutenir la série, les équipes et les fans à travers leurs dispositifs numériques (podcasts, vidéos, site web et médias sociaux). Au-delà de l'aspect économique, qui ne rentre jamais en ligne de compte dans les échanges que nous avons pu avoir avec les fans, ce qui compte sont les notions de plaisir et de bien commun. Les activités de fans apportent un réel plaisir aux fans qui les font mais également à ceux qui les reçoivent comme en attestent les verbatims que nous avons retenus. Visiblement, la joie procurée émane du désir de vivre une expérience commune, de construire ensemble une communauté d'affiliation et de pratiques et de créer un univers narratif augmenté.

Conclusion

« C'est précisément parce qu'être fan relève plus que la simple participation, parce que cela suppose des dimensions affectives et identitaires, que les notions de fan et communauté de fans continuent de compter et diffèrent des autres termes utilisés dans nos disciplines pour décrire les prosumers, les journalistes citoyens, les activistes, les influenceurs, les créateurs de contenus amateurs, etc. »[365]

(Gray et al., 2017 : 22).

Nous l'avons vu tout au long de ce travail, les fans sont des récepteurs actifs, dans le sens où leur réception d'une série télévisée n'est pas seulement limitée au moment de la diffusion d'un

---

365. Jonathan Gray, Cornel Sandvoss & C. Lee Harrington, « Introduction: Why Still Study Fans? », in Jonathan Gray, Cornel Sandvoss & C. Lee Harrington, *Fandom: Identities and Communities in a Mediated World.* Second Edition, NYU Press, 2017, p. 1-26.

épisode, mais s'étend, se distant même, lorsqu'ils s'inscrivent dans une communauté de pratiques. Dans cette communauté, le *fandom*, ils créent des liens sociaux, partagent, s'entraident, créent des contenus originaux, enrichissent l'univers narratif officiel et dans certains cas, s'engagent dans des luttes sociales, culturelles et politiques. Les nombreuses études de cas analysées dans ce livre nous permettent de mettre en avant des traits saillants des communautés de fans et de mieux comprendre les dynamiques et rapports sociaux en jeu et parfois en tension, et les questions identitaires et culturelles qui en découlent.

Premièrement, les fans affirment une identité individuelle en s'engageant dans une communauté qui vient construire une identité collective. Cette identité collective se donne à voir à travers le choix d'un nom pour la communauté qui permettra aux fans de se reconnaître, de façonner une culture et un langage commun, et d'exister socialement. Nous l'avons vu avec l'exemple des fans de la série *Wynonna Earp*, qui, avant toute chose, se déclarent Earper, un nom qui les identifie et qui porte des valeurs communes au *fandom*.

Deuxièmement, les communautés de fans sont des communautés hybrides dans le sens où elles vivent en ligne mais également hors ligne. Naturellement, Internet et les nouvelles technologies ont rendu les communautés de fans plus « visibles et actives », ont permis d'inclure des publics plus variés en termes de genre et démographie et rendu possibles des partages plus grands de contenus canoniques et faniques. Cependant, les rencontres en face-à-face sont fondamentales pour les fans afin de consolider des liens sociaux, tissés au préalable en ligne. Dans ce contexte, la convention est un lieu privilégié de rencontres de fans, qui peuvent matérialiser des amitiés, des passions communes et des pratiques (comme le visionnage d'épisodes en commun). Le cosplay devient également une pratique à l'intersection du hors-ligne et du en-ligne. Le cosplay s'organise principalement autour de rencontres en face-à-face lors de concours, photoshoots ou conventions. Mais Internet et les réseaux sociaux favorisent les échanges entre cosplayers, les partages de bonnes pratiques, les conseils et tutoriels. Les communautés de fans ne sont alors pas seulement virtuelles mais elles prennent leur racine et se développent dans des lieux physiques, des événements spécifiques qui revêtent un aspect particulier auprès des fans car ils peuvent « se voir ».

Troisièmement, les communautés de fans utilisent de plus en plus les fictions et les personnages comme levier d'engagement dans des luttes culturelles, sociales et politiques. Cette imagination civique envisage les fans comme des agents du politique, qui, à partir de la fiction, s'organisent pour mener des actions concrètes et défendre des causes et des valeurs qu'ils ont en commun. Les fans se créent alors une conscience politique, et mettent en pratique des tactiques liées à leurs pratiques de fans qu'ils réemploieront ensuite dans leur vie citoyenne. «*Les nouveaux styles de politiques participatives se nourrissent de ce que les jeunes publics connaissent en tant que fans, consommateurs, membres de réseaux sociaux, et ils déploient ce capital culturel politique comme point de départ de leur action politique.* »[366]

Ces caractéristiques se retrouvent de *fandom* en *fandom* et permettent de mieux dessiner les contours des communautés de fans et d'en saisir les mécanismes de pensées, de pratiques et de constructions identitaires.

Ce livre a montré que les fans et en particulier les hyperfans, ces publics créateurs et producteurs, sont importants à connaître, appréhender et analyser notamment pour mieux comprendre les évolutions de l'écosystème médiatique et des

366. Henry Jenkins, Mizuko Ito & danah boyd, *op. cit.*, p. 157.

relations entre production et réception. Ces hyperfans, loin d'être dépolitisés et amorphes, proposent des tactiques de réceptions variées leur permettant de façonner des cultures fans et d'embarquer avec eux d'autres publics. Les actions qu'ils mènent, en lien avec les fictions et les personnages, résonnent dans la sphère publique et impactent le politique et la société. Car, finalement, l'imaginaire n'est-il pas porteur et vecteur de changement dans les communautés mais également dans la société civile ?

Bibliographie

Akturan, Ulun, « A Review of Cyber Ethnographic Research: A Research Technique to Analyze Virtual Consumer Communities », *Bogaziçi Journal*, vol. 23 nº 1-2, 2009, p. 1-18.

Allard, Laurence, « Express Yourself 3.0 ! Le mobile comme média de la voix intérieure », in Laurence Allard, Roger Odin & Laurent Creton (dir.), *Téléphone mobile et création*, Armand Colin, 2014.

Ang, Ien, *Watching Dallas: Soap Opera and the Melodramatic Imagination*, Routledge, 1985.

Austin, John Langshaw, *How to Do Things with Words*, Harvard University Press, 1962.

Bachimont, Bruno, « L'archive numérique : entre authenticité et interprétabilité », *Archives*, vol. 32, nº 1, 2000-2001, p. 3-15.

Baroni, Raphaël, *La tension narrative. Suspense, curiosité, surprise*, Seuil (Poétique), 2007.

Baroni, Raphaël, « Intrigues et personnages des séries évolutives : quand l'improvisation devient une vertu », *Télévision*, nº 7, 2016, p. 31-48.

Barton, Kristin M., « Chuck vs the advertiser: how fan activism and footlong subway sandwiches save a television series », in Kristin M. Barton & Jonathan Malcolm Lampley, *Fan Culture: Essays on Participatory Fandom in the 21st century*, McFarland & Company, 2014, p. 158-172.

Baym, Nancy K., *Tune in, Log on: Soaps, Fandom, and Online Community*, Sage Publications, 1999.

Baym, Nancy K., *Personal Connections in the Digital Age*, Polity Press, 2010.

Bennett, Lucy, « Tracing Textual Poachers: Reflections on the development of fan studies and digital fandom », *Journal of Fandom Studies*, vol. 2, nº 1, 2014, p. 5-20. doi: 10.1386/jfs.2.1.5_1.

Bennett, Lucy, « If we stick together we can do anything: Lady Gaga fandom, philanthropy and activism through social media », *Celebrity Studies*, vol. 5, nº 1-2, 2014, p. 138-152.

Berelson, Bernard, *Content Analysis in Communication Research*, GlencoeIII: Free Press, 1952.

Bertetti, Paolo, « Toward a Typology of Transmedia Characters », *International Journal of Communication*, vol. 8, 2014, p. 2344-2361.

Berthou, Benoît, « Fictions et formes encyclopédiques : Wookieepedia, Dragon Ball Wiki et Cie. », *Strenae. Recherche sur les livres et objets culturels de l'enfance*, nº 2, 2011. https://journals.openedition.org/strenae/420.

Bird, Jackson & Thomas V. Maher, « Turning Fans into Heroes: How the Harry Potter Alliance Uses the Power of Story to Facilitate Fan Activism and Bloc Recruitment », *Social Movements and Media*, 2017, p. 23-54.

Bingham, Patrick, « Pretty Little Liars: Teen Mystery or Revealing Drama? », *Networking Knowledge*, MeCCSA Conference Issue, vol. 4, nº 6, 2013, p. 95-106.

Black, Rebecca W., *Adolescents and Online Fan Fiction*, Peter Lang, 2008.

Boillat, Alain, *Cinéma, machine à mondes*, Georg, 2014.

Booth, Paul, *Digital Fandom: New media studies*, Peter Lang, 2010.

Booth, Paul, « Augmenting fan/academic dialogue: New directions in fan studies », *Journal of Fandom Studies*, vol. 1, nº 2, 2013, p. 119-137.

Booth, Paul & Peter Kelly, « The changing faces of *Doctor Who* fandom: New fans, new technologies, old practices? », *Participations. Journal of Audience and Reception Studies*, vol. 10, nº 1, 2013, p. 56-72. https://www.participations.org/Volume%2010/Issue%201/5%20Booth%20&%20Kelly%2010.1.pdf.

Booth, Paul & Lucy Bennett, *Seeing Fans: Representations of Fandom in Media and Popular Culture*, Bloomsbury, 2016.

Boutet, Marjolaine, « Soixante ans d'histoire des séries télévisées américaines », *Revue de recherche en civilisation américaine*, nº 2, 2010. http://rrca.revues.org/248.

Bourdaa, Mélanie, « Taking a break from all your worries : *Battlestar Galactica* et les nouvelles pratiques télévisuelles des fans », *Questions de communication*, nº 22, 2012, p. 235-250.

Bourdaa, Mélanie, « Le transmédia : entre narration augmentée et logiques immersives », *InaGlobal*, 2012.

Bourdaa, Mélanie & Javier Lozano Delmar, « Case study of French and Spanish reception of *Game of Thrones* », *Transformative Works and Cultures*, Special issue « Transnationalism, localization and translation in European Fandom » (edited by Anne Kustritz), vol. 19, 2015. http://journal.transformativeworks.org/index.php/twc/article/view/608.

Bourdaa, Mélanie (dir.), « Les fan studies : enjeux et perspectives de la recherche sur les fans en France », *Revue Française des Sciences de l'Information et de la Communication*, dossier « Émergences », nº 7, 2015. https://rfsic.revues.org/1462.

Bourdaa, Mélanie, « "Ici je suis moi-même" : appartenance, littératie et genre dans la communauté des fans de *The Flash* et *Arrow* », *Revue de recherche en LMM*, vol. 4, 2016. http://litmedmod.ca/ici-je-suis-moi-meme-appartenance-litteratie-et-genre-dans-les-communautes-de-fans-de-flash-et-arrow.

Bourdaa, Mélanie & Arnaud Alessandrin, *Fan Studies / Gender Studies. La Rencontre*, Téraèdre, 2017.

Bourdaa, Mélanie, « "May we meet again": Social bonds, Activities, and Identities in the #Clexa fandom », in Paul Booth, *A Companion to Media Fandom and Fan Studies*, Wiley Blackwell, 2018, p. 385-400.

Bourdieu, Pierre, *La Distinction. Critique sociale du jugement*, Les Éditions de Minuit, 1979.

boyd, danah & Alice Marwick, « To See and Be Seen: Celebrity Practice on Twitter », *Convergence. The International Journal of Research in*

New Media Technologies, vol. 17, nº 2, 2011, p. 139-158.

Brooker, Will, « Internet Fandom and the Continuing Narratives of *Star Wars*, *Blade Runner* and *Alien* », in Annette Kuhn, *Alien Zone II: The Spaces of Science-Fiction Cinema*, Verso, 1999, p. 50-74.

Brough, Melissa M. & Sangita Shresthova, « Fandom meets activism: Rethinking civic and political participation », *Transformative Works and Cultures*, nº 10, 2012. http://journal.transformativeworks.org/index.php/twc/article/view/303.

Breda, Hélène, « Les mondes possibles de *Westworld* : du "méta-storytelling" à l'immersion transmédia », *Synergies Italie*, nº 13 « Fragments d'un discours narratif : le storytelling dans tous ses états », dirigé par Mélanie Bourdaa & Maria Margherita Mattioda, 2017, p. 107-118. http://gerflint.fr/Base/Italie13/italie13.html.

Burgess, Jean & Joshua Green, *YouTube: Online Video and Participatory Culture*, Polity Press, 2009.

Butler, Judith, *Ces corps qui comptent*, Éditions Amsterdam, 2009.

Caïra, Olivier, *Définir la fiction. Du roman au jeu d'échecs*, Éditions de l'EHESS, 2011.

Cameron, Kelsey, « Toxic regulations: From TV's code of practices to #BuryYourGays », *Participations. Journal of Audience and Reception Studies*, vol. 15, nº 1, 2018.

Cardon, Dominique, « Le design de la visibilité : un essai de cartographie du web 2.0 », *Réseaux*, nº 152, 2008, p. 93-137.

Casilli, Antonio, « Digital Labor : travail, technologies et conflictualité », in Antonio Casilli & Dominique Cardon, *Qu'est-ce que le digital labor ?*, INA, 2015, p. 10-42.

Castells, Manuel, *Networks of Outrage and Hope: Social Movements in the Internet Age*, Polity Press, 2012 (2015).

Cervulle, Maxime & Nelly Quemener, *Cultural Studies. Théories et méthodes*, Armand Colin, 2015 (2e édition, 2018).

Chalvon-Demersay, Sabine, « Une société élective : scénarios pour un monde de relations choisies », *Terrain*, nº 27, 1996, p. 81-100.

Chaney, Keidra & Raizel Liebler, « Canon vs. Fanon: Folksonomies in Fan Culture », *Media in Transition 5: Creativity, Ownership and Collaboration in the Digital Age*, Boston, MIT, 2007.

Chaouni, Nawel, *Les fans de séries télévisées sur les réseaux socionumériques*, L'Harmattan, 2017.

Chatman, Dayna, « Black Twitter and the Politics of viewing *Scandal* », in Jonathan Gray, Cornel Sandvoss & C. Lee Harrington, *Fandom: Identities and Communities in a Mediated World*, NYU Press, 2017, p. 299-314.

Cherry, Brigid, *Cult Media, Fandom and Textiles: Handcrafting as Fan Art*, Bloomsbury, 2016.

Chin, Bertha, Bethan Jones, Myles McNutt & Luke Pebler, « Veronica Mars Kickstarter and Crowd Funding » [dialogue]. in Mel Stanfill & Megan Condis, « Fandom and/as Labor », special issue, *Transformative Works and Cultures*, nº 15. http://dx.doi.org/10.3983/twc.2014.0519.

Chin, Bertha, « Sherlockology and Galactica.tv: Fans sites as gifts or exploited labor? », *Transformative Works and Cultures*, nº 15, « Fandom and/as labor », dirigé par Mel Stanfill & Megan Condis, 2014. http://journal.transformativeworks.org/index.php/twc/article/view/513/416.

Cristofari, Cécile & Matthieu J. Guitton, « L'aca-fan : aspects méthodologiques, éthiques et pratiques », *Revue Française des Sciences de l'Information et de la Communication*, nº 7, 2015. https://rfsic.revues.org/1651#tocto1n2.

Click, Melissa A., Jonathan Gray, Jason Mittell & Suzanne Scott, « Futures of fan studies. A Conversation », in Melissa A. Click & Suzanne Scott, *The Routledge Companion to Media Fandom*, Routledge, 2018, p. 437-450.

Click, Melissa A., Hyunji Lee & Holly Willson Holladay, « Making Monsters: Lady Gaga, Fan Identification, and Social Media », *Popular Music and Society*, vol. 36, nº 3, 2013, p. 360-379.

Combes, Clément, « La consommation des séries à l'épreuve d'Internet. Entre pratique individuelle et activité collective », *Réseaux*, vol. 1, nº 165, 2011, p. 137-163.

Costanza-Chock, Sasha, « Participatory Culture, Politics and Learning ». https://civic.mit.edu/2012/11/07/henry-jenkins-participatory-culture-politics-and-learning/.

Costanza-Chock, Sasha, *Out of the Shadows, Into the Streets! Transmedia Organizing and the Immigrant Rights Movement*, MIT Press, 2014.

Coppa, Francesca, « Fuck yeah, Fandom is beautiful », *Journal of Fandom Studies*, vol. 2, nº 1, 2014, p. 73-82.

Corse, Sarah M. & Jaime Hartless, « Sci-fi and Skimpy Outfits. Making Boundaries and Staking Claims to *Star Trek: Into Darkness* », in Adrienne Trier-Bieniek, *Fan girls and the Media. Creating Characters, Consuming Culture*, Rowman & Littlefield, 2015, p. 1-20.

Danielsen, Line Boye, « ClexaCon takeover in Las Vegas – Queer Femslash Fans & (re)claiming spaces », *In Media Res. A Media Commons Project*, 2018. http://mediacommons.futureofthebook.org/imr/2018/05/04/clexacon-takeover-las-vegas-queer-femslash-fans-reclaiming-spaces.

Darras, Bernard, « Les études culturelles, une mutation démocratique des sciences humaines », *Études culturelles et Cultural Studies* (sous la direction de Darras), MEI nº 24-25, L'Harmattan, 2007, p. 1-7.

Davallon, Jean, « Le musée est-il vraiment un média ? », *Culture et Musées*, 1992, p. 99-123.

Dayan, Daniel, « Télévision : le presque public », *Réseaux*, vol. 18, nº 100, 2000, p. 427-456.

De Bideran, Jessica, « L'extension numérique du musée », in François Mairesse, *Définir le musée du xxie siècle. Matériaux pour une discussion*, ICOFOM, 2017, p. 143-148.

De Singly, François, *Les uns avec les autres : quand l'individualisme crée du lien*, Hachette, 2005.

Derecho, Abigail, « Archontic literature: A Definition, a History and Several Theories of Fan Fiction », in Karen Hellekson & Kristina

Busse, *Fan Fiction and Fan Communities in the Age of the Internet*, McFarland & Company, 2006, p. 61-78.

Derhy Kurtz, Benjamin W.L. & Mélanie Bourdaa, *The Rise of Transtexts: Challenges and Opportunities*, Routledge, 2016.

Derrida, Jacques, *Mal d'archive*, Galilée, 1995.

Dery, Mark, « Foreword », in Marilyn DeLaure & Moritz Fink, *Cultural Jamming. Activism and the art of cultural resistance*, New York University Press, 2017.

Dewey, John, *Art as Experience*, Perigee, 1934.

Dyer, Richard, « Homosexuality and Film Noir », *Jumpcut*, nº 16, 1977, p. 18-21.

Dubar, Claude, *La crise des identités*, PUF, 2010.

Duffett, Mark, *Understanding Fandom: An Introduction to the Study of Media Fan Culture*, Bloomsbury, 2013.

Duncum, Paul, « Youth on YouTube: Prosumers in a Peer-to-Peer Participatory Culture », *The International Journal of Arts Education*, vol. 9, nº 2, 2011, p. 24-39.

Evans, Adrienne & Mafalda Stasi, « Desperately seeking methodology: New directions in fan studies research », *Participations. Journal of Audience and Reception Studies*, vol. 11, nº 2, 2014, p. 4-23.

Fathallah, Judith, « Moriarty's Ghost: Or the Queer Disruption of the BBC's *Sherlock* », *Television and New Media*, vol. 16, nº 5, 2015, p. 490-500.

Featherstone, Mike, « Body, Image and Affect in Consumer Culture », *Body and Culture*, vol. 16, nº 1, 2010, p. 193-221.

Fisher, Carrie, *The Princess Diarist*, Blue Rider Press, 2016.

Flichy, Patrice, *Le sacre de l'amateur. Sociologie des passions ordinaires à l'ère du numérique*, Seuil et La République des Idées, 2010.

Ford, Sam, « Fan Studies: Grappling with an "Undisciplined" discipline », *Journal of Fandom Studies*, vol. 2, nº 1, 2014, p. 53-71.

Foucault, Michel, *Il faut défendre la société : Cours au Collège de France (1975-1976)*, François Ewald & Alessandro Fontana (dir.), EHESS, Seuil, Gallimard, 1997.

François, Sébastien, « La participation médiatique selon Henry Jenkins », *Terrains & Travaux*, vol. 1, nº 15, 2009, p. 213-224

Gabriel, Nicole, Bogna Kazur, Kai Matuszkiewicz, « Reconsidering Transmedia(l) Worlds », in Claudia Georgi & Brigitte Johanna Glaser, *Convergence Culture Reconsidered. Media – Participation – Environments*, Universitätsverlag Göttingen, 2015, p. 163-194.

Gallarino, Aurore, « Jenkins Reloaded : évolution de la pensée d'Henry Jenkins de Textual Poachers à (l'avant) Spreadable Media », *Terminal*, nº 112, 2015, p. 115-120.

Gee, James Paul, *What Video Games Have to Teach Us About Learning and Literacy*, Palgrave Macmillan, 2003.

Genette, Gérard, « Discours du récit », *Figures 3*, Seuil, (Poétique), 1976.

Georges, Fanny, « Représentation de soi et identité numérique. Une approche sémiotique et quantitative de l'emprise culturelle du web 2.0 », *Réseaux*, vol. 2, nº 154, 2009, p. 165-193.

Gilbert, Anne, « Life from Hall H: Fan/Producer symbiosis at San Diego Comic-Con », in Jonathan Gray, Cornel Sandvoss & C. Lee Harrington, *Fandom: Identities and Communities in a Mediated World*. Second Edition, NYU Press, 2017, p. 354-368.

Gillan, Jennifer, *Television and New Media. Must-Click TV*, Routledge, 2011.

Glaudes, Pierre & Yves Reuter, *Personnage et didactique du récit*, Centre d'analyse syntaxique de l'université de Metz, 1996.

Glevarec, Hervé, *La sériephilie. Sociologie d'un attachement culturel*, Ellipses, 2012.

Goetschel, Pascale, François Jost & Myriam Tsikounas, « La promesse d'une fin », *Sociétés et Représentations*, nº 39, p. 9-12.

Gray, Jonathan, Cornel Sandvoss & C. Lee Harrington, *Fandom: Identities and Communities in a Mediated World*, NYU Press, 2007.

Gray, Jonathan, « Antifandom and the Moral Text: Television Without Pity and the Textual Dislike », *American Behavorial Scientist*, vol. 48, nº 7, 2005, p. 840-858.

Greco, Luca & Stéphanie Kunert, « Drag et performance », *Encyclopédie critique du genre. Corps, sexualité et rapports sociaux*, La Découverte, 2016, p. 222-231.

Jones, Sara Gwenllian & Roberta E. Pearson (eds.), *Cult Television*, University of Minnesota Press, 2004.

Hay, James & Nick Couldry, « Rethinking Convergence/Culture. An Introduction », *Cultural Studies*, vol. 25, issues 4-5, 2011, p. 473-486.

Hellekson, Karen & Kristina Busse, *Fan Fiction and Fan Communities in the Age of the Internet*, McFarland & Company, 2006.

Herbigniaux, Frédérique, « Les fidèles du dieu de la pop : Fan attitude, religion et média », *Médiatiques*, nº 44, 2009, p. 50-55.

Hills, Matt, *Fan Cultures*, Routledge, 2002.

Hills, Matt, « Subcultural celebrity », in Stacey Abbott, *The Cult TV Book*, Taurus, 2010, p. 233-239.

Hills, Matt, « From Fan Culture/Community to the Fan World: Possible Pathways and Ways of Having Done Fandom », *Palabra Clave*, vol. 20, nº 4, 2017, p. 856-883.

Hoebink, Dorus, Stijn Reijnders & Abby Waysdorf, « Exhibiting fandom: A museological perspective », in « Materiality and Object-Oriented Fandom », edited by Bob Rehak, special issue, *Transformative Works and Cultures*, nº 16, 2014. https://journal.transformativeworks.org/index.php/twc/article/view/529/433.

Hoff, Ed, « Digital Cosplay and Postmodern Constructs of Community », *The Phoenix Papers*, vol. 3, nº 1, août 2017, p. 357-372.

Jenkins, Henry, *Convergence Culture. Where Old and New Media Collide*, NYU Press, 2006.

Jenkins, Henry, « La filk et la construction sociale de la consommation des fans de science-fiction », in Hervé Glevarec, Éric Macé & Éric Maigret, *Cultural Studies. Anthologie*, Armand Colin, 2008, p. 212-222.

Jenkins, Henry, « "Cultural acupuncture": Fan activism and the Harry Potter Alliance », in « Transformative Works and Fan Activism », edited by Henry Jenkins & Sangita Shresthova, special issue, *Transformative Works and Cultures*, vol. 10, 2012. https://journal.transformativeworks.org/index.php/twc/article/view/305/259.

Jenkins, Henry, « Fan Activism as Participatory Politics: The Case of the Harry Potter Alliance », in Matt Ratto & Megan Boler, *DIY Citizenship: Critical Making and Social Media*, MIT Press, 2014, p. 65-74.

Jenkins, Henry, « Panorama historique des études de fans », *Revue Française des Sciences de l'Information et de la Communication*, nº 7 (coordonnée par Mélanie Bourdaa), 2015. https://rfsic.revues.org/1645.

Jenkins, Henry, Mizuko Ito & danah boyd, *Participatory Culture in a Networked Era*, Polity Press, 2016, [trad. en français : *Culture participative. Une conversation sur la jeunesse, l'éducation et l'action dans un monde connecté*, C&F éditions, 2017].

Jenkins *et al.*, « Superpowers to the People! How Young Activists are Tapping the Civic Imagination », in Eric Gordon & Paul Mihailidis, *Civic Media: Technology, Design, Practice*, MIT Press, 2016, p. 295-320.

Jones, Bethan, « #AskELJames, *Ghostbusters*, and #GamerGate : Digital Dislike and Damage Control », in Paul Booth, *A Companion to Media Fandom and Fan Studies*, Wiley, 2018, p. 415-429.

Kanter, Annie, « An Analysis of the Influence of Fictional Gay Television Characters on the GLBT Community », 2012.

Kaplan, Deborah, « Construction of Fan Fiction Character Through Narrative », in Karen Hellekson & Kristina Busse, *Fan Fiction and Fan Communities in the Age of the Internet*, MacFarland & Company, 2006, p. 134-152.

Kaplan, Deborah, « Interview with the Super-wiki admin team », in « Saving People, Hunting things », dirigé par Catherine Tosenberger, special issue, *Transformative Works and Cultures*, nº 4, 2010. http://journal.transformativeworks.org/index.php/twc/article/view/200/137.

Kirkpatrick, Ellen, « Toward new horizons: Cosplay (re)imagined through the superhero genre, authenticity, and transformation », *Transformative Works and Cultures*, nº 18, 2015. https://journal.transformativeworks.org/index.php/twc/article/view/613/502.

Kligler-Vilenchik, Neta, « "Decreasing World Suck": Harnessing Popular Culture for Fan Activism », in Henry Jenkins *et al.*, *By Any Means Necessary*, NYU Press, 2016.

Kuorikoski, Niina & Kessler N., « Anatomy of a lesbian relationship and its demise », *Cinema Journal*, 2010, p. 47-139.

Lambert-Beatty, Carrie, « Fill in the Blank: Culture Jamming and the Advertising of Agency », *New Directions for Youth Development*, nº 125, 2010, p. 99-112.

Lamerichs, Nicolle, « Embodied Fantasy: The Affective Space of Anime Conventions », in Linda Duits, Koos Zwaan & Stijn Reijnders, *The Ashgate Research Companion to Fan Cultures*, Routledge, 2014, p. 263-275.

Lamerichs, Nicolle, « Costuming as Subculture: The Multiple Bodies of Cosplay », *Scene*, vol. 2, nº 1 et 2, 2014, p. 113-125.

Lamerichs, Nicolle, « Stranger than fiction: Fan identity in cosplay », *Transformative Works and Cultures*, vol. 7, 2011. https://journal.transformativeworks.org/index.php/twc/article/view/246.

Le Bart, Christian & Jean-Charles Ambroise, *Les fans des Beatles. Sociologie d'une passion*, Presses universitaires de Rennes, 2000.

Le Crosnier, Hervé, « Préface », in Henry Jenkins, Mizuko Ito & danah boyd, *Culture participative. Une conversation sur la jeunesse, l'éducation et l'action dans un monde connecté*, C&F éditions, 2017, p. 6-21.

Le Guern, Philippe, « No matter what they do, they can never let you down : Entre esthétique et politique : sociologie des fans, un bilan critique », *Réseaux*, « Passionnés, fans, amateurs » (Olivier Donnat, dir.), vol. 27, 153, 2009, p. 19-54.

Lee, Vanessa Wayne, « "Unshelter Me": The Emerging Fictional Adolescent Lesbian », *Children's Literature Association Quarterly*, 23.3, 1998, p. 152-159.

Lévy, Pierre, *L'intelligence collective. Pour une anthropologie du cyberespace*, La Découverte, 1994.

Lewis, Lisa A., *The Adoring Audience. Fan Culture and Popular Media*, Routledge, 1992.

Licoppe, Christian, « Les formes de la présence », *Revue Française des Sciences de l'Information et de la Communication*, nº 1, 2012. https://rfsic.revues.org/142.

Linden, Sara & Henrik Linden, *Fans and Fan Cultures. Tourism, Consumerism and Social Media*, Palgrave Macmillan, 2017.

Macé, Éric, « Des minorités visibles aux néostéréotypes. Les Enjeux des régimes de monstration télévisuelle des différences ethnoraciales », *Journal des anthropologues*, Hors-Séries, 2007, p. 69-87.

Maigret, Éric, « Du mythe au culte… ou de Charybde en Scylla ? Le problème de l'importation des concepts religieux dans l'étude des publics des médias », in Philippe Le Guern, *Les cultes médiatiques. Culture fan et œuvres cultes*, Presses universitaires de Rennes, 2002, p. 97-110.

Maigret, Éric, *Sociologie de la communication et des médias*, Armand Colin, 2015 (3e édition).

Marwick, Alice E. & danah boyd, « I tweet honestly, I tweet passionately: Twitter users, context collapse, and the imagined audience », *New Media and Society*, vol. 1, nº 13, 2010, p. 114-133.

Mattelart, Armand & Érik Neveu, *Introduction aux Cultural Studies*, La Découverte, 2008.

Massanari, Adrienne L., *Participatory Culture, Community and Play. Learning from Reddit*, Peter Lang, 2015.

Mayol, Pierre, « Michel de Certeau, l'historien de la culture », cité par Jean-François Hersent, « Quelle culture défendre ? », *Esprit*, mars-avril 2002, nº 3-4.

McCormick, Casey J., « Active Fandom: Labor and Love in The Whedonverse », in Paul Booth, *A Companion to Media Fandom and Fan Studies*, Wiley, 2018, p. 369-384.

McNutt, Myles, « *The 100* and the social contract of social TV », *Transformative Works and Culture*, nº 26, 2018. http://journal.transformativeworks.org/index.php/twc/article/view/1297/919.

Merzeau, Louise, « La médiation identitaire », *Revue Française des Sciences de l'Information et de la Communication*, nº 1, 2012. https://rfsic.revues.org/193.

Millward, Liz, Janice G. Dodd & Irene Fubara-Manuel, *Killing Off the Lesbians. A Symbolic Annihilation on Film and Television*, McFarland & Company, 2017.

Milner, R. M., « Working for the text. Fan Labor and the New Organization », *International Journal of Cultural Studies*, vol. 12, nº 5, 2009, p. 491-508.

Mitchell, Jennifer, « The Best Lesbian Show Ever! The Contemporary Evolution of Teen Coming-Out Narratives », *Journal of Lesbian Studies*, vol. 4, nº 19, 2015, p. 454-469.

Mittell, Jason, « Narrative Complexity in Contemporary American Television », *The Velvet Trap*, nº 58, Fall 2006, p. 29-40.

Mittell, Jason, « Sites of participation: Wiki fandom and the case of Lostpedia », *Transformative Works and Cultures*, vol. 3, 2009. http://journal.transformativeworks.org/index.php/twc/article/view/118.

Mittell, Jason, *Complex TV. The Poetics of Contemporary Television Storytelling*, NYU Press, 2015.

Morandi, Franc, « Affiliation(s) et numérique : approche anthropologique », in Vincent Liquète & Karel Soumagnac, *Les affiliations par et avec le numérique*, Éditions Hermann, 2017, p. 5-19.

Morin, Edgar, *Les Stars*, Seuil, 1957.

Murdock, Graham, « Networking the commons: convergence culture and the public interest », in Jostein Gripsrud, *Relocating Television. Television in the Digital Context*, Routledge, 2010, p. 224-238.

Murray Janet H., *Hamlet on the Holodeck: The Future of Narrative in Cyberspace*, MIT Press, 1998.

Noppe Nele, « Why we should talk about commodifying fan work »,

Transformative Works and Cultures, nº 8, 2011. http://journal.transformativeworks.org/index.php/twc/article/view/369/240.

Pasquier, Dominique, « Une nouvelle amie : le héros télévisuel comme promesse d'amour », in Philippe Le Guern, *Les cultes médiatiques. Culture fan et œuvres cultes*, Presses universitaires de Rennes, 2002, p. 219-232.

Pearce, Susan M., *Museums, Objects and Collections: A Cultural Study*, Leicester University Press, 1992.

Pearson, Roberta, « Fandom in the Digital Era », *Popular Communication*, vol. 8, nº 1, 2010, p. 84-95.

Pearson, Roberta, « Googling Sherlock Holmes. Popular Memory, Platforms, Protocols and Paratexts », in Sara Pesce & Paolo Noto, *The Politics of Ephemeral Digital Media. Permanence and Obsolescence in Paratexts*, Routledge, 2017, p. 77-98.

Peyron, David, *Culture Geek*, FYP Éditions, 2013.

Peyron, David, « Enjeux identitaires et communautaires des noms de *fandoms* », *Revue Française des Sciences de l'Information et de la Communication*, Émergences « Les *fan studies* : enjeux et perspectives des études sur les fans en France » (dir. Mélanie Bourdaa), nº 7, 2015. https://rfsic.revues.org/1665.

Phillips, Tom, « When Film Fans Become Fan Family: Kevin Smith Fandom and Communal Experience », *Participations. Journal of Audience and Reception Studies*, vol. 8, nº 2, 2011, p. 478-496.

Plante, Flavie, « Pratiques de fan et dynamiques culturelles. Le pouvoir des fictions audiovisuelles dans une société créole », *Communication*, « Le pouvoir des fictions audiovisuelles » (Bryon-Portet C., dir.), vol. 32/1, 2013. https://communication.revues.org/4911.

Postigo, Hector, « Video Game Appropriation through Modifications: Attitudes Concerning Intellectual Property among Modders and Fans », *Convergence: The International Journal of Research into New Media Technologies*, vol. 14, nº 1, 2008.

Pradas, Fabrice, *Cinéma Gay : un siècle d'homosexualité sur grand écran*, Publibook, 2005.

Proctor, William, «"Bitches Ain't Gonna Hunt no Ghosts": Totemic Nostalgia, Toxic Fandom and the *Ghostbusters* Platonic», *Palabra Clave*, vol. 20, nº 4, 2017, p. 1105-1141.

Proulx, Serge, « Une lecture de l'œuvre de Michel de Certeau : l'invention du quotidien, paradigme de l'activité des usages », *Communications*, vol. 15, nº 2, 1994, p. 171-197.

Reilly, Erin, « What is Learning in a Participatory Culture? Educators are learning how to engage today's digital kids to share and distribute knowledge within learning communities », *Threshold*, 2009.

Ross, Sharon Marie, *Beyond the Box. Television and the Internet*, Blackwell, 2008.

Rotman, Dana & Jennifer Preece, « The "WeTube" in YouTube – Creating an Online Community through Video Sharing », *International Journal of Web Based Communities*, vol. 6, nº 3, 2010, p. 317-333.

Scholz, Trebor (ed.), *Digital Labor: The Internet as Playground and Factory*, Routledge, 2013.

Scott, Suzanne, «"Cosplay Is Serious Business": Gendering Material Fan Labor on *Heroes of Cosplay* », *Cinema Journal*, vol. 54, nº 3, 2015, p. 146-154.

Sepulchre, Sarah, *Décoder les séries télévisées*, De Boeck Supérieur, 2011.

Segré, Gabriel, *Fans de... Sociologie des nouveaux cultes contemporains*, Armand Colin, 2014.

Springer, Kimberly, « Beyond the H8R: Theorizing the Anti-Fan », *The Phoenix Papers*, vol. 1, nº 2, 2013, p. 55-77.

Stein, Louisa Ellen, « Fandom and the Transtext », in Benjamin L. W. Derhy Kurtz & Mélanie Bourdaa, *The Rise Of Transtexts. Challenges and Opportunities*, Routledge, 2017, p. 71-89.

Spurgeon, Christina, Jean Burgess, Helen Klaebe, Jo Tacchi, Kelly McWilliam & Mimi Tsai, « Co-creative media: Theorising digital storytelling as a platform for researching and developing participatory culture », *Australian and New Zealand Communication Association Conference*, 8-10 July 2009, Queensland University of

Technology, Brisbane, Queensland.

Vidal, Geneviève, « La médiation numérique muséale. Vers des formes renouvelées de participation des publics aux activités des musées », in Brigitte Chapelain, *Expression et pratiques créatives numériques en réseaux*, Éditions Hermann, 2015, p. 139-157.

Waggoner, Erin B., « Bury Your Gays and Social Media Fan Response: Television, LGBTQ Representation, and Communitarian Ethics », *Journal of Homosexuality*, 2017.

Ward, Katie J., « Cyber-Ethnography and the Emergence of the Virtually New Community », *Journal of Information Technology*, vol. 14, 2009, p. 95-105.

Warner, Kristen J., « ABC's *Scandal* and Black Women's Fandom », in Elana Levine, *Cupcakes, Pinterest, and Ladyporn. Feminized Popular Culture in the Early Twenty-First Century*, University of Illinois Press, 2015, p. 37-40.

Warner, Kristen J., « (Black female) fans strike back. The Emergence of the Iris West Defense Squad », in Melissa A. Click & Suzanne Scott, *The Routledge Companion to Media Fandom*, 2018, p. 253-261.

Wrather, Kyle, « Making "Maximum Fun" for fans: Examining podcast listener participation online », *The Radio Journal: International Studies in Broadcast and Audio Media*, vol. 14, nº 1, 2016, p. 43-63.

Widmayer, Christine J., « The Feminist Strikes Back: Performative Mourning in the Twitter Response to Carrie Fisher's Death », *New Directions in Folklore*, nº 15, 2018, p. 50-76.

Yockey, Matt, « Wonder Woman for a day: Affect, agency, and Amazons », in « Transformative Works and Fan Activism », edited by Henry Jenkins & Sangita Shresthova, special issue, *Transformative Works and Cultures*, nº 10, 2012.

Zimmerman, Joshua J., « Computer Games Fan Communities, Community Management, and Structures of Membership », *Games and Culture*, 2017, p. 1-21.

Zuk, Tanya D., « Coming out on *Grey's Anatomy*: Industry scandal, constructing lesbian storyline and fan action», in «Queer Female Fandom», edited by Levin Russo J. & Ng E., special issue, *Transformative Works and Cultures*, nº 24, 2017. http://dx.doi.org/10.3983/twc.2017.980.

Cet ouvrage, le sixième de la collection *Les enfants du numérique*, a été mis en page et illustré par Nicolas Taffin et Marine Kennerknecht. Il est composé avec le caractère Sabon Next de Jean François Porchez, dessinateur de caractères enfant du numérique et héritier d'une tradition typographique humaniste. Les titres sont composés en Verveine, de Luce Avérous, numérisé à partir de sa propre écriture. Le Vectora d'Adrian Frutiger est aussi présent ponctuellement.

Imprimé en France par Présence Graphique (37)
Label PEFC 10-31-2677 – Imprim'vert.
Achevé d'imprimer en septembre 2021
Dépôt légal septembre 2021
ISBN 978-2-37662-029-7
https://cfeditions.com